전인치유

아프리카 의사 선교사가 경험한

회복의 사례들

전인치유
아프리카 의사 선교사가 경험한
회복의 사례들

저　자 | 다니엘 E. 파운틴
옮긴이 | 샘 전
펴낸이 | 최용호

펴낸곳 | (주)러닝스페이스(비팬북스)
디자인 | 박지숙
주　소 | 서울시 서대문구 연희동 340-18번지 B1-13호
전　화 | 02-857-4877
팩　스 | 02-6442-4871

초판발행 | 2013년 5월 29일
등록번호 | 제12609호
등록일자 | 2008년 11월 14일
홈페이지 | www.bpanbooks.com
전자우편 | book@bpanbooks.com

이 도서의 저작권은 (주)러닝스페이스에 있으며 일부 혹은 전체 내용을
무단복제하는 것은 저작권법에 저촉됩니다.

값 15,000원
ISBN 978-89-94797-08-3 93510

비팬북스는 (주)러닝스페이스의 출판부문 사업부입니다.

Authorized translation from the English language edition, entitled GOD, MEDICINE & MIRACLES,
Copyright ⓒ 1999 by Daniel E. Fountain
This translation is published and sold by permission of Daniel E. Fountain the owner of copyright.

이 도서의 국립중앙도서관 출판시도서목록(CIP)은 서지정보유통지원시스템 홈페이지(http://seoji.nl.go.kr)와
국가자료공동목록시스템(http://www.nl.go.kr/kolisnet)에서 이용하실 수 있습니다. (CIP제어번호: CIP2013006432)

Exploration of the New Life

전인치유

아프리카 의사 선교사가 경험한

회복의 사례들

다니엘 E. 파운틴 저 / 샘 전 역

헌사

존, 드보라, 로저, 넬리, 페트리스, 마이클 등,
예수 그리스도로 인해 치유함을 받은 이들과
치유를 필요로 하는 수많은 형제자매들에게
이 책을 바칩니다.

"그가 우리를 치유하였으며 온전케 했다"(마태복음 8:17, CEV)

차례

추천사 / 8

추천 서문 / 13

감사의 글 / 21

한국어판 서문 / 24

역자 서문 / 26

서론 / 29

제1장
당신의 의사는 당신이 누구인지 아는가? / 36

제2장
치유하는 말 / 62

제3장
하나님은 우리를 온전한 존재로 만드셨다 / 86

제4장
감정의 화학적 기전 / 100

제5장
심령의 구조 / 118

제6장
도대체 죄와 병이 무슨 연관이 있는가? / 138

제7장
    예수가 이 모든 것과 무슨 관계가 있는가? / 164
제8장
    심령의 청소 / 190
제9장
    건강으로 인도하는 자유 / 212
제10장
    죄사함의 능력 / 242
제11장
    질병: 비극인가, 도전인가? / 264
제12장
    어두움 속에서 희망 찾기 / 296
부록
    치유팀 / 330

미주 / 357
추천 서적 / 363

댄 파운틴(1933~2013)은 의료 선교계에서 나의 동료이자 스승이었다. 그는 이웃을 사랑함으로써 하나님을 섬기는 일에 헌신한 삶의 표상이었다. 그가 그리스도를 높이 경배하매 하나님께서 그의 사역을 모든 사람의 예상을 뛰어넘는 광대한 지역과 수많은 사람들에게 미치게 하셨다.

댄은 1961년, 부인과 어린 세 자녀와 함께 아프리카의 자이레(현, 콩고공화국)로 갔다. 그는 그곳에서 일생동안 주님의 사역을 섬길 작정이었다. 그는 방가 선교 병원에서 의사 및 외과의로서 환자를 돌보는 일에 최선을 다했다. 시간이 지남에 따라 댄은 자신만의 의료 헌신으로는 모든 환자를 돌볼 수 없다는 것을 깨닫고 그의 일을 도울 수 있는 사람들을 모으기 시작했다. 그러나 그 또한 충분치 못한 것을 알게 되었다. 25만 명의 가난한 사람들의 절박한 필요를 채워 주는 일은 그들이 아무리 많은 시간을 바쳐도 안 되는 일이었다.

그 외에 무슨 다른 방법이 있을 수 있었을까? 하나님께서는 댄이 간호학교를 세우도록, 또 병원 업무를 한 단계 더 전문화하도록 인도하셨다. 이후, 가정의학 수련의 제도를 도입하고 그 프로그램을 확장해서 자질 있는 자이레 사람들을 훈련시켜 치유팀을 보강 증원하도록 했다.

댄은 곧, 환자 치료 역량의 확대만으로는 모자란다는 것을 깨닫고 자이레 각 지역에 흩어져 있는 약 300개의 촌락들을 방문하기 시작했다. 댄은 지역 장로들을 만나서, "당신 지역의 그 수많은 사람들이 병들어 있는 이유가 무엇이라고 생각하십니까?" 같은 질문을 하곤 했다. 그와 같은 대화를 통해서 댄은 현대 의학의 개념과 원리를 그 지역 사람들의 생각의 틀에 맞춰 설명함으로써 그들이 마음으로 이해하고, 진심으로 받아들여서 실생활에 적용할 수 있도록 도왔다. 얼마의 시간이 지나자 하나님께서는 댄이 그 지역에 50개의 보건소를 설립할 수 있도록 하셨고, 자연스럽게 그 지역 사람들이 병의 초기에 자기들 집에서 가까운 보건소에서 진료 받을 수 있게 되었다.

댄은 이런 경험들을 통해서 30년의 세월 동안 끊임없이 배웠다. 그 결과, 그는 이러한 개념들과 경험들을 다른 의료 종사자들과 나누고자 영어와 불어로 된 책들을 쓰게 된다. 그는 전인치료, 예방의학, 교회 성장, 토양과 수목들의 적절한 관리에 관한 생각들을 망라하는 포괄적이고 종합적이고 본질을 꿰뚫는 의료 시책을 내 놓았다. 그는 자신이 본 바, 구약과 신약에서 분명하게 가르친 원칙에 근거하여 그 모든 것을 썼다. 댄은 또 그 당시 자이레 지역에 창궐하기 시작한 에이즈 문제 해결에 앞장서서 일했다.

그의 많은 저서가 알려지게 되자 댄은 많은 의료 선교 모임에서 인기 있는 초빙 강사가 되었다. 그 기회를 통해 그는 많은 젊은 의료 선교인들에게 그의 배운 것과 이해한 것들을 나누어 주었고, 결과적으로 나를 포함한 한 세대의 사람들에게 영향을 미쳤다. 얼마 후 댄은 MAP International의 임원으로써 그가 배운 원칙들을 가르쳤다. 이어

King College 조교수로 Global Health Care Masters Degree Program을 이끌었다. 돌이켜 보면 하나님께서는 누구도 엄두를 내거나 상상할 수 있는 이상으로 주를 섬기는 여정으로 댄을 이끄셨다.

하나님은 평범한 사람을 들어서 놀라운 일을 이루실 수 있고 또 그렇게 하신다는 점에서 댄의 인생과 그의 사역은 하나님이 우리 모두를 격려해 주시는 증거다. 주 예수 그리스도의 소박하고 성실한 종이자 열린 마음과 심령으로 산 댄은 주께서 가르치신 사상과 원리들을 배워 알게 되었다. 그가 배운 하나님의 사상과 원리들은 수백 명의 의료 선교인과 교회 지도자에게 영향을 미쳐서, 그들이 좀 더 효율적이고 협동적이고 다른 문화의 이해에 근거한 의료 건강 증진 프로그램들을 사용하도록 했다. 이는 결국, 세계 각처에 산재한 수백만 명의 가난한 이들에게 도움이 되었다. 댄의 인생과 그의 사역의 증거를 우리에게 주신 하나님께 감사드린다.

— 데이빗 이 밴 리컨(David E. Van Reken), 의학박사, 미국 의사회 간사,
인디애나 의대 임상 소아과 교수, DaveVR@aol.com

파운틴 박사는 전인 치유에 깊은 관심을 갖고 있다. 마음과 몸이 서로에게 미치는 의학적 영향력에 관심을 가진 이들을 통해 '영성이 의학적 치료에 영향을 미치는가?'에 대한 문제의식이 의학계에 새롭게 부각된 이즈음에 그의 저서가 출간된 것은 매우 시기적절한 일이다. 파운틴 박사는 환자를 정신과 몸과 영혼을 가진 삼위일체로 본다. 그는 이 책에서 영성의 문제를 의사 및 치료자로서 또한 환자의 관점에서 다루고 있다. 그는 그러한 접근 방법을 통해 의사뿐만 아니라 환자 스스로도 찾아내어 쓸 수 있는 영적 자원들을 깊은 곳까지 탐사 발굴

해서 분명하게 드러냄으로써 환자들과 의사들 모두에게 희망을 주고 있다.

— 에버렛 박사, 의사: 미국 다트머스에 있는 에버렛 연구소의 선임 연구원. 1981~1989에 미국 정부의 의무감을 역임했다.(공공장소에서의 금연을 법제화한 사람이기도 하다. 역자 주)

다니엘 파운틴 박사의 저술은 이 세상 사람들의 상상 이상으로 훨씬 많은 것이 기도를 통해 이루어진다는 사실을 증명한 놀라운 이야기이다. 이 의사 선교사는 영적인 훈련이 우리 시대의 가장 무서운 질환으로 고통 받는 사람들에게 어떻게 희망을 주고 도움을 줄 수 있는지 설명한다. 그리고 그의 주장을 실제 연구 사례로 뒷받침하고 있다.

— 토니 캄폴로 박사: 펜실베니아 주 세인트 데이빗 시에 있는 이스턴 대학교의 교수

크리스천들이 오랫동안 알고 있던 사실, 즉 영성이 건강에 영향을 미친다는 사실을 과학이 재확인하고 있다. 파운틴 박사는 수십 년 간의 임상 경험 동안 우리 주님의 온전하신 지혜의 말씀을 통해 그가 배운 바를 제시하는데, 이는 당신의 마음을 따뜻하게 하며 당신의 삶을 바꾸어 줄 것이다. 이 책은 몸과 영에 좋은 약이다.

— 데이빗 스티븐스 박사, 의사: 기독 의치학회 회장

파운틴 박사의 책을 읽는 동안(읽었다기보다 나의 영을 일깨우는 유익한 그의 책을 문자 그대로 게걸스럽게 삼키고 있을 때) 나는 하나님으로부터 오는 깊은 축복을 받았으며 내 마음과 정신이 오랫동안의 종교적 틀과 그 억압에서 벗어나 마음껏 뻗어 나가는 것을 깨달았다. 나는 진리를 탐구하는 많은 일반 신도들과 의료계에 종사하는 사람들

이 파운틴 박사의 가르침을 읽고 마음에 깊이 새기길 바란다. 그의 책은 이론이 아니다. 그의 책에 나오는 영적으로, 신체적으로, 정서적으로 치유 받은 사람들의 직접 체험에서 나온 사례들은 파운틴 박사가 가르치고자 하는 바를 우리에게 강력하게 증언해준다. 그리스도인으로서의 파운틴 박사가 중앙아프리카에서 35년간 행한 탁월하고 선구자적인 의료 봉사와 그의 깊은 성서의 이해는 우리에게 '전인적 치유'가 무엇을 의미하는지 배울 수 있게 해준다.

— 로저 프레드릭슨 박사: 교수, 목사, 저자

건강과 치유에 있어서 영적인 측면에 관한 한 파운틴 박사보다 더 자질을 갖춘 사람은 드물다. 그는 의료 선교사라는 매우 희귀한 상황에 있었기 때문에 인간이 헤아려 다룰 수 없는 건강 문제에 자주 부딪쳤다. 그는 그런 상황들 속에서 하나님께만 전적으로 의지한다는 것이 무엇을 의미하는지 몸소 체험했다. 파운틴 박사는 그러한 경험을 겪을 때마다 인격적 믿음으로 그리스도를 의지함으로써, 또한 성경의 가르침에 관한 깊은 묵상과 성경의 권위에 복종함으로써, 하나님의 음성을 경청함으로써 전인적 치유를 좀 더 심오한 단계로 발전시켰다. 우리는 그를 통해 영적 치유라는 것이 또 하나의 '대체 요법'이 아니라는 것을 알 수 있다. 또한 질환에 대한 모든 치료가 근본적으로 이루어지려면 인간의 영혼과 정신과 정서와 관계성과 육신이 온전해져야 하고, 이를 위해서는 영적 치유가 반드시 이루어져야 한다는 명제도 확인할 수 있다.

— 데이빗 토파지안, 치과 의사, 경영학 석사: Project MedSend 회장

추천 서문

치유와 믿음에 관한 책은 새롭지 않다. 또 이런 종류의 많은 책들은 의사들이 저술했다. 칼 시몬튼O. Carl Simonton, 허버트 벤슨Herbert Benson 그리고 버니 시걸Bernie Siegel 등의 예를 들 수 있다. 이들을 비롯한 다른 많은 저자들은 모두가 자신의 환자들을 통해서 믿음과 건강 상태 간에 밀접한 상관관계가 있다는 것을 경험했기 때문에 과감히 이 어려운 주제를 알아내고자 시도했던 것이다. 그들 중 어떤 이는 믿음과 건강의 연관성이 단순히 심리적인 것이라고 본다. 다른 이는 '믿음'이란, 사람이 그저 무엇인가를 믿는 매우 모호한 종교적 개념이라고 본다. 그것이 어떤 신앙이든, 무엇인가 믿는 것이 있으면 건강에 도움이 된다고 보는 것이다. 또 다른 이는 그것이 어떠한 경로로 주어지든 궁극적으로는 긍정적이고 희망에 찬 자신감이 건강에 영향을 미친다고 주장한다.

이러한 책들은 매우 완고하고 진부한 유물론적 인간관에 근거한 편견의 일부를 바로 잡을 반론을 제기하고는 있으나 대부분 영성의 실재는 다루지 않고 있다. 그들 중 일부 저자는 믿음을 그저 앞으로 일이 잘 풀릴 것이라고 그냥 믿는 것이고, 그에 따라 희망을 가지고 잘 살기 위해 일하는 것을 의미하는 것, 그 이상도 이하도 아니라고 보기 때문이다. 그렇기 때문에 그러한 믿음의 근거가 되는 것의 존재 여부를 다루지 않는다. 그러나 이러한 태도에는 중요한 결점이 있다. 내가 만약 무엇인가를 믿는다면, 나는 반드시 그것이 부정할 수 없으며 고로 참되고 실재하며, 이곳에 없다 하더라도 "저곳에" 있다고 생각한다는 것을 의미하기 때문이다.

내가 얘기하고 싶은 문제의 요점은 다음과 같다. 인간 건강에 중요한 비물질적 실체의 영역이 존재하는가? 심리학적 영역도 아닌, 생화학적으로 설명할 수도 없는 그런 영역이 있는가? 다시 말해서 초월적인 하나님과 또 예수 그리스도를 통한 그 하나님과 우리의 관계가 우리 몸 안에 일어나는 화학적, 신체적 변수에 더하여 치료에 도움이 되는가? 내 질문을 또 다른 각도에서 말하자면 다음과 같다. 믿음이 치유한다고 인정할 경우, 그 믿음의 종류가 문제가 되는가?

신앙심이 가지는 치유의 능력을 보여주는 많은 연구 결과가 발표되었으나, 내가 알기로 명확히 기독교 신앙만이 더 나은 효력을 나타낸다는 것을 증명하는 연구는 없었다. 신앙이 기적을 일으킬 수 있다는 사실이 단 한번도 기독교만의 고유한 능력으로 여겨진 적도 없었다. 이집트의 주술사들은 모세가 보인 기적을 그대로 따라할 수 있었던 것이 틀림없다. 그리고 만약 어떠한 종교가 그 추종자들 속에 심리적으로 도움이 되는 마음의 자세를 계발하는 데 도움이 된다는 것이 드러날 경우, 기독교인들은 설사 그 종교는 거부하더라도 그러한 현상 자체를 받아들이는 데는 어떠한 어려움도 없어야 한다. 하나님은 모든 사람에게, 즉 그들이 믿는 종교가 진리가 아닌 자들에게도 골고루 비를 내리시기 때문이다.

나는 이를 증명하는 객관적 연구가 이루어졌다는 것을 들은 적은 없지만, 진리가 아닌 것에 대한 전대미문의 강한 믿음보다 진리 자체가 더욱 강력한 치유의 능력을 준다는 것이 결국에는 드러나게 되리라 믿는다. 나는 그래서 기독교 신앙만이 타의 추종을 불허하는 탁월한 치유 효과를 준다는 사실이 드러나리라고 확신한다.

이 책은 믿음과 치유에 관한 그저 또 하나의 책이 아니다. 그보다는 특별히 기독교 신앙에 관한 책으로서, 기독교 신앙이 인류 전체에 어떻게 기여하는지에 관한 책이다. 그리스도의 가르침에 대한 복종과 자유롭게 하는 성령의 능력을 포괄하는 믿음은 약물과 수술 그리고 심리학적 치료를 넘어서는 치유의 결과를 가져올 수 있으며 실제로 그러하다. 이 책에서 다니엘 파운틴 박사는 믿음과 기도 그리고 하나님 말씀에 대한 순종이 가지는 치유의 능력에 관한 그의 질문에 본인 스스로 만족할 정도로 해답을 줄 수 있었던 임상적 경험을 말하고 있다.

처음에 파운틴 박사로부터 편지를 받았을 때 나는 그를 만난 적이 없었다. 그러나 그 편지와 뒤이은 편지 왕래는 내게 있어 중요하고 새로운 여정의 출발을 의미했다. 나는 임상 심리학자로서 이상 심리를 치료하는 진실의 힘은 알고 있었다. 그러나 파운틴은 자이르(현재의 콩고)의 킨샤사에 있는 방가 병원에서 자신과 의료진이 성령의 감동으로 행했던 빛나는 전혀 새로운 에이즈 치료 프로그램, 곧 진리에 의한 에이즈 치료에 대해 설명하고 있었다. 그곳의 의사들이 번번이 에이즈 환자를 치료할 약품을 공급받지 못하고 있는 상황에서 에이즈 전염병은 그때 아프리카의 많은 나라를 황폐화시키고 있었다. 파운틴 박사도 환자들을 치료할 의약품이 없었지만 그는 에이즈 환자들이 긍정적 진리positive truth로써 그들 스스로를 치료하도록 도울 수 있다고 믿었다. 또한 예수 안에 있는 진리에 의한 심리적 치유에 관해 내가 쓴 몇 권의 책을 그 이전에 접했던 연유로 그는 나와 이 문제를 의논해야 한다고 생각했다.

긍정적 진리 치료positive truth treatment를 이용한 파운틴 박사의 이러한 과감한 시도는 현대 과학이 아직까지 치료 못하는 질병에 걸린 사람들에게, 곧 온갖 약이 넘쳐나는 미국과 같은 나라에 살지만 에이즈나 암 그리고 심장 질환에 시달리는 환자들을 포함하여 세계의 모든 치명적인 질병에 걸린 이들이 너무나 자주 듣는 선언, 즉 그들을 구할 것은 아무 것도 없다는 것 밖에 믿을 것이 없었던 이들에게 신선한 생명과 새로운 희망을 가져다주었다.

이 책에서 묘사하고 있는 것과 같이 병원에서 일하는 목회자들을 통한 가르침과 지혜로운 조언, 그리스도에 대한 환자의 깊은 헌신, 그와 같이 깊이 준비된 마음에 주어지는 그리스도의 피가 가지는 치유의 능력에 관한 철저한 가르침은 환자의 파괴된 면역 체계에 작용하여 그 기능을 향상시킨다. 파운틴 박사는 그저 기적적인 치유의 예화만 말하는 것이 아니라, 한걸음 더 나가서 하나님의 진리로 채워지고 그리스도의 영으로 흠뻑 젖은 마음은 신체를 더 건강하게 할 수 있다는 지극히 당연하고 이미 잘 알려진 사실을 말하고 있다. 개인적인 편지에서 그는 다음과 같이 말한다.

의학은 바이러스를 정복하면 에이즈 문제가 풀릴 것으로 생각하고 에이즈 바이러스에 대해서 집요하게 연구하고 있습니다. 〈 중략 〉 [이 방법을 따라가면] 에이즈 바이러스 감염의 그 복잡한 병인과 관련된

수도 없이 많은 문제들에는 아예 손도 대지 못할 것입니다. 우리는〈중략〉에이즈 문제의 다른 측면을 공략하고 있습니다. 곧 심리적, 사회적, 영적 수단을 이용하여 환자의 면역 체계를 강화시켜서 환자의 면역 체계가 감염에 더 잘 대처하도록 하는 데에 힘을 기울이고 있습니다. 감염을 완전히 제거할 수 있을 정도로 면역 체계를 충분히 보강할 수 있을까요? 골로새서에서 사도 바울은 그리스도가 그리할 수 있다고 말합니다. "그 안에는 지혜와 지식의 모든 보화가 감취어 있느니라"(골로새서 2:3).

나는 벼락을 맞은 것처럼 깜짝 놀랐다. 단지 스스로에게 긍정적으로 말하는 것을 배움으로써, 심지어는 그저 영적 진리를 스스로에게 말하는 것을 배우는 것만으로 건강이 좋아진 사람을, 그 보다 더 나아가서 불치병에서 치유된 사람을 찾을 수 있을까? 생생하고 적극적이며 낙관적인 진실들이 약해진 면역 체계를 실제로 재충전할 수 있단 말인가? 나는 그때까지 이러한 질문에 답할 수 있는 기독교 학자들의 신학적 연구를 본 적이 없었다. 이 주제에 관해 어떤 종류의 실제적인 통계 자료라도 가진 과학자가 있는지 의문이었다. 파운틴 박사의 프로그램과 유사한 프로그램을 암 환자나 심장병 환자 또는 에이즈 환자를 대상으로 실제로 시도한 다른 의사가 있는지 의문이었다.

사실 그때까지 매우 중대한 사실이 일반적으로 무시되고 있는 듯했다. 실제로 최악의 상황에 있던 환자들이 통계적으로 절망적인 상태에서도 회복된 경우가 있었다! 그러나 사람들은 이런 소식에 놀라기는 했지만 가장 중요한 질문을 하는 경우가 드물었다. 왜? 왜, 죽을 것으로 예상되던 사람이 죽지 않는가? 왜, 병들 것으로 예상되던 사람이 병들지 않는가?

파운틴 박사와 내가 서신 왕래를 시작한 후 얼마 되지 않아, AP 통신에서는 당시 아프리카에서 퍼지고 있던 에볼라 전염병을 이해하는 데 있어서 이러한 질문들이 절대적으로 중요하다는 것을 언급한 미국 질병 통제 센터의 스티븐 오스트로프Stephen Ostroff 박사에 관한 소식을 보도했다. 오스트로프 박사는 다음과 같이 말했다. "[에볼라]에서 살아남는 각 개인은 매우 소중하다. 왜? 이런 치명적인 바이러스에서 어떻게 살아남을 수 있는지를 우리가 이해하는 데 그들이 도움을 줄 수 있기 때문이다. 의학, 심리학 그리고 종교는 에볼라를 이겨낸 사람들을 연구해야 한다. 지금이 바로 그 불가사의에 관한 연구가 예전에 우리가 결코 상상하지 못했던 규모로 이루어지는 역사적인 때이다."

오스트로프 박사의 글을 읽을 때 내 마음속에 뭔가 솟구쳐 오르는 생각이 있었다. 오스트로프 박사의 "왜?"는 정곡을 찌르는 질문이었고 환자의 기氣가 그 질문에 관한 답의 일부로 보였다. 왜 어떤 사람은 치명적인 질병을 이겨낼 수 있는가? 그렇다! 진리의 영the Spirit of Truth으로 채워진 인간의 영은 단순히 죽음 후의 일에만 차별된 결과를 가져올 뿐만 아니라 모든 일, 즉 면역 체계와 질병에 저항하고 이겨내는 힘에도 당연히 차별된 영향력을 행사한다고 봐야 한다.

이러한 예상이 올바르다면 하나님의 진리로 충만한 마음에는 성경이 약속한 대로의 결과, 곧 힘이 나타날 것이다. 이 힘은 초자연적이고 기적적인 힘뿐만 아니라 (물론 하나님은 분명히 오늘날에도 기적을 이루긴 하신다), 또 단순히 영적이고 정신적인 힘뿐만 아니라, 육신의 힘까지도 포함한다! 마음을 감싸주고 또 용기를 북돋아 주는 진리를 자신에게 말하는 행위는 신체적 온전함에 이르도록 돕는 힘이 된다는 것을 나는 영혼 깊이 확신했다.

지금까지 꽤 오랜 동안 의학을 포함한 과학의 영역에서는 마치 사람에게 영이 없고, 하나님은 존재하지 않으며 영이니 하나님이니 하는 주제는 실제 의료 행위와 아무런 상관이 없는 것처럼 가르치고 배워왔고 또 그런 관점에서 의술을 행하는 것이 관례화되었다. 한때는 이상적 치료란 순전히 과학적인 것이라고 생각했던 적도 있었다. 여기서 이 과학적이라는 말은 실재를 오직 물질적인 것으로 이해함을 의미한다. 환원주의reductionism적으로 보는 경향이 타성화할 경우 인간에 관한 모든 것을 질료와 에너지matter and energy의 개념으로 단순화한다는 예다.

결과적으로 '아직껏 밝혀지지 않은 신비로 가득 찬 이 지구' 는 마치 종 모양으로 생긴 실험실 유리그릇에 붙어있는 한 점의 먼지처럼, 저 어둡고 차가운 비인격적인 우주 어디엔가 매달려 있는 한 덩어리의 먼지 덩어리로 격하된다. 그리고 인간도 이와 같이, 모든 우주를 구성하고 있는 물질들의 어떤 거대한 의도적 계획 속에 끼어있는 한 없이 무의미한 한낱 작은 유기체 티끌에 불과하게 된다. 그에 따라서 의사들은 육체적 질병과 정신적 질병을 우리 몸 안에 있는 화학적 물질의 부작용으로 보거나, 우리 몸의 구조 일부가 망가진 것으로 보도록 배운다. 그래서 우리는 기가 꺾이면 알약을 털어 넣고, 심령이 상했을 때 다른 음식을 먹어 보고, 죄의식이 생기면 휴가를 떠난다. 마음이 불안하면 신경 안정제를 먹는다. 암에 걸릴 때 우리가 할 수 있는 것이라

곧 그 부위를 잘라내고, 약을 투여하고, 방사선 치료를 하거나, 그도 안 되면 포기를 하는 것이다.

그러나 이 책은 아주 새롭고 놀라울 만큼 풍요한 의료의 영역으로 당신을 인도한다. 그 새로운 영역에서는 물질이 무시되는 것이 아니라 정신적인 것에 조화롭게 종속되며 신체적 온전함과 건강을 그러한 복종과 종속의 질서 속에서 찾는다. 다니엘 파운틴은 이 새롭고 다각적인 의료 방법을 많은 실제 사례를 통해 상세히 설명한다. 예를 들면, 로저는 간 질환으로 죽어가다가 하나님의 진리에 순종하게끔 인도된 후 급속히 회복되었다. 치명적 질병을 앓던 존은 예수님의 진리가 삼촌의 저주보다 강하다는 것을 배운 후 나아지기 시작했다. 데보라는 믿음으로, 또한 하나님의 말씀을 통해 예수께서 자신을 '내 딸아' 부르시는 것을 듣고 치유되었다.

이 책에는 독자들을 위한 많은 놀라운 선물이 담겨 있다. 그중에 하나는 희망이다. 그것은 환자와 의료진을 포함하여 병든 이를 돌보는 모든 사람에게 주어지는 희망이고, 또 건강한 이들이 앞으로 질병에 걸릴 때 가질 희망이다.

— 신학박사 윌리엄 베커스

감사의 글

우리는 하나님으로부터 오는 가장 좋은 선물들을 사람을 통해 많이 받는다. 이 책도 예외는 아니다. 건강과 질병 그리고 치유에 관해 내가 배운 것의 많은 부분을 하나님께서는 여러 스승을 통해 주셨다. 이 지면을 통해 그분들께 감사를 표하고자 한다.

질병이 단순히 우리의 육신보다 더 깊이 침투한다는 사실을 수도 없이 많은 병든 이들이 내게 보여주었다. 그들 중 많은 이는 치유의 향유香油를 찾으려는 희망으로 자신들의 영혼soul을 나에게 기꺼이 드러내 보여 주었다. 또 나는 이 환자에서 저 환자로 바쁘게 옮겨 다니며 치료하느라고 조급해하고 서두를 수밖에 없던 때가 많았지만, 그들이 처한 상황은 나로 하여금 약이나 소독제 또는 일련의 수술 도구들보다 더 강력한 치료법을 찾아보지 않을 수 없도록 강요했다. 나는 차츰 환자들의 영과 혼은 수술용 라텍스 장갑을 끼고 만질 수 있는 것이 아니라는 것을 배우게 되었다. 의사 가운 뒤에 숨어있는 한 그것들에 접할 수 없다는 것을 배웠다. 이 훌륭하고 멋진 사람들 중 많은 이들이 치유되었는데 나는 이들에게 헤아릴 수 없이 많은 감사의 빚을 지고 있다.

훌륭하고 멋진, 또한 가족과 같은 나의 동료들은 '위대하신 의사' 되신 예수로부터 배우는 여정을 나와 함께 했다. 그중에도 가장 눈에 띄는 분은 하나님으로부터 많은 은사를 받은 아프리카 여성 펠리시티 마탈라Felicity Matala 여사다. 그분은 성경의 깊은 진리들에 대한 이해理解, 병든 이들을 괴롭히는 진정한 병인을 알아내는 분별력, 환자들과 함께 아파하며 그들을 낫게 할 치유의 자원을 온유하게 제공하는 방법을 통해 치유의 많은 신비를 우리에게 보여 주었다. 우리는 그분과 함께 질병이 인간의 영혼에 얼마나 깊이 파괴적인 영향력을 행사하는지 보았다. 또한 우리의 영과 혼과 육체를 회복시키는 하나님을 믿는 신앙의 놀랍고 경이로운 힘도 발견했다.

아프리카, 독일, 스위스 그리고 북미 출신의 동료 의사들로 구성된 헌신적인 의료 팀도 이를 배우는 과정에서 함께 했다. 이 책에 수록된 많은 의문점과 아이디어는 우리가 전문적인 의견들을 나눌 때, 회진할 때, 또는 하나님의 말씀에 비추어 인류의 질병들과 특정한 질병에 대해 토론할 때 도출된 것들이다. 또한 우리 콩고 병원의 간호사들과 기술지원 직원들 그리고 행정 직원들은 치유에 무엇이 관련되는지에 대해 더 깊이 이해하는 데 많은 도움을 주었다.

나는 지난날의 현명한 스승들의 지혜를 빌렸다. 윌리엄 오슬러 경, 폴 트루니에 박사, 폴 브랜드 박사 그리고 대학 재학 시절이나 의사 훈련 시절의 교수들과 동료들은 생명의 총체성wholeness of life이라는 분명한 원칙을 내 마음에 새겨주었다. 그들은 내가 병든 이들의 영적인 문제와 인간관계 그리고 생활 방식에 주의를 기울여야 한다고 강조했다. 그들은 병든 이들이 내게 정말 말하려고 하는 것이 무엇인지를 귀담아 듣는 것이 얼마나 중요한 것인가를 보여주었다.

나의 가족들은 이 배움의 여정을 처음부터 나와 함께 했다. 나의 아내 미리암에게 있어 이 여정은 나의 삶일 뿐만 아니라 그녀의 삶이었다. 우리는 헤아릴 수 없는 문제들에 부닥쳤을 때 힘을 합쳐 함께 씨름했다. 역병, 인간 모두의 적인 무지, 또 그 외에도 인간 생명을 파괴하려는 많은 악한 것들과 대적해 싸웠다. 몇 번의 작은 싸움에서 졌을 때 우리는 함께 울었다. 그러나 그녀는 나로 하여금 하나님께서 생명과 건강을 주시기를 원하신다는 것과 그러므로 우리가 싸우는 전투는 그분의 전투라는 신앙을 지키도록 도왔다. 하나님과 함께 함으로써 우리는 그분의 많은 승리에 참여할 수 있었다.

　우리의 자녀들과 이제는 손자들 역시 이 소망에 함께 동참하고 있다. 나는 이점을 기뻐한다. 내가 이 소망을 찾는 소명召命을 그들에게, 또 수도 없이 많은 치유자들에게 넘겨줄 수 있어 기쁘다.

― 다니엘 T. 파운틴

한국어판 서문

　질병의 경험은 사람 사는 경험이다. 질병은 다양한 모습으로 모든 사람에게 예외 없이 온다. 병들었을 때 몸만 아니라 전 존재가 병들게 된다. 질병은 우리의 느낌과 감성뿐만 아니라 심지어 하나님과의 관계성에도 영향을 미친다. 우리의 느낌과 감성에 일어나는 변화는 우리 몸에 영향을 미친다.

　성경에 이르기를 "마음의 평안은 몸을 강하게 하고 시기심은 몸을 병들게 한다"(잠언 14:30) 했다. 의학도 이 사실을 증거하고 있으며, 우리 마음의 평안, 시기심, 그 외의 여러 감성적 요인들과 감정적 요인들이 우리 몸에 영향을 미친다는 사실을 발견하고 있다. 이러한 상관관계적 영향은 하나님께서 우리를 질병에서 보호하기 위해, 또 우리가 질병에 걸렸을 때 회복할 수 있도록 우리 안에 설치해 놓으신 놀라운 장치인 면역체계를 통해 일어난다. 우리의 느낌이나 감정이 평온하고 하나님과의 관계성이 좋으면 이는 우리의 면역체계에 힘을 실어 준다. 우리가 행복하지 않고 우리 마음속에 온갖 걱정, 시기심, 두려움, 분노, 그 외의 여러 종류의 고통스러운 느낌이 차 있으면 우리의 면역체계는 약화된다. 그런 불행한 상태 속에 있을 때 우리는 병에 자주 걸린다.

　이 책은 우리 속에 있는 내면의 짐이 우리의 면역체계를 약화시킬 경우 우리의 생각, 느낌, 감정, 또 하나님과의 관계성을 어떻게 점검할 수 있는가 하는 문제에 관해 쓴다. 또 이 책에서는 우리가 그와 같은 내면의 짐을 극복할 수 있도록 하나님께서 제공하신 놀라운 자원에 관해 설명한다. 그 자원은 상한 심령과 상처 받은 영혼을 낫게 해 주시는 예수의 권세를 말한다. 하나님께서 그의 말씀 안에 주신 약속들은 우리의 마음속에 평안을 회복할 수 있다. 이 책은 여러분이 마음의 평안을 얻음으로써 건강하게 살 수 있도록 도와 줄 것이다. 당신이 병에 걸렸을 경우 당신 안의 면역체계를 강화시켜서 당신을 회복시켜 주는, 예수와 하나님의 말씀으로부터 오는 그 자원을 어디에서 찾을 수 있는지 보여준다.

병든 이들을 돌보는 분들께는 예수와 하나님의 말씀으로부터 오는, 그 나음을 주는 자원을 여러분이 돌보는 분들께 어떻게 가져다 줄 수 있는지를 설명한다.

— 다니엘 T. 파운틴

역자 서문

놀랍게도 댄은 예수 그리스도의 임재하심이라는 어려운 명제와 그 분께서 우리 안에 어떤 종류의 질병도 파괴할 수 없는 새 생명을 주셨다는 흔히 개념적으로만 다루어지는 사실을 의사로써 친히 겪은 실제 예화들을 통해 평이하게 그러나 분명하게 증거하고 있다. 이 책이 많은 이들에게 도움이 되리라 믿는다. 나는 댄의 그러한 도움으로 이원적 사고에서 벗어날 수 있었다. 이 책을 통해 내가 받은 것과 같은 축복이 여러 사람에게 주어지기 바란다.

나는 대학생성경읽기선교회에서 이사무엘 선교사님을 통해 또 김사라(윤성) 목자님의 도움으로 성경 말씀을 읽는 인생을 살게 되었다. 삶의 진실을 아는 기회에 초대해 주신 나의 동기 최사무엘(선웅) 박사를 항상 고마움으로 기억한다. 지난 43년을 성경 읽는 일로 보냈다. 마음에 짚이는 그러나 집어 낼 수 없는 그러나 성경이 흔들림 없이 증거하는 그 세계는 나를 사로잡아 왔다. 항상 새로워서 경이롭기도 하고 동시에 손가락 사이를 빠져 나가는 물과 같았다. 기름을 발라서 미끈미끈하게 만든 돼지를 진흙탕 속에서 맨 손으로 그러잡는 게임이 있다. 아마 텍사스에 사는 사람들이 하는 게임이 아닌가 생각된다. 돼지는 잡았다 하면 빠져 나간다. 종종 돼지 꼬리를 잡았다 내 손에서 미끄러져 나간 그런 느낌으로 자조에 빠진 적도 많다. 이 세상에 내놓을 것이 아무 것도 없는 나를 살뜰하게 꾸려주는 아내의 도움이 없었다면 그저 이 시대의 짐이 될 수밖에 없는 사람이 되었을 것이다. 그런 삶 속에서 나는 생명에 감사하는 것을 배웠다. 내가 살아있는 것 자체가, 이 삶이 곧 은혜임을 알게 되었다. 이 막막한 세상에 하나님의 말씀이 주어진 것은 빛이 온 것이다. 하나님을 부를 수 있는 이 축복은 이 어두운 세상이 거룩한 땅으로 바뀌는, 다 감사할 수가 없는 축복이다. 하나님은 우리의 구원이시다. 우리 주 예수 그리스도는 내가 갇혀 있는 이 벽을 허물어 하나님을 만나게 도와주신 하나님이시다. 이 글을 쓰면서 65분 동안 꼼짝 않고 앉아서 베토벤의 9번 심포니를 들었다. 나를 성경 말씀으로 인도해 주신 그분들을 통해 1악장과 2악장을 들었고 댄의 도움으로 3악장을 듣게 되었다. 이제 4악장을 들으며 마지막 합창이 터지기를 조바심으로 기다린다. 그 기쁨을 나누고자 이 책을 번역했다.

댄은 병에 걸리는 일이 인간임을 아는 경험이라는 말로 시작해서 죽음이 새 생명의 시작이라는 글로 그의 책을 마무리한다. 그 후기를 쓰기 바로 전에 댄은 그의 막내 손자 마이클의 죽음에 관해 기록하고 있다. 그는 전인적 치료법에 관해 서술한다. 그러나 질병과 죽음을 받아들이는 그에게서 하나님의 현재를 사는 새 생명의 아름다움을 보게 된다. 그 새 생명은 아무 것도 침범할 수 없는 하나님의 현재하심 속에 있는 현실이다. 이사무엘 선교사님도 떠나셨고 댄도 몇 주 전에 떠났다. 그러나 나는 베토벤의 9번 4악장을 듣고 있을 때 이 모든 분들이 하나님의 현재 안에 소리쳐 올리는 합창을 듣는다. 그 현재하심 속에는 죽음이 죽어 버린다. 그 합창에 맞추어 탱고라도 추고 싶다. 춤에는 아예 젬병이고 배도 나와서 할 수는 없겠지만 하려면 하는 거지. 그러나 그런 엉뚱한 짓은 할 수 없고 해서 이 책을 번역했다. 고마워서.

나의 어투가 무척이나 조야한 모양이다. 출판을 도우시는 최용호(모세) 목자님과 교정보시는 분이 "꽤나 독특한 어투"라고 하시는 것 보니. 읽으시는 분들의 넉넉한 이해를 바랄 뿐이다.

3장 마지막에 댄이 에이즈로 죽게 된 압둘에 관해 쓴 글로 서문을 마무리 짓고자 한다. "활주로 아스팔트 위에 떨어진 나의 눈물은 감사와 슬픔이 섞인 것이었다. 나는 압둘 씨를 다시 만날 수 있기를 바란다. 그 안에 있는 하나님의 형상은 많은 상황에 의해 훼손되었지만, 주님은 그 형상을 회복시키고 계셨다. 〈 중략 〉 치유에는 병을 치료한다는 것보다 훨씬 큰 의미가 있다. 우리가 치유되었을 때 우리 안에서 하나님의 형상이 새로워지고 우리는 회복된다. 비록 육체에 질병이 있더라도 심령, 정신, 마음 그리고 영 안에 하나님의 형상이 새롭게 되는 것은 언제든지 가능하며, 이는 우리의 목적이 되어야 한다."

— 샘 전

서 론

병든다는 것은 사람으로 산다는 뜻이다. 모든 사람이 이런 저런 이유로 병에 걸린다. 병들었을 때 우리는 당연히 낫기를 원한다. 통증이라든지, 열, 허약함 등 무엇이든지 우리를 불편하게 만드는 것을 없애고 싶어 한다. 그래서 우리는 병이 심해지면, 우리를 낫도록 도와줄 것으로 생각되는 사람에게 간다. 그러나 그때에 "우리가 필요로 하는 적절한 도움을 항상 구할 수 있을까?"라는 의문이 제기된다.

병, 치유 그리고 전인격적 존재로서의 사람

의료업은 한 가지 중대한 문제점을 안고 있다. 내가 이렇게 말할 수 있는 건 내가 의사이기 때문이다. 우리는 병명이 무엇인지 우리 몸의 어떤 장기가 병들었는지에 무척 관심을 쏟는다. 우리는 병들어 있는 그 '사람'이나 그 '사람'이 질환에 어떻게 적응하는지에 대해서는 거의 관심이 없다.

어렸을 때 나는 결핵에 걸렸었다. 그때 나를 담당한 소아과 의사는 내 부모님에게 결핵이 내 폐의 우상엽과 가슴과 목의 임파선에 퍼져 있다고 했다. 많은 세월이 지난 후에야 나는 그때 병들었던 것이 나의 한쪽 폐와 몇몇 임파선뿐 만이 아니라 '나'라는 사람이었다는 것을 알게 되었다.

보훈 병원Veterans Administration Hospital에서 외과 레지던트로 있을 때 나는 주임 레지던트가 삼십 세 된 어느 퇴역 군인의 위를 삼분의 이 정도 잘라내는 것을 보조한 적이 있었다. 우리는 그가 술을 마시지 않도록 수술하기 전 몇 달에 걸쳐서 설득했지만 성공하지 못했다. 그의 위궤양에서 출혈이 너무 심했기 때문에 그의 생명을 구하기 위해 수술을 해야 했다. 삼일 후, 회진을 돌며 그를 진찰했을 때, 그는 주임 레지던트에게 "선생님, 제가 언제 다시 술을 마실 수 있습니까?" 하고 물었다. 우리는 그의 위의 환부를 제거함으로써 그의 생명을 구했으나 '그'를 치유하는 데는 실패했던 것이다.

치유는 우리 몸에 관한 문제일 뿐만 아니라 영과 혼의 문제다. 우리 속 깊은 곳에서는 이 사실을 알고 있지만 우리 의료인들은 너무나 오랫동안 치유의 이러한 측면을 무시해왔다. 당신이 우리에게 왔을 때 당신은 어디가 아프며 어떻게 느끼는지에 대해서 말한다. 그러나 우리는 당신이 어떻게 사는지, 당신이 정말 걱정하는 것, 두려워하는 것, 압박 받는 것이 무엇인지에 대해 거의 묻지 않는다. 이렇게 되는 원인 중 하나는 우리 의사들이 그럴 시간이 없다는 간단한 이유 때문이다. 이로 인해, 사람이 전인격적인 존재라는 관점에서 볼 때, 당신은 불충분하게 검진되고 부적절한 도움을 받고 돌아간다.

이사야서에 "침상이 짧아서 능히 몸을 펴지 못하며 이불이 좁아서 능히 몸을 싸지 못함 같으리라 하셨나니"(이사야 28:20)라는 대단히 의미심장한 구절이 있다. 이 말씀에서 이사야는 현대 의학과 우리의 의료 건강관리 체계를 더할 나위 없이 잘 분석했다. 의학은 환자를 위한 정말 훌륭한 침대를 개발했으나 그 침대는 너무나 짧다. 그 침대에 우리의 몸은 맞을지언정 우리의 마음과 영이 있을 공간은 없다. 심리학은 아늑한 담요를 짜냈으나 그것은 너무나 좁다. 그것은 우리의 영을 덮을 수 없다.

사람으로서 우리는 영적인 존재이고 동시에 사회적 존재이다. 의료과학은 우리 몸에 관련된 문제들에 관해 놀라운 일들을 해내고 있고, 심리학은 심리학적인 문제에 관해 대단한 일들을 처리할 수 있다. 그러나 마음과 영을 낫게 하는 일이나, 타인과의 올바른 관계를 새로이 만드는 일이나, 한 사람을 전인격적인 관점에서 온전히 회복시키기 위해서는 의료과학이나 심리학 그 이상의 무엇인가가 요구된다.

나는 하나님께서 이 세상과 또한 우리를 포함한 그 안의 모든 것을 창조하셨음을 믿는다. 나는 하나님이 선하신 분이며 모든 것을 선하게 만드셨고 우리를 향한 계획이 선하다는 것을 믿는다. 그 선한 계획이란 건강, 생명, 기쁨을 포함한다. 그러나 우리의 현실은 다르다. 우리는 병에 자주 걸리고, 우리의 삶은 그 의미와 목적을 잃으며, 우리는 이 세상에서 온전함에 결코 도달하지 못할 것이다. 그렇다면 하나님과 그의 선하심과 사랑이 이 현실 어디에 있다는 것인가? 우리는 하나님으로부터 도움을 받고, 그렇게 함으로써 치유와 건강에 이를 희망을 가질 수 있는가?

우리는 성경을 통해 하나님께서 나사렛 예수로 이 세상에 오셨다고 배운다. 그 예수는 이 땅에 계시는 동안 사람들을 치유하셨다. 그렇다면, 그는 이천년 전에 그랬듯이 오늘날에도 아픈 이들을 고치고 계신가? 나는 그가 그렇게 하신다고 믿는다. 이 말이 불러일으킬 많은 의문에 내가 다 대답할 수 있는 척하는 것은 아니다. 또한 나 스스로도 앞에서 열거한 많은 질문들과 사람이라는 존재가 무엇인가라는 질문과 씨름해 왔다. 그 과정에서 내가 배운 내용은 여러분들이 병들었을 때나 혹은 건강할 때에, 혹은 병든 다른 누군가를 돌볼 때 도움이 되리라고 본다.

하나님께서는 그분이 창조한 세상의 놀라운 사실들을 우리가 배우고 공부工夫하기를 원하시고, 우리가 그렇게 할 수 있도록 지능을 주셨다. 우리의 공부에는 과학이 포함되며, 과학 분야에는 의학과 심리학의 여러 영역이 포함된다. 우리가 병들었을 때 도울 수 있게 과학 분야에 대해서 많은 연구가 이루어져 있다. 그러나 아직도 우리에게는 무엇인가 더 필요하다. 아니, 그 어떤 분이 필요하다.

성경은 예수가 구세주Savior라고 말한다. 현대어에서 구원자savior 라고 번역되는 고대 히브리어나 그리스어 단어는 그 원래의 뜻이 충분히 살아나지 못하고 있다. 히브리어 "예수아Yeshua"와 그리스어 "소테라sotera"는 구원자savior와 치유자healer, 둘 다를 의미한다. 이 두 개념은 히브리어와 그리스어 단어 모두에 들어있다. 이는 치유가 구원의 일부임을 의미한다! "예수아" 혹은 "구원salvation"이라는 단어에는 구출, 건강, 치유, 구원, 혹은 건강을 지킨다는 의미가 있다. 완전한 의미의 구원은 온전해지는 것, 곧 죄와 슬픔 그리고 병으로부터 구함을 받는 것이다. 예수는 우리의 구원자이시며 또한 우리의 치유자이시다. 이러한 이유로 그는 '위대한 의사'라고 불려왔다.

당신은 당신과 의학이 할 수 있는 것들을 다한 후에도 끈질기게 계속되는 질병으로 고통당하고 있는가? 당신은 떨쳐 버릴 수 없는 몸의 통증이나 당신의 마음mind과 영spirit의 괴로움이 있는가? 모든 짐을 벗을 희망, 건강을 되찾을 희망, 지금보다 더 충실充實하고 행복한 삶으로 나아갈 희망이 있는가?

당신이 사랑하는 이들이 병들었거나, 장애인이거나, 깊이 낙담하고 있을지도 모르겠다. 당신은 그들을 돌보고, 의논 상대가 되고, 기도하고, 그들을 이 의사, 저 병원으로 데려갔는데 아무 도움이 안 되었다. 그때, 당신이 할 수 있는 일이 더 있을까?

하나님은 우리를 위해 많은 자원을 제공하셨다

하나님은 우리의 건강을 지키고 우리를 질병에서 회복되도록 돕기 위해서 우리가 사용할 수 있는 많은 자원을 주셨다. 그중 얼마는 우리 안에 주어졌다. 우리 몸에 내장되어 있는 건강에 관여하는 온갖 신체 조직망들, 그리고 감정과 선택이라는 우리 마음 안에 일어나는 생명 활동이 이에 속한다. 이러한 자원에 관해 좀 더 상세히 이야기하고자 한다. 의학은 마음과 몸을 도울 수 있는 추가 자원을 제공한다. 우리는 또 다른 막강한 치료 자원을 가지고 있는데, 그것은 믿음, 특별히 예수 그리스도를 근거로 하는 믿음이다.

당신이 하나님이나 예수 그리스도에 대해 거의 아는 게 없거나 전혀 모르지만 이 책의 내용에는 관심이 있을지도 모른다. 그로써 족하다. 당신이 만약 병에 걸려 있고, 당신이 가진 모든 방법을 다 동원했고, 의료 과학과 전문가들이 당신을 위해 할 수 있는 모든 것을 다했지만 그 자원들이 당신의 건강과 온전함을 회복하는 데 충분하지 않았다면, 이 책이 도움이 될 것이다. 이 책은 당신이 진정 누구인지 좀 더 깊이 이해하는 데 도움이 될 것이다. 당신은 우리가 건강하도록 하나님께서 우리 안에 주신 놀라운 자원들과, 무엇이 잘못되어 우리가 병들게 되는지, 그럴 때 우리가 할 수 있는 일이 무엇인지에 대해 보게 될 것이다. 영적 자원은 생리학적 도움을 줄 수 있으며, 믿음은 건강과 치유의 주요한 요인이다.

이 책에서 우리는 다음과 같은 질문을 살펴볼 것이다.

1. 우리의 내적 자아인 감정과 느낌 그리고 신념이 건강에 어떻게 영향을 미치는가?
2. 질병에 걸렸을 때, 우리가 어떻게 정신적, 정서적, 영적 자원을 동원하여 우리의 몸이 그 상태에 적응하도록 도울 수 있는가?
3. 우리가 병들었을 때, 예수 그리스도에 근거한 믿음이 치유 과학과 더불어 우리에게 어떤 도움을 줄 수 있는가?

나는 이 질문들을 두 측면에서 살펴보았다. 나는 기나긴 몇 개월 동안 병상에 누워 지낸 적이 있다. 나는 천장을 바라보며 수술대에 올라 있어 봤다. 나는 죽음의 문턱에서 죽음이 내게서 떠나가기를 바란 적이 있다. 나는 아픔과 쇠약함, 그리고 영은 원하나 육신이 약한 데서 오는 좌절감과 싸웠다.

나는 또한 내 인생의 많은 시간 동안 고통당하는 다른 이들을 병상

곁에서 돌보았다. 나는 수술대에 누워 있는 많은 이들을 굽어보며 하나님께 내가 그들의 치유를 북돋아 줄 무엇인가를 하게 해달라고 간구한 적이 많았다. 나는 많은 병든 이들의 이야기를 들었고 그들이 건강을 되찾는 여정에서 그들에게 용기를 줄 수 있는 대답을 하고자 애썼다. 이 과정을 지나오는 동안 나는 의학 서적을 참조했고, 또 '위대하신 의사' 우리 주님과도 상담했다. 오랜 세월 동안에 걸쳐 지금까지도 하나님과 의학은 여러 길로 내게 치유에 대해 가르쳐 주었고 나는 여전히 배우는 과정에 있다. 이 책에서 당신은 내가 하나님으로부터 배운 것의 일부를 발견할 것이다. 그것은 문자 그대로 '그의 행하심의 한 흔적'에 불과하다. 진실로 그의 지혜와 지식의 부요함과 그의 판단은 측량치 못할 것이며 그의 길은 우리가 헤아려 찾지 못할 것이기 때문이다(로마서 11:33).

제1장

당신의 의사는 당신이 누구인지 아는가?

전인격 존재로서의 사람?

생체 의학적 모형模型

나의 개인적 경험담

의사 수련 과정을 통해 배운 것

의학 그리고 아프리카에서 만난 한 사람

드러나는 영적 요소들

치료되지 않을 것 같았던 결핵

질병disease과 병듦illness

치료curing와 치유healing

환자를 돌보는 일의 문제점들

영적인 요소: 믿음

제1장 당신의 의사는 당신이 누구인지 아는가?

　　　　당신은 인격체人格體인가, 아니면 결합조직結合組織에 의해 뭉쳐진 여러 개의 장기臟器 덩어리인가? 당신은 고립된 한 개인인가, 아니면 가족이나 지역 사회 혹은 친구나 동료들 속의 한 일원인가? 아직 밝혀지지 못한 어떤 연유로 인해, 생각이라는 것을 할 수 있는 여러분은 그저 고도로 복잡한 탄수화물과 아미노산 그리고 지방산으로 이루어진 덩어리인가, 아니면 우주에 있는 영적인 능력들과 관계있는 존재인가?

　당신이 의사를 만날 때, 그 의사가 당신을 어떤 존재로 보기를 원하는가? 의사가 당신을 담석 가능성의 한 병례病例로, 관상 동맥 질환 가능성이 있는 환자로, 아니면 무엇인가가 잘못된 '사람'으로 보기를 원하는가?

전인격 존재로서의 사람?

　　　　　서양 문화는 인간 존재에 대한 우리의 개념을 뿌리부터 뒤흔들어 놓았다. 우리가 이룬 과학의 진보는 우리로 하여금 우리 몸을 해부학解剖學적으로 자디잘게 나누어 관찰함으로써 또는 분자 생물학적 연구를 통하여 우리 존재에 관한 모든 중요한 것을 알 수 있다고 믿게 만들었다. 우리의 대중문화는 물론이고, 심지어는 신앙과 종교적인 관행慣行에서 조차도 개인만이 강조되었고 관계성이 우리에게 미치는 영향은 무시되었다. 이성理性에 대한 숭배는 우리로 하여금 인생이나 자연에서 우리가 이해할 수 없거나 조작할 수 없는 것은 없다고 생각하도록 만들었다.

이 모든 문화적 요인들은 병이나 건강에 대한 우리의 이해에 중대한 영향을 미쳤다. 현대 의학은 기계적이며 기술적이며 전문 분야로 나뉘어져 있다. 당신이 병들었을 때 의사는 어떤 부분이 잘못되었는지 그리고 그것을 어떻게 고칠 것인가 만을 생각한다. 당신의 이름이나 당신에 관한 신상 정보는 의료 보험이나 의료 기록 용지를 채우기 위해 필요할 뿐이다.

의대 3년차 때, 외래外來 병동에서 몇 달 동안 일한 적이 있었다. 일반 외과一般 外科에서 근무할 때였는데, 한번은 만성적 요통腰痛을 호소하는 중년 여인을 검진한 적이 있었다. 인턴과 나는 그 여인이 정형외과에 속한 문제가 있는 것으로 판단하고 그 여인을 정형외과로 보냈다. 며칠 후, 그 여인은 요부腰部와 좌골坐骨 또는 허리 부분 관절 어떤 부분에도 아무런 문제가 없다는 통보와 함께 우리 과로 되돌아 왔다.

나는 그녀를 부인과로 보냈고, 그녀는 그녀의 골반에 아무런 문제가 없다는 통보와 함께 다시 돌아왔다. 다음은 비뇨기과였고, 그곳에서 광범위한 병리 검사와 방사선과 검사를 통해 그녀의 신장이나 요로尿路에 아무런 문제가 없음이 확인되었다. 마지막으로, 그녀는 신경과로 보내졌고, 그곳에서도 아무런 이상이 발견되지 않았다.

그녀가 우리에게 되돌아왔을 때 세 가지 점만은 확실했다. 그녀의 통증은 그대로 있었고, 더 치료할 돈이 떨어졌으며, 우리는 그녀를 돕는 데에 실패했다는 것이다. 그녀는 우리 병원을 떠났고 다시는 돌아오지 않았다. 오랜 시간이 지난 후에야 나는 그때 우리 중 누구도 그녀와 함께 앉아서 그녀의 삶이나 그녀의 병력病歷에 관해 이야기를 나눈 적이 없다는 점을 깨달았다. 우리는 그녀의 통증을 치료하고자 애썼지만 그녀를 한 사람으로 인식하지 못했던 것이다.

그러나 그 몇 주 후 내과를 돌 때는 훨씬 더 잘 할 수 있었다. 나는 호흡 곤란 문제가 있는 육십 대 여인의 폐저肺底에서 수포음水泡音(기포가 부서지는 미세한 소리)을 청진聽診하고 매우 흥분했다. 그녀의 발목과 종아리가 부어 있었다. 그녀는 분명 경미輕微한 심부전증心不全症 증상을 보이고 있었고 우리가 그녀를 도울 수 있는 것이 확실했다. 나는 심장 근육 운동을 촉진시키는 다이곡신digoxin과 이뇨제를 함께 처방했고, 일주일 후 그녀의 상태는 매우 호전되었다. 그 후 나는 그녀에게 장기적인 치료 방법, 즉 저염식低鹽食, 약간의 운동, 정기 검진에 대해 가르쳐 주었다.

그 여인은 만족하여 돌아갔고 나 역시 성취감을 느낄 수 있었다. 그것은 성공적인 치료였다. 그렇지만 일주일 후 나는 그 여인의 이름이나 그녀가 어디에 사는지 기억할 수 없었다. 그녀가 결혼은 했었던가? 나는 그녀에게 묻지 않았다. 그녀의 가정에서의 생활, 곧 가족이나 친구와의 관계는 어떤가? 심장에 무리를 줄 수 있는 괴로운 문제가 그녀에게 있는가? 나는 이런 것들은 알아보려고도 하지 않았다. 오랜 세월이 지나서야 나는 그때 내가 한 사람의 여인을 치료한 것이 아니라 다만 심장 근육을 치료했다는 것을 깨닫게 되었다.

생체 의학적 모형模型

이러한 예들이 바로 우리 의료계에서 생체 의학적 모형이라 부르는 것이다. 의료 전문인들은 인간을 생물학적 신체身體로 보도록 훈련받았다. 우리 신체의 어떤 생물학적 기전機轉이 잘못되었을 때 의학적 수단이 동원된다. 우리는 우리를 살아있게 하고 우리 생명을 유지시켜 주는 몸의 다양한 생체적 기전, 곧 소화계, 호흡계, 순환계 그리고 좀 더 은밀隱密한 다른 '계'들의 작용에 대해 알고 있다. 우리는 병을 이러한 생체적 기전의 고장으로 인식하고 있고, 의사의 역할이란 고장 난 부분을 고치는 것으로 알고 있다. 그러나 생체 의학적 모형 어디에 사람 자체가 있는가?

우리 몸 안에는 많은 생체적 기전이 계속되고 있고 그렇기 때문에 여러 가지 문제가 발생할 수 있다. 그러나 우리가 사람이라는 의미는 우리가 그 다양한 생체적 기전 모든 것을 다 합친 것보다 훨씬 더한 '무엇'이라는 뜻이다. 우리는 생각하고, 느끼고, 몸부림치며, 또한 희망希望한다. 우리는 다른 사람과의 관계성 속에서 우리를 인식하고, 고리 모양의 관계성 속에서 기쁨과 만족을 찾고 때로는 좌절과 분노를 느낀다.

유감스러운 사실은 우리가 가끔 느끼는 좌절과 분노가 우리 몸의 생체적 기전을 뒤집어 놓는다는 것을 의료 전문인들이 깨닫는 데 너무 오랜 시간이 걸린다는 점이다. 또한 가족 관계나 친구를 통해서 오는 기쁨, 웃음, 성취감 등이 종종 그 많은 종류의 환상적인 의약품이나 복잡한 의료 기술보다 우리 몸을 더 잘 회복시키기도 한다는 것을 인식하는데도 너무 오랜 시간이 걸리고 있다. 나는 이러한 것을 의대에 다닐 때 배운 적이 없다.

나의 개인적 경험담

우리 의사에게 가장 도움이 되는 경험은 우리 자신이 병들어 보는 것이다. 나는 여러 번 병에 걸린 경험이 있다. 그 경험을 통해서 나는 병에 관한 생체 의학적 지식보다는 환자를 사람, 곧 전인격적으로 돌보는 것에 대해 더 많이 배웠다. 그 배움의 과정은 내가 의학을 공부하기 훨씬 이전에 시작되었다. 그 배움의 시작은 내가 일곱 살 때인 어느 날, 한 원숙圓熟한 소아과 의사가 나의 흉부 방사선 사진을 본 후 부모님에게 "댁의 아들 대니가 결핵에 걸렸습니다"라고 선언한 때부터였다.

그 말에 나의 부모님은 심히 두려워 하셨는데, 왜냐하면 그때는 항생제 시대가 시작되기 10년 전인 1937년이었기 때문이었다. 그때까지도 결핵은 많은 사람의 생명을 앗아간 주범主犯이었는데, 특히 어린아이에게는 치명적이었다. 당시 '3중 치료법'이라 불렸던 치료법은 오늘날 우리가 의미하는 것처럼 세 가지 약에 의한 치료를 말하는 것이 아니라 침대에서 쉬고, 좋은 음식을 먹고, 햇볕을 많이 쬐는 것이었다. 나에 대한 처방은 일 년 간 침대에 누워있고 적어도 그 다음 삼 년은

제한된 활동을 하는 것이었다. 의사는 두 가지 중 선택을 하도록 했는데, 하나는 잘 훈련된 의료진이 있는 150마일 떨어진 요양소로 가는 것이었고, 다른 하나는 집에 있는 침대에 누워 있는 것이었다. 내 부모님에게 이는 선택의 문제가 아니었다. 나는 당연히 집에 있게 되었다.

한창 뛰어 놀기 좋아하는 내 또래의 어린 남자 아이에게 일 년 동안 침대에 누워 있어야 한다는 선고는 기가 막히는 일이었던 것은 말할 필요도 없다. 부모님은 의사의 처방을 실행하는 데 엄격하셨다. 그러나 그분들은 그만큼 나를 깊고 온유한 사랑으로 돌보아 주셨다. 나는 곧 중요한 것을 배우게 되었다. 병은 나의 육체적 활동을 제한했지만 나의 마음과 정신 그리고 창조성까지 억제할 수 있는 것은 아니었다. 책들이 나의 친구가 되었다. 침대 곁에 놓는 작은 탁자는 뒤집어 놓으면 나의 배가 되었고 나는 그것을 타고 7대양을 누비고 다녔다. 나는 예수께서 나의 친구라는 것을 알게 되었고 우리는 몇 시간씩 이야기를 나누곤 했다. 우리는 함께 갈릴리 바다를 건너고, 숲속을 헤치고 다녔고, 높은 산에 함께 올랐다. 내가 그분의 책 즉 성경을 그런 모양으로 읽었을 때 이후로 나의 안내자가 된 지혜의 보석들을 주워 모으게 되었다. 한 달도 안 되어 나의 마음과 심령과 영혼이 나음을 입었다. 나는 잇따른 폐와 가슴 임파선의 빠른 회복이 내면의 나음에서 연유했다고 믿는다.

오랜 세월이 지난 후, 나는 인격형성기에 내게 생겼던 폐결핵의 경험을 분석해 보았다. 그리고 그때 내게 무슨 일이 일어났었는지 깨달았을 때, 많은 질문이 내 마음에 들어왔다. 내가 그때 그저 결핵으로부터만 나았던 것인가, 아니면 온전하게 되었는가? 회복된 것은 단지 나의 폐뿐이었는가, 아니면 나의 전 존재가 병들기 이전보다 오히려 더 좋아졌는가? 확실히 나는 결핵으로부터 회복되었다. 그런데 어떻게 나았는가? 나의 폐에 있는 백혈구와 임파선이 결핵균을 잡아먹은 것은 분명한데, 그 밖에 무슨 일이 있었기에 내가 건강을 회복했는가?

1937년부터 1938년까지의 일 년 간이 내게 매우 특별한 시간이었음이 분명했다. 나는 그 기간 동안 많은 것을 배웠다. 읽기와 쓰기, 참을성 있게 기다리는 것, 창의적으로 상상하는 것을 배웠고, 그리고 언젠가는 다른 사람들의 삶을 낫게 하기 위해 병듦과 질병에 관해 무엇인가를 해야겠다는 소망을 배웠다. 친구들이 나를 만나려고 찾아 왔다. 나의 초등학교 2학년 선생님은 매일 과제물을 보내주셔서 학교 공부를 따라갈 수 있었다. 또한 부모님으로부터 많은 사랑과 관심을 받았다. 부모님은 진정한 의미에서의 간병인이셨다. 정기적인 소아과 의사와의 만남은 내 상태가 좋아지고 있다는 확신을 내게 더해 주었다.

되돌아보면, 그해에 나의 마음과 정신이 많이 성숙해졌던 것을 알 수 있었다. 나의 인격적 성장은 '병에 걸렸음에도' 라고 말하기 보다는 오히려 주로 병 때문이었고, 또한 그때 내게 주어진 가족과 친구들의 도움 때문이었다. 폐와 임파선의 감염에 맞선 나의 싸움을 이 모든 요인이 어떤 모양으로든 도왔다는 말인가? 나는 전인격적인 존재로서의 '나' 라는 사람에게 일어난 변화가 나로 하여금 폐결핵으로부터 회복되도록 강력한 영향을 끼쳤음을 깨닫기 시작했다.

의사 수련 과정을 통해 배운 것

그 후 로체스터 의과대학에 입학하여 의료 과학의 경이로운 내용들에 부딪쳤을 때 나는 충격과 감탄에 빠졌다. 장려(壯麗)한 인체의 해부학적 구조, 불가사의할 정도로 복잡한 여러 장기(臟器)의 기능, 또한 그것들 사이의 미묘한 상호작용, 이 모든 것은 나를 매료(魅了)시켰다.

동시에 나는 계속하여 성경을 읽고 있었고, 예수님에 관해 배우고 있었다. 성경에서 치유에 관해 읽었고 그리스도 사역에 나타난 치유의 예를 보았다. 많은 치유의 예가 의학의 한계를 넘는 것처럼, 적어도 그때 내가 의대에서 배우고 있던 것 이상의 일처럼 보였다. 예수님이 병든 사람에게 "네 믿음이 너를 구원하였다"라고 하셨을 때 그것은 무슨 뜻이었는가? 예수님이 행하신 모든 치유가 순전히 기적이었는가? 아니면 그 치유 중 적어도 몇 가지 예에서는 현대에 사는 우리가 동원 가능한 방법이나 원리를 사용하셨는가?

나는 의학과 믿음이 어떻게 함께 할 수 있는지 궁금해지기 시작했다. 불행하게도 나를 도울 수 있는 사람은 아무도 없었다. 왜냐하면 우리 생명의 이 두 분야는 신중하고 주의 깊게 분리되어 있기 때문이었다. 믿음은 과학적 측정이 불가능하기 때문에 의료 과학에서 제외되어 있었다(과학은 믿음을 부정할 길도 없다). 반면에 교회에서 배운 것들은 과학 지식이나 기술 등과 겉돌고 있었다. 기적을 과학적 관점에서 설명하려는 시도는 종종 하나님의 능력을 부정하는 것으로 간주된다는 것을 알게 되었다. 그렇지만 하나님이 과학과 아무런 상관이 없다는 말인가? 나는 상관이 있어야 한다고 생각한다. 왜냐하면 과학은 하나님이 만드시고 이루신 일을 연구하는 것이기 때문이다.

나는 예수님을 이 그림 어디에 맞춰 넣어야 하는지 알기 위해 몸부림쳤다. 나는 지금도 햇병아리, 어린 인턴이었던 내가 필라델피아 종합 병원 급성 정신과 병동의 간호 스테이션에 서 있었던 때를 선명하게 기억한다. 나는 큰 유리 창문을 통해 양쪽 복도를 내려다보고 있었다. 나는 각 병실 침대에 누가 있는지 알고 있었다. 복도 중앙에는 키가 큼직하고 위엄 있게 생긴 한 아프리카계 미국인 환자가 멍하게 서 있었고, 그때 마침 조중상태 躁症狀態: manic phase에 빠진 좀 더 나이 든 아일랜드인 조울증 환자가 지그 댄스를 추며 그 주변을 뱅뱅 돌고 있었다. 그 두 사람은 서로의 존재를 인식하지 못하고 있었다. 이때 하나의 불같은 의문이 내 마음에서 하늘을 향해 솟아올랐다. "주여, 만일 주님이 이 병동에 10분만 계신다면 고통 중에 있는 40여 명의 이 모든 사람이 나을 수 있습니다. 이곳에 오실 수 없겠습니까?" 그의 응답은 나를 당황케 했다. "내가 거기 네 안에 있느니라." 절망 가운데 나는 "그렇다면 내가 무엇을 해야 한다는 말입니까?"라고 부르짖었다.

나는 계속하여 답을 찾기 위해 애썼다. 그러나 두 가지는 확실했다.

1. 이천 년 전, 예수님은 주로 병자 자신의 믿음이나, 혹 친구나 가족의 믿음을 통해 병자를 치유하셨다.
2. 의료 과학은 오늘날 많은 병든 사람을 고치고 있으나 모든 사람을 다 낫게 하지는 못하며, 병의 치료가 끝난 많은 경우에도 그

환자의 온전한 치유는 이루어지지 않는다.

한 가지 심각한 질문이 나를 괴롭혔다. 예수님은 자신이 병자를 치유하는 일에 그치지 않으셨다. 예수님의 제자들도 같은 일을 하도록 말씀하셨고, 제자들은 그렇게 했다. 나는 예수님을 배우는 그의 제자였고 내게 온 몇 사람을 치료해 주었다. 나는 의료 과학을 사용하여 병자를 고치고 있었고, 물론 그 의료 과학 기술이 예수님 당시에는 없었다. 그렇다면 믿음이 있을 자리는 어디란 말인가? 의학이 믿음을 대체해 버렸는가? 아니면 의학과 믿음이 함께하여 환자를 전인적으로 치료할 수 있는가?

의학 그리고 아프리카에서 만난 한 사람

몇 년 후 나는 가족과 함께 중앙아프리카로 갔다. 바쁜 오지 병원의 유일한 내과 의사로서 나는 언어 교육반을 수강할 시간이 없었다. 나는 일을 하면서 주로 진찰실에서 키투바어를 배웠다. 나는 배가 아프다는(위염 胃炎) 표현을 알아듣는 방법을 곧 터득했다. 어떤 사람이 자신의 명치끝을 가리키고 등 뒤 어깨 사이를 두드리면, 나는 즉시 그 표현이 무엇을 뜻하는지 알았다. 언어는 잘 통하지 않았지만 중탄산염과 벨라도나액을 처방하는 데 익숙해졌고, 약을 주면서 그들에게 천천히 먹도록, 매운 것은 피하며, 하루 세 끼를 꼬박꼬박 먹도록 지시했다(아프리카 여인이 하루 세 끼를 먹는 일은 거의 없다. 그래서 여자들이 주로 위염에 걸려서 왔다). 그런데 몇 년이 지난 후에야 소위 '위염'이라는 모든 증상 뒤에는 만성적인 분노, 걱정, 두려움, 깨어진 관계성 혹은 심각한 슬픔이 존재한다는 것을 알았다. 500 킬로그램의 중탄산염을 처방하더라도 위염을 야기하는 진짜 원인을 치유할 수는 없다. 왜냐하면 그 원인들은 생체 의학 모형의 테두리 밖에 있는 문제들이기 때문이다.

나는 심각하게 영양 부족이던 한 여인에게 그녀의 몸을 추스르기 위해 규칙적으로 섭취해야 하는 음식 종류에 관해 참을성 있게 설명해 주던 일을 기억한다. 3주 후 그녀가 웃으며 놀라울 만큼 회복된 모습으로 우리 병원에 왔을 때 나는 무척 놀랐다. 왜냐하면 만성 영양 부족 환자가 그렇게 짧은 시간에 회복되는 것을 보는 것은 매우 희귀한 일이었기 때문이었다. 그녀는 한 간호사가 자기를 예수 그리스도께 소개해 주었고, 그리스도께서 그녀의 심령에 들어오셨으며, 그때부터 진정한 기쁨과 평화를 갖게 되었다고 말했다. 그녀는 음식도 훨씬 맛있어졌고 아주 살맛이 난다고 말했다. 그녀가 돌아간 후 나는 그녀가 새로 배운 영적 생활과 그녀 신체의 영양 상태 사이에 무슨 관계성이 있는지 궁금해졌다. 나는 오랜 뒤에야 그 의문에 대한 답을 찾을 수 있었다.

이러한 예들은 내가 의사로서 자격이 없다고 느꼈던 수천 개의 사례 중 단지 몇 개에 불과하다. 매일 매일, 그렇게 몇 년 동안 진료실에 버티고 앉아서 아무런 차도가 없는데도 불구하고 똑같은 약과 똑같은 처방을 받기 위해서 되돌아오고 또 오는 만성 질환에 시달리는 사람들을 보면서, 나는 내가 지금 무엇을 하고 있는지 자신에게 심각한 질문을 하지 않을 수 없었다. 병원은 환자를 치료하는 곳이다. 그러나 자동차 정비소에 더 가깝다는 생각이 들었다. 나는 의사였다. 곧 사람을 치유하는 일을 맡은 전문인이었다. 그러나 나는 자신이 종종 고장 난 부분을 고치는데 실패하는 정비공 같은 생각이 들었다. 나는 고장 난 부분이 바로 나 자신 안에 있었다는 것을 깨닫지 못하고 있었다. 그리고 문제는 내 안에만 있었던 것이 아니었다. 현대 의료의 전체 체제體制 안에 문제가 있었다.

드러나는 영적 요소들

　　　　　　나는 의사 일을 하는 기독교인이었지만 그때까지도 믿음이 치유에 어떻게 적용되는지 알지 못했다. 나도 남들이 흔히 말하는 대로, "의사는 치료治療하고 하나님은 치유治癒하신다"는 상투적인 문구는 되풀이했지만 내가 말하는 내용이 실제로 어떻게 이루어지는지 몰랐다. 1984년에 은사를 받은 한 젊은 아프리카인 여성 목사가 우리 병원의 직원으로 일하게 되었다. 펠리시티 마탈라 여사는 그즈음 킨샤사에 있는 신학교 Evangelical school of Theology를 졸업했는데, 그곳에서 원목 상담 과정을 공부한 분이었다. 마탈라 여사는 주님과 매우 친밀하고 인격적인 믿음의 관계성이 있고, 성경을 깊이 있게 알며, 목회상담牧會相談을 전공했고, 듣는 귀가 있고, 사람들에게 힘을 주고 동시에 그들의 말을 분변分辨해 들을 줄 아는 은사가 있는 분이다. 우리(의사)는 물론이고 우리와 함께 일하는 간호사들도 종종 그녀에게 환자의 상담을 의뢰하기 시작했다. 그녀에게 상담 받은 많은 사람이 무엇엔가 억눌린 이유 때문에 병들어 있었다. 대부분의 다른 환자들은 결핵, 간경변증, 다른 고질적인 감염, 심지어는 에이즈와 같은 육체적인 질병을 가지고 있었다. 우리는 병든 사람이 상담을 통해 감정적, 정서적, 갈등적인 관계에서 나음(치유)을 받는 결과가 그들의 질병에 미치는 효과를 보고 놀라움을 금할 수 없었다. 우리는 상담 받은 환자들의 신체의 질병이 훨씬 더 빨리 차도를 보이거나 치유되는 것을 보았다.

또한 그 목회상담의 결과를 통해서, 우리는 영적인 거듭남, 즉 예수님과 인격적인 관계성을 갖는 것이 육체적으로도 긍정적인 효과를 낸다는 사실을 발견했다. 우리는 기도가 치료에 영향을 주는 것을, 곧 과학적으로는 설명할 수 없는 것을 보았다. 우리는 오래전에 그리스도께서 갈릴리에서 하신 것처럼 그리스도께서 친히 치유하시는 것을 보고 있는 것이었을까? 우리는 그렇다고 믿었다. 우리도 전인적인 치유를 시작하게 되었다고 믿었다.

우리는 또한 치유에 관여하는 이들이 한 팀으로 더불어 일할 때의 무한한 이점에 대해서도 알게 되었다. 우리 의사들은 환자의 개인적인 삶과 그의 느낌, 감정, 그의 관계 등을 도와주기 위한 훈련도 받지 못했고 그럴 시간이 없었다. 많은 시간이 소요되는 이러한 영적인 문제를 돌보는 일을 새로이 도입할 준비도 되어 있지 않았다.

마탈라 여사와 나는 병원의 모든 스텝이 치유의 과정에 관여關與되어 있음을 깨달았다. 간호사는 의사보다 훨씬 더 많은 개인적인 시간을 환자와 보낸다. (이것은 어느 병원이나 의원에서나 마찬가지다.) 수술실 스텝이나 산부인과 요원은 환자의 생명이 긴박緊縛한 상황에 있을 때 그들과 함께한다. 이들은 서로 어떻게 협력해야 효율적效率的으로 한 환자를 전인적으로 돌볼 수 있는지 알아보아야 할 필요가 있었다.

이들 외에, 다른 기술지원 부서 직원도 있고 관리 직원도 있다. 이들 각자가 환자를 어떻게 대하느냐에 따라 치료의 결과가 달라질 수 있다. 만일 환자가 병원에 처음 들어섰을 때 이들 중 누구를 만나더라도 처음 만나는 사람이 그 환자를 따뜻하고 미덥게 대하면 그 행위는 바로 그 순간부터 효과적인 치료에 반드시 필요한 만큼의 자신감을 환자 안에 자라게 하기 때문이다.

그래서 마탈라 여사와 나는 바쁜 시간을 쪼개어 병원 직원들을 훈련하기 시작했다. 인력 관리에 뛰어난 간호과장이 우리를 도와주었다. 간호학과 학생들도 이 훈련에 포함시켰다. 이러한 기술은 간호사 생활의 초기부터 필요한 것이었기 때문이다. 얼마 후 병동을 지나갈 때 나는 직원이나 간호학과 학생이 환자와 조용히 대화를 나누거나 같이 기도하고 있는 모습을 볼 수 있었다. 우리는 마탈라 여사와 그녀의 상담 팀 그리고 병원의 모든 직원이 치유자가 되었고, 그렇게 해서 전인 치료가 자리를 잡아가고 있음을 깨달았다. 이와 관련된 예화들을 들어보자.

치료되지 않을 것 같았던 결핵

존은 심한 결핵으로 몇 년 전 우리 병원으로 왔다. 그는 열여덟 살의 고등학생이었는데 우리 병원에 오기 6개월 전부터 병들어 있었다. 그의 병은 중증이었지만 우리는 그의 병을 고칠 자신이 있었다. 그전과 달리 지금은 우수한 결핵 치료제가 있기 때문이었다. 우리는 존을 입원시키고 세 가지의 항생제를 쓰는 전형적인 결핵 치료 방법을 시작했다.

치료를 시작한지 한 달이 지난 후 존의 증세는 호전되는 것이 아니라 오히려 악화되어 가는 것이 명백했다. 우리는 그의 결핵균이 우리가 사용하는 항생제에 내성이 있기 때문이라 추측하고 더 비싸고 강한 항생제로 바꾸어 치료하기 시작했다. 그러나 이것도 효과가 없었다. 우리에게 분명했던 것은 존이 죽어가고 있다는 것과 우리는 그 원인을 알지 못한다는 것이었다.

어느 날 한 간호 학생이 존이 왜 병들었는지 발견해 냈다. 그 여학생은 우리에게 와서 존이 병들기 이전에 저주를 받았었다고 알려 주었다. 그즈음에 존은 고등학교에 진학하고 싶어 했는데 그의 부모는 그의 학비를 댈 수 없을 정도로 가난했다. 그래서 그의 부모는 존의 삼촌으로부터 돈을 빌려서 존을 고등학교에 보냈다. 몇 달이 지나서 삼촌이 돈을 돌려달라고 요구했고 부모는 너무 가난하여 그 요구를 들어주지 못하자 화가 난 삼촌이 존의 면전에서 그에게 저주를 퍼부었다. 삼촌은 존이 그의 돈을 다 없앴다고 말했다. 때문에 그는 존이 심한 병이 걸리도록, 아무리 많은 의사가 손을 써도 죽도록 저주했다. 그 일이 바로 그가 받을 수 있는 가장 좋은 진료를 받고 있었음에도 불구하고 우리 눈앞에서 존의 내면에 일어나고 있는 일이었다.

이러한 문제에 관해서 의사에게 치료법이 없다. 어떠한 약도 저주를 치료할 수 없고 아무리 예리하고 잘 드는 수술용 칼로도 저주를 제거할 수 없다. 아프리카 문화에서 저주는 직각적直覺的이고, 보통 문자 그대로 받아들여진다. 저주가 행해질 경우 그 결과는 엄청나게 파괴적이다. 북아메리카나 유럽 문화권에서는 저주가 좀 더 간접적이긴 하지만 그 파괴력은 마찬가지다. '암' 이나 '에이즈' 라는 말이 저주의 주문처럼 영향을 미칠 수 있다. "너는 쓸모가 없어. 너는 성공할 할 수 없어!" 또는 "너는 불치병을 가지고 있어" 또는 "인생을 정리해라. 너는 3개월밖에 못 살아" 같은 말들은 더욱 심한 저주가 될 수 있다.

마탈라 여사와 우리 간호 학생들은 존의 문제를 해결할 수 있는 길을 알고 있었다. 그들은 존에게 예수 그리스도를 소개했고, 존은 곧 크리스천이 되었다. 우리는 그리스도께 드린 그의 영원한 헌신이 곧 그리스도께서 존을 영원히 돌보시는 일에 헌신하신 것을 반영한다는 것을 알았기에 무척 기뻐했다. 이제 우리는 전통적인 복음주의적 의료 단체로서의 역할을 완수했다. 우리는 존에게 할 수 있는 최선의 진료를 했고, 또 그를 '위대하신 의사' 이신 예수님에게로 인도했다. 하지만 이 모든 일이 끝난 후에도 존은 치료 가능한 병인 결핵으로 아직도 죽어가고 있었다. 우리는 그 이유를 알 수 없었다. 마탈라 여사는 그 이유를 알고 있었기 때문에 그녀는 존이 완전히 치유될 때까지 포기하지 않기로 작정하고 있었다.

그녀는 존의 문제가 결핵보다 더 깊은 데 있다는 것을, 또한 그 문제는 단순히 종교를 바꾼다고 해결될 수 없는 문제라는 것을 꿰뚫어 알고 있었다. 그녀는 존에게 그리스도의 능력에 관한 성경 말씀들, 곧 그가 어떻게 병든 이들을 치유했는지, 폭풍을 잠잠케 하였는지, 오병이어로 오천 명을 먹였는지, 심지어는 죽은 자를 살렸는지에 대한 기록들을 읽어 주었다. 그리고 그녀는 존에게 간단한 질문을 했다. "존, 누가 더 힘이 세다고 생각하니, 예수님이니 아니면 너의 삼촌이니?"

존은 즉시 예수께서 삼촌보다 더 능력이 있음을 인정했다. 마탈라 여사는 존이 이제 그리스도께 속했으며, 또 그로 인해서 존의 심령 속에 들어오신 그리스도의 보호 능력이 그를 죽이려는 삼촌의 파괴 능력보다 훨씬 더 크다는 것을 확신시켰다. 그녀가 한 일은 존의 마음속에 있던 마술의 능력에 대한 깊은 두려움을 치료한 것이었고 그렇게 해서 그의 두려움이 치유되었다.

마탈라 여사는 아직 더 해야 할 일이 있음을 알고 있었다. 그녀는 존에게 그의 삼촌이 그에게 잘못했다고 생각하느냐고 물었다. 존은 "물론 삼촌이 잘못했죠. 나를 죽이려고 했으니까요."라고 대답했다. 마탈라 여사는 이때 존에게 그리스도께서 우리에게 잘못한 자를 용서하라고 했음을 가르쳤다. 이것은 존이 감당하기 훨씬 더 어려운 일이었다. 사실 의도적으로 우리에게 잘못을 저지르고 또 그것을 즐기는 것 같은 사람을 어떻게 용서할 수 있는가? 그럼에도 불구하고, 마탈라 여사와 여러 다른 사람의 도움으로 존은 기도 중에 그의 삼촌을 용서할 수 있게 되었다. 존의 마음속에 있던 분노와 미움이 치유되었다. 곧 그의 신열身熱이 떨어지고, 밥맛이 되돌아 왔다. 몸무게가 정상으로 돌아오고 몇 달 만에 완전히 회복할 수 있었다. 영적 요소와 건전한 심리학 그리고 좋은 의학적 치료가 함께 작용한 것이다. 존의 영과 마음과 몸이 치유되었고, 그로써 그는 온전穩全하게 회복되었다.

질병disease과 병듦illness

무슨 일이 일어났던 것인가? 존은 질병이 있었던 것인가, 아니면 병들어 있었던 것인가? 그는 치료를 받은 것인가? 치유된 것인가? 질병과 병드는 것, 그리고 치료받는 것과 치유 받는 것에는 어떤 차이가 있는가? 이 질문에 대해 알아보기로 하자.

'**질병**' 은 사람을 건강하게 유지해주는 몸의 평형 상태를 깨트리는 '특정한 상황' 을 말한다. 어떤 질병은 외부에서의 감염, 사고, 해로운 물질에 의한 중독을 통해 사람 안으로 들어온다. 다른 병은 사람 속의 변화로 생긴다. 뭔가 신체의 정상적이고 건강한 평형 상태를 혼란시키는 것이 있다. 고혈압이나 당뇨가 그 질병의 예이다. 악성 종양은 세포 기능의 변화 때문에 생기는데 어떤 세포들이 혼란스럽게 증식하기 시작한다.

우리는 몸 밖에서 들어오는 병들에 대해 많이 알고 있다. 그러나 우리 몸속의 기관이나 기능, 세포의 변화로 인한 병에 대해서는 많이 알고 있지 않다. 왜 작은 동맥이 수축되고 그것이 고혈압을 일으킬까? 왜 췌장이 더 이상 인슐린을 충분히 생산하지 않을까? 왜 정상 세포가 비정상이 되어 암으로 진전될까?

반면에 '**병드는 것**' 은 '사람에 관한 것' 이다. 병든다는 것은 질병 때문에 한 사람에게, 또는 그 사람 안에 생기는 온갖 종류의 불편함이나 괴로움을 말한다. 존은 결핵이라는 질병을 가지고 있었다. 그러나 존이라는 사람 자체가 병들어 있었기 때문에 그의 병증은 그저 그의 몸 안의 기관과 조직 속에 있는 결핵균의 활동보다 훨씬 더 심각한 문제였다. 존이라는 병든 한 인격체는 그의 존재 전체에, 곧 그의 생각, 느낌, 감정, 그리고 그의 인격의 가장 중심인 영혼에 영향을 끼쳤다.

치료curing와 치유healing

치료는 질병을 전제로 한다. 치유는 병듦을 전제로 한다. 치료가 질병을 제거하는 것이라면, 치유는 사람 자체를 건강하게 회복시키는 것을 의미한다. 우리는 결핵이나 다른 전염병 그리고 가끔은 암도 치료하여 고칠 수 있다. 다른 병들, 예를 들어 에이즈나 많은 종류의 암은 치료가 불가능하다. 그러나 심지어 이러한 불치의 상황에서도 우리는 환자의 생각, 느낌, 감정, 관계성 문제, 그리고 영혼을 치유함으로서 그 사람이 덜 병들도록 도와줄 수 있다. 질병이 아직 남아있더라도, 심지어는 그 증상이 더 심해져도 환자의 마음과 영혼은 치유될 수 있고 생산적이고 창조적인 기능을 하도록 회복시킬 수 있다. 심령과 마음과 영혼이 치유되어 나음 받게 될 경우, 소위 불치의 병까지도 조금씩 나아지고 심지어는 완전히 사라지기도 한다는 사실은 우리의 마음을 설레게 한다.

환자를 돌보는 일의 문제점들

우리는 질병의 치료와 한 인격체로서의 사람 자체의 치유를 아우르고 싶어 한다. 우리는 환자의 전인격全人格, 곧 그의 몸과 마음과 영혼을 돌보아 주고 싶다. 그러나 이렇게 하기에는 큰 장벽들이 있다. 먼저 이 시대, 특별히 서구 문화에 있어서 환자를 돌보는 일은 매우 분화되어 있다. 한 종류의 치료자는 신체를 돌본다(그중에서도 전문의는 몸의 특정한 한 부분이나 특정한 조직망組織網만을 돌본다). 다른 치료자는 환자의 정신과 감정 상태에 초점을 맞추어 돌본다. 또 다른 이는 환자의 영적인 면을 돌본다. (일반적으로 목사가 그렇다.) 서로 다른 세 분야의 치료자들이 한 사람을 동시에 돌보는 경우에도 서로 의견을 나누는 것은 고사하고 서로 만나는 일 조차 거의 없다.

의사, 간호사, 의료 기술자, 물리 치료사, 심리학자, 정신과 의사, 여러 종류의 치료사, 사회 복지사, 상담가, 목사 등, 한 환자를 돌보는 많은 사람이 모두 자신의 분야 내에서만 훈련받고 있다. 그들은 자기 개인 진찰실이나 진료소를 가지고 그들 나름대로의 치료를 한다. 이 치료인들이 각자 돌보는 이들은 이 모든 전문 분야의 도움을 동시에 받아야 할 경우가 자주 있는데도 불구하고 서로 다른 분야의 치료자들이 협력하여 일할 수 있는 종합적 의료 체제는 정립되어 있지 않다. 만약 의사인 내가 보기에 환자인 당신이 심리학자나 목회 상담자를 만나야 할 필요가 있어서 그 만남을 추천한다면, 당신은 어딘가 새로운 곳에 있는 다른 치료자와 예약을 하고 그곳으로 가야 한다. 설사, 그곳이 같은 동네의 길 건너편에 있더라도 그렇게 해야 한다. 당연히 추가 경비의 지출이 따른다. 종합적 의료 체제가 구축되어 있지 않기 때문에 치료자들이 지리적으로 분산되어 있을 뿐만 아니라 환자인 당신은 경제적 부담을 추가로 안는다. 또 설사 내가 당신을 심리학자나 목회 상담자에게 의뢰했더라도 보통은 그 상담 내용에 관한 내 쪽에서의 추가 상담은 없고 또한 그 쪽으로부터 더 이상의 연락도 없다. 나는 당신의 한 부분을 돌보고, 다른 사람은 당신의 또 다른 부분만을 돌본다.

그러나 한 인간을 온전히 고치기 위해서는 훈련 받고 은사가 주어진, 즉 치유자로 부르심 받은 많은 사람들 간의 잘 아우러진 협력이 필요하다.

영적인 요소: 믿음

한 사람을 온전히 치유하는 일에 두 번째 큰 방해 요소는 영적 자원의 경시輕視다. 모든 치료자는 매우 오랜 세월 동안 축적된 세련洗練된 기술을 사용하고 있으며, 특히 심리학과 치료에 있어서는 매우 복잡한 철학적 유형들을 틀로 사용한다. 그러나 우리는 동시에 우리 자신을 이러한 과학 기술과 틀에 묶어 놓고 있다는데 문제가 있다.

가장 본질적인 요소 중에 빠진 것이 믿음이다. 믿음은 형태가 없어 우리가 만져서 확인할 수 없는, 그러나 신뢰와 헌신을 포함한 우리 심령의 절대적 요소다. 믿음은 관계성인데 그 궁극적인 관계성은 우리 자신을 초월한 힘, 곧 화합해서 일하도록 하는 하나님께 향한 관계성이다. 나는 기독교인의 입장에서 이 글을 쓰고 있다. 어떻게 믿음이, 즉 예수 그리스도에 대한 신뢰와 헌신이 마음과 영에 온전함을 부여賦與하는지, 또 그에 따라 몸의 치유를 증진시키는지에 관해 쓰고 있다.

예수의 치유의 능력은 실재實在하는 힘인데 그것은 인간의 정신精神 세계의 울타리 바깥에 있다. 예수의 말씀은 우리를 심리적으로 도울 수 있으며 성경의 말씀도 마찬가지다. 그보다 더 나아가서 우리 안에 있는 예수 그리스도의 영은 우리 영을 치유할 수 있다. 예수께서 우리의 초청을 통해 우리 인격 안에 오시면(이것이 예수께서 우리 안에 들어오실 수 있는 유일한 길인데), 그는 우리에게 심령과 마음과 정신과 영혼을 치료할 수 있는 그의 힘을 쓸 수 있도록 해주시고, 그리함으로써 우리 몸에 강건함을 주신다.

내가 영적 요소라고 부르는 것은 바로 예수 그리스도를 치유 과정 속에 모시는 것을 말한다. 그러면 그리스도의 능력이 그를 알고 그 능력을 원하는 자에게 사용 가능하게 되고, 그로써 그리스도께서 의학의 힘과 심리학의 힘과 더불어 일하셔서 한 사람이 온전하게 돌보아진다. 나는 의료계 전반적으로, 심지어는 수많은 기독교 치유 사역에서 조차도 결여缺如되어 있는 것이 바로 이 영적인 면이라고 본다. 나의 치유 사역의 여러 해 동안에도 영적인 면이 역시 결여되어 있었다.

다방면의 치료진들은 한데 모여서 한 팀으로 일할 필요가 있다. 더하여서 만약 우리 팀이 그리스도를 의지하는 믿음을 우리의 치료에 도입한다면 우리는 전인격, 즉 육체, 정신, 영을 돌보는 데 필요한 것들을 한 자리에 모아 놓는다. 이것이 바로 이 책에서 다룰 내용이다.

존의 진정한 문제는 사회적인 문제, 곧 그의 부모와 삼촌 사이의 갈등이었다. 그의 삼촌의 저주가 존의 영을 병들게 했다. 존은 자기가 병들어 죽게 될 것을 믿고 있었고, 그래서 그의 삶의 의미와 목적이 파괴된 상태에 있었다. 마탈라 여사와 몇몇 간호사가 예수를 존의 삶에 오시도록 하였고, 그의 마음속에 임재하신 그리스도께서 존의 영을 고치시고 그의 삶에 새로운 의미와 목적을 주셨다. 그 후 성경에 기록된 예수의 말씀들이 그로 하여금 그의 안에 있던 두려움과 분노를 극복할 수 있도록, 또 삼촌을 용서할 수 있게 도와줌으로써 그를 심리적으로 치유했다. 그렇게 되자 존의 몸이 치료에 반응을 보이고, 더 나아가서 존이 쾌유快癒되었다. 존이라는 사람 자체가 나음을 받은 것이다. 여기에는 결핵의 치료까지 포함되는데, 그 치료는 우리 의사들이 의학 기술이나 방법으로 치료할 수 없던 것이었다.

존의 예例는 의학과 상담 그리고 예수님께 대한 믿음이 어떻게 한 장소에서 아우러져 한 사람을 전인적으로 회복시킬 수 있는가를 잘 보여주고 있다. 과연 우리가 이 경험을 성경적으로 설명하는 만큼 과학적으로도 설명할 수 있을까? 먼저, 예수 자신이 병든 이들을 어떻게 치료하셨는가를 보자.

제2장

치유하는 말

"부인과 문제"를 가진 여인

신체적 배경

사회적 배경

영적인 배경

치유의 말씀

상한 마음을 가진 여인

마음에서 심령으로

말의 힘

치유팀 healing team

간질환을 앓던 어떤 남자

제2장 치유하는 말

복음서의 저자들은 예수께서 병든 사람을 치유하실 때 그 사람을 전인격적全人格的으로 치유하려고 하셨다는 것을 분명하게 보여준다. 예수께서는 몸과 마음과 영을 회복시켜서 그 사람이 그의 가족과 그가 속한 사회로 돌아갈 수 있게 해주기 원하셨다.

"부인과 문제"를 가진 여인

예수께서는 한 사람의 전인격全人格을 어떻게 치유하셨는가? 예수께서는 각기 다른 상황에 처해 있는 우리 각 사람을 어떻게 치유할 수 있는가? 우리는 다음 이야기를 마가복음 5장에서 볼 수 있다.

열두 해를 혈루증으로 앓아온 한 여자가 있어 많은 의사에게 많은 괴로움을 받았고 가진 것도 다 허비하였으되 아무 효험이 없고 도리어 더 중하여졌던 차에 예수의 소문을 듣고 무리 가운데 끼어 뒤로 와서 그의 옷에 손을 대니 이는 내가 그의 옷에만 손을 대어도 구원을 받으리라 생각함일러라.

이에 그의 혈루 근원이 곧 마르매 병이 나은 줄을 몸에 깨달으니라. 예수께서 그 능력이 자기에게서 나간 줄을 곧 스스로 아시고 무리

가운데서 돌이켜 말씀하시되 누가 내 옷에 손을 대었느냐 하시니 제자들이 여짜오되 무리가 에워싸 미는 것을 보시며 누가 내게 손을 대었느냐 물으시나이까 하되

예수께서 이 일 행한 여자를 보려고 둘러 보시니 여자가 자기에게 이루어진 일을 알고 두려워하여 떨며 와서 그 앞에 엎드려 모든 사실을 여쭈니 예수께서 이르시되 딸아 네 믿음이 너를 구원하였으니 평안히 가라 네 병에서 놓여 건강할지어다(마가복음 5:25~34).

이 이야기를 살펴보기 전에 성경 해석의 세 가지 원칙을 보도록 하자. 첫째로 성경이 많은 책들로 구성되었지만 그 책들은 하나의 통합된 전체이다. 구약의 여러 개념은 신약의 진리를 명백하게 밝혀주거나 설명한다. 구약의 구절은 위의 이야기를 이해하는 데 중요한 역할을 한다.

둘째, 본문의 문화적 배경을 알아야 한다. 이 이야기 속에 나오는 사람들과 이 이야기가 대상으로 하는 사람들의 신앙, 삶의 자세, 삶의 행태를 알아야 한다. 이 사람들은 이 이야기나 이 이야기가 전하려는 의미를 어떻게 이해했는가? 예수는 유대인이었다. 이 여인도 유대인이었고, 이 극적인 이야기에서 유대 문화는 중요한 역할을 한다.

셋째, 하나님은 우리에게 상식과 상상력을 주셨고 우리가 그것을 사용하여 성경에 접근하기를 원하신다. 많은 이야기들이 상세한 내용을 담고 있지 않고 핵심적인 것만을 포함하고 있다. 이성과 상상력을 사용하고 성령의 인도하심을 받는다면 본문 자체에는 포함되지 않았

지만 거의 일어났을 법한 그 이야기의 상세한 내용을 덧붙일 수 있다. 다른 말로 표현한다면 하나님의 영으로 감동받은 상상력을 통해 우리는 성경의 행간行間을 읽을 수 있다.

신체적 배경

이 여인은 불규칙한 하혈로 인해 12년 동안 고통당하고 있었다. 저자 마가는 그 원인을 말하지 않는다. 그 원인이 암이었다면 훨씬 빨리 진행되어 죽음에 이르렀을 것이므로 악성 종양은 확실히 아니었다. 게다가 자궁암은 유대 여성 가운데서 드문 질병이다. 그 출혈은 장기간의 내분비선장애內分泌腺障碍 때문이었던 것으로 보인다. 아마도 통증이 출혈과 함께 있었을 것이고, 그 경험은 여인의 삶을 비참하게 만들었을 것이다. 만성적인 출혈로 인해 거의 틀림없이 빈혈 상태에 있었을 것이다. 그런 상태였으므로 이 여인은 쇠약해서 가정이나 가족을 돌보는 일상적인 일을 할 수 없었을 것이다. 짐작컨대 그 힘든 12년 동안 그녀는 불규칙한 월경 주기로 인해 임신이 불가능했을 것이므로 아기를 가질 수 없었을 것이다. 불임은 어떤 문화권에 속했던 대부분의 여성에게 심각한 문제지만, 특히 당시의 유대 여성에게는 매우 심각한 문제였다.

결론적으로, '그녀는 심각한 부인과 문제를 가진 여성이었다.'는 것이 이 이야기의 신체적 배경이다.

사회적 배경

이 유대 여인은 유대 문화와 구약의 율법 아래에 있었다. 레위기 15:19~30의 율법에 따르면, 여성은 정상적인 월경 기간과 그 후 칠 일간 부정 不淨 하였다. 또한 불규칙하게 출혈이 일어나면 그 기간 동안에도 부정하였다. 게다가 그 기간 동안에 그 여성은 자신의 모든 옷, 집, 가구, 만지는 모든 물건, 접촉하는 어떤 사람도 부정하게 만든다. 그래서 12년 동안 이 여인은 부정했으며 자기 주위에 있는 모든 세계를 부정하게 만들었다. 이 여인이 결혼했었다면 남편은 분명히 그녀와 이혼했을 것이다. 그녀의 가족은 그녀를 버렸고 친구도 없었을 것이다. 그녀 때문에 항상 부정하게 될 위험성이 있다면 어떻게 그녀가 친구를 가질 수 있었겠는가? 끝으로, 저자 마가는 그녀가 이제는 모두 허사가 된 치료를 받기 위해 돈을 다 써버려서 무일푼이 되어 있었다고 말한다.

영적인 배경

아마도 이 여인에게 가장 무거웠던 짐은 영적인 상황이었을 것이다. 그녀는 부정했기 때문에 하나님을 경배하기 위해 성전에 갈 수 없었다. 기도하기 위해서나 헌금을 하기 위해서 심지어는 하나님께 도움을 구하기 위해서도 갈 수 없었다. 사회적으로 이 여인은 완전히 혼자였으며 도움을 받을 곳이 없었다. 영적으로는 하나님으로부터 단절되었으며 절망 속에 있었다. 따라서 마가는 단순히 어떤 여인의 '부인과 문제'를 설명하고 있는 것이 아니다. 그가 "심히 고통당하던 한 여인이 있었다"라고 말할 때 이것은 진실인 것이다. 그녀의 삶 자체가 고스란히 고통당하고 있었다.

어느 날 이 여인은 예수에 관해 들었는데 그는 병자를 치유하는 능력 있는 사람이라고 했다. 그녀의 마음에 희망이 새벽빛처럼 떠올랐다. 그러나 그녀는 도움을 구하기 위해 예수께 갈 수 없었다. 그 목적이 이야기를 나누기 위해서든 부탁을 하기 위해서든 간에 어떤 유대 여인도 낯선 남자에게 다가가는 것은 허용되지 않았기 때문이다. 만약 그렇게 한다면 사람들은 그녀를 부도덕하다고 여길 것이었다. 그보다 더 심각한 문제는 그녀의 상태 때문에 이 중요한 사람을 부정하게 만들 것이라는 점이었다. 남편, 형제, 또는 친구 관계에 있는 어떤 남자가 예수께 가서 그녀를 위해 부탁을 해야 했다. 그러나 이 여인은 완전히 버림받았기 때문에 도움을 줄 사람도, 도와 달라고 대신 부탁해 줄 사람도 없었다. 그러나 그녀는 포기할 수 없었다. 그녀는 예수가 어떤 분이든지 그의 자비에 자신을 의탁하기로 결심했다.

그녀는 절박切迫하고도 위험한 계획을 짰다. 그녀는 군중 속에 들어가 예수의 뒤로 접근해서 그의 옷을 만질 작정이었다. 아무도 모르게 하는 것은 절대적으로 중요했는데, 누군가 그녀를 본다면 그녀는 예수를 부정하게 했다고 공개적으로 비난받을 것이고 돌에 맞아 죽을 수도 있기 때문이었다. 그러나 여러 면에서 그녀는 이미 죽은 것이나 다름없었기 때문에 더 이상 잃을 것도 없었다.

예수의 옷자락을 만졌을 때 이 여인은 즉시 그녀의 몸 안에 어떤 변화를 느꼈다. 그것은 갑작스럽게 닥쳐온 따뜻한 느낌이었을 수도 있고 어떤 기관이 수축하는 느낌이었을 수도 있다. 무엇이었든지 간에 그것은 그녀가 자기의 몸 안에 일어났다고 감지感知할 수 있는 신체적 변화였다. 자기가 나았음을 그와 같이 확연히 알았을 그 찰나刹那에 그녀가 분명히 느꼈을 그 기쁨이 과연 어떠했을까! 그러나 그녀는 사람들의 눈을 피해서 이제 즉시 그곳에서 도망쳐야 했다. 그러나 그것은 불가능했다. 예수라는 그 사람이 그녀를 드러냈기 때문이다. 그녀는 그를 만짐으로 모욕했고 부정하게 했다. 게다가 그녀는 그의 능력을 훔쳤고 그는 그 사실을 알고 있었던 것이 분명했다. 지금 그가 그녀를 부르고 있었으니 그녀는 사람들이 던지는 돌에 맞아 죽게 될 것이었다. 그런 상황이었으므로 마가가 묘사한 대로 이 여인은 공포에 떨며 예수의 발 앞에 엎드려 모든 것을 이야기했다.

왜 예수는 이 여인을 드러내셨을까? 그는 마가가 말한 대로, '그 능력이 자기에게서 나간 줄을 곧 스스로' 아셨기 때문에 누군가 신체적으로 치유되었다는 것을 알았었다. 우리 의사들은 누군가를 병에서 낫게 했을 때 대체로 기쁨을 느낀다. 예수는 이것으로 만족할 수 없었던 것이었을까? 그렇다. 그 여인 자체는 아직 치유되지 않았기 때문에 그는 만족할 수 없었다. 예수는 그녀의 여성 장기를 치유했지만 아직 한 사람, 그녀 자체는 치유하지 않았기에 그녀를 그에게로 부르신 것이다. 그녀가 예수의 앞, 땅바닥에 오체투지五體投地로 엎드려 정죄의 말을 기다리고 있을 때, 그녀는 도저히 믿을 수 없는 아람어를 들었는데, 그것을 번역하면 "내 딸아"였다. 그녀는 "내 딸아"라고 하시는 예수의 감싸주시는 말씀을 들었고, 이 말씀은 그녀를 치유했다.

나는 35년 동안 아프리카에서 의사로 일을 했고 많은 외과 수술을 시행했다. 나는 출혈과 불임의 문제가 있는 헤아릴 수도 없이 많은 여성을 치료했다. 그들을 돕기 위해 수백 번 아니 수천 번의 수술을 했다. 그러나 과연 몇 번이나 나는 한 사람의 모든 것을 치유하는 말, 곧 병든 사람의 영과 마음 그리고 감정을 회복시키는 말을 했던가?

치유의 말씀

무엇이 상한 마음과 상처받은 영을 치유하는가? 이것을 위해 필요한 '조처措處'는 무엇인가? 우리에게는 신체를 치유하는 많은 약이 있다. 그러나 무엇이 마음을 치유하는가?

심령을 치유하는 약은 병든 이의 영 깊은 곳에 도달하는 단순한 한마디 말이다. 그런 말을 듣는 이의 영은 자신이 안고 있던 모든 심리적인 문제와 영적인 문제(예: 두려움, 갈등, 걱정, 죄의식, 절망)를 해결받는다. 이러한 말이 내면의 고통을 치유할 때 한 사람의 내적 자아가 고스란히 그리고 온전하게 회복된다.

그녀의 내장 기관은 치유되었지만 바깥과의 모든 관계성은 깨져 있었기 때문에 그녀는 심리적, 사회적, 영적으로 여전히 병든 상태에 있었다. 예수께서 하신 말씀은 이 여인의 심령 깊은 곳에 메아리쳤고 그녀의 깨어진 관계성을 치유했다. 그녀의 귀는 예수께서 '내 딸아' 부르시는 것을 들었다. 그녀의 영이 들은 것은 '내가 너를 사랑한다. 너를 받아들인다. 너는 내 가족으로 살 자격이 있다. 너는 이제 치유되었고 온전하게 되었다' 라는 예수의 말이었다. 이 말은 그녀의 자기 자신과의 관계를 회복시켰다. 어떤 이유인지는 잘 몰랐지만, 예수라고 불리는 이 놀랍고 경탄할 만한 사람이 보기에 그녀는 가치 있는 존재였다. 그녀의 존엄성은 회복되었으며 그와 동시에 그녀의 삶을 파괴하던 두려움, 소외감, 절망이 즉시 제거되었다.

이 말은 또한 그녀를 위해 완전히 새로운 영적 관계를 열어 주었다. 이 여인은 예수 그리스도라는 분을 통해 그녀를 지으신 이와 친족관계親族關係가 되었다. 이제 이 여인은 하나님의 가족, 즉 원래 그녀가 (우리 모두가) 잉태되었던 때부터 속했어야 했던 가족에 속하게 되었다. 이제 그녀는 하나님께 기도하고 경배하며 예물을 드리고 자신의 죄와 불완전함을 그분의 발 앞에 놓을 수 있었다. 그녀에게 있어서 삶은 이제 새로운 의미가 되었다.

예수께서 그녀에게 "평안히 가라 네 병에서 놓여 건강할지어다"라고 하셨을 때 그녀의 사회적 관계도 회복되었다. 이 말은 그녀가 성결聖潔하게 되었고 그래서 이제 다른 사람들과 함께 살 수 있다는 것을 의미했다. 그녀에게 붙어 다니던 모든 수치가 사라졌고 이로써 그녀는 가족, 친구, 공동체와 함께 할 수 있게 되었다. 사회적 측면의 치유는 우리의 다른 모든 회복만큼 중요한데, 예수는 이 여인의 삶에서 이러한 관계들을 회복시켜 주셨다.

상한 마음을 가진 여인

이 원칙을 우리가 사는 현재 세계로 가져와서 비슷한 이야기를 가진 또 다른 유대 여인에 관해 이야기해 보겠다. 데보라는 활기차고 매력적인 유대인 변호사이다. 그러나 그녀는 상한 마음으로 인해 거의 죽게까지 된 적이 있었다.

데보라는 소녀 시절에 시편과 예언서들을 즐겨 읽기는 했지만 신앙생활을 하지 않는 비종교적인 유대 가정에서 성장했다. 법대를 졸업한 후 이방인, 곧 유대인이 아닌 변호사와 결혼했고 두 아이를 낳았다. 불행하게도 얼마 지나지 않아 그들의 결혼 생활은 시끄러운 말다툼에서 신랄한 비아냥거림으로 진전되다가 결국은 남편이 그녀를 버리고 예쁘장한 여비서와 합치면서 끝이 났다. 그 상처를 상상해 보라. 아름답고, 지성적이고 능력 있는, 또 유대인으로서의 자부심이 있는 한 여인이 평생 동안 헌신을 바쳤던 남자로부터 경멸과 거절을 당했다. 그녀의 심령은 수치심, 분노, 슬픔, 외로움으로, 그리고 신앙을 통해 배우고 속 깊이 믿었던 '한 몸'이 되는 결혼의 결합이 찢겨진 괴로움으로 넘쳤다. 혼자 아이를 길러야 했기 때문에 그녀는 시간과 노력이 많이 요구되는 변호사 일을 계속할 수 없었고, 따라서 자신과 아이들을 부양할 방법이 없었다. 그녀의 인생은 산산이 부서졌고 그녀는 자살을 생각하기 시작했다.

그렇게 불행한 가운데 그녀는 한 친구를 찾아갔고 그 친구는 성경을 주며 예수에 대해 읽어볼 것을 권유했다. 유대 배경과 문화에 대한 지식이 있었기 때문에 데보라는 복음서에서 유대인이 아닌 이방인이 보지 못하는 많은 것을 보았다. 혈루증이 있는 여인에 대한 이야기를 읽었을 때 그녀는 이 여인을 자신과 완전히 동일시했다. 데보라의 심령은 피를 흘리고 있었고 그녀의 인생도 그 이야기 속의 여인처럼 파괴되어 있었다. 그리고 이 여인이 그 입장에서 어떻게 했는가를 읽었을 때 데보라는 큰 충격을 받았다. 그런 행동은 어떤 유대 여인에게도 허용되지 않는 아예 상상 밖의 일이었다! 그 남자 예수는 유대인이었으므로 그녀를 죽여야 했다. 그것은 엄격한 종교적 규율이었다.

예수께서 그 여인을 정죄하는 대신 "내 딸아"라고 부르신 것을 읽었을 때 데보라는 압도되었다. 그녀는, "만약 예수께서 그 여인을 '내 딸아'라고 부르실 수 있었다면 나도 그분의 딸이라고 부르실 수 있다"라고 스스로에게 말했다. 그녀는 무릎을 꿇고 이렇게 기도했다. "예수여, 나는 당신이 누군지 모릅니다. 그렇지만 나는 당신의 딸이 되고 싶습니다." 마음 깊은 곳에서 그녀는 그분이 하시는 말씀을 들었다. "데보라, 너는 내 딸이다." 그 순간 데보라는 예수께서 이천 년 전 다른 여인에게 하신 것과 동일한 말로서 치유되었다.

마음에서 심령으로

상한 심령과 상처받은 영을 치유하는 이 말씀이라는 것은 무엇일까? 그것은 아람어의 "내 딸아"와 같이 한 단어일 수 있다. 좀 더 긴 설명이나 지시, 또는 이야기일 수도 있다. 그것은 성경의 한 구절이나 기도 중의 한 단어 또는 심령에 전해지는, 성령께서 들려주시는 말씀일 수도 있다. 그것은 깊은 심령이 그것을 인식할 때 내적 갈등을 해결하고 평화와 치유를 가져오는 눈에 보이는 형상形狀이나 상징들일 수도 있다.

하나님은 이스라엘 백성의 마음이 완악함을 아시고 이 원칙을 선지자 이사야에게 반어법으로 설명하셨다. "여호와께서 이르시되 가서 이 백성에게 이르기를 너희가 듣기는 들어도 깨닫지 못할 것이요 보기는 보아도 알지 못하리라 하여 이 백성의 마음을 둔하게 하며 그들의 귀가 막히고 그들의 눈이 감기게 하라 염려하건대 그들이 눈으로 보고 귀로 듣고 마음으로 깨닫고 다시 돌아와 고침을 받을까 하노라 하시기로"(이사야 6:9~10).

본문이 말하고자 하는 것은 분명하다. 우리가 보고 듣는 것은 마음으로 들어온다. 이런 생각들을 우리의 느낌, 감정, 직관 등이 받아들인다면 치유가 일어날 수 있다. 이 본문이 모든 복음서 저자와 사도 바울에 의해 인용되었다는 것은 시사示唆하는 바가 크다.[1]

우리의 지성이 주로 생각을 다루는 반면, 우리의 심령은 상징에 의해 더 자주 감동을 받는다. 상징은 우리로 하여금 언어로 된 설명보다 훨씬 더 깊이 사실事實의 실제實際 경우와 형편을 이해할 수 있게 해준다. 하나의 정보가 단순히 머릿속에 있는 생각에서 상징으로 바뀔 때, 우리의 느낌, 감정, 직관은 그 상징이 무엇을 의미하는지 이해할 수 있다. 혈루병을 앓고 있었던 그 여인은 예수께서 자신을 그의 딸이라고 부르시는 것을 들었다. 이 말의 표현하는 바는 현실과 부합하지 않는다. 예수는 그녀의 생부生父가 아니기 때문이다. 그러나 예수께서 자신을 그의 가족으로 받아들이고 인정하고 성결하게 하셨다는 것을 알았을 때, 그녀의 심령은 즉시 그 상징적 의미를 이해했다. 마찬가지로 데보라는 예수께서 이 여인을 받아들였다는 사실에 압도되어 예수께 절박하게 손을 내밀었고 자신을 그분의 딸로 불러달라고 했다.

그녀의 심령이 예수께서 자신을 딸로 받아들였음을 감지했을 때 그녀 또한 치유되었고 그녀의 삶은 변화되었다.

말의 힘

말에는 힘이 있다. 그것은 우리를 치유하고 세워주며 힘을 실어줄 수 있다. 반면反面에 그것은 고통을 주거나 질병을 유발하고 심지어 인생을 파괴할 수도 있다. 1장에서는 결핵으로 고통당한 존에 대해 이야기했다. 그는 삼촌으로부터 "너는 곧 죽을 거야"라는 파괴적인 말을 들었고 그 말대로 거의 죽을 뻔했다. 그러나 존은 자신의 삶을 그리스도께 의탁했고 삼촌의 파괴적인 말보다 더욱 강력한 치유의 말을 들을 수 있었다.

마탈라 여사는 존에게 질문을 했다. "존, 누가 더 힘이 세다고 생각하니? 예수니, 아니면 너의 삼촌이니?" 존의 지성은 자신이 마탈라 여사에게 들은 것과 성경에서 읽은 것을 기초로 그 질문을 분석했다. 그가 "예수가 더 강하죠"라고 대답했을 때 그는 자신의 심령에게 치유의 말을 한 것이고 그 심령은 더 이상 삼촌을 두려워할 이유가 없다는 것을 이해했다. 마탈라 여사는 다음으로 존이 그 삼촌을 용서해야 할 필요가 있다는 것을 깨닫게 했다. 존의 심령은 그 말을 이해했고 그가 붙잡고 있던 분노와 증오를 내려놓았다. 그의 심령은 이와 같이 치유되었고 그의 몸을 강화하기 시작했다. 우리는 4장에서 이 과정이 어떻게 일어나는지 볼 것이다.

노만 커즈즈Norman Cousins는 치유하는 마음The Healing Heart이라는 제목의 괄목刮目할만한 책을 썼다. 그 서장에서 당시 하버드 의대 심장의학 교수였던 버나드 론 박사는 심각한 심장 마비를 방금 겪은 한 중환자에 관한 이야기를 했다. 집중적 응급 치료에도 불구하고 그는 마지막 순간을 향해 가는 것 같이 보였다. 론 박사가 환자의 심장을 청진했을 때, 그는 불길한 조짐兆朕의 심장 박동, 곧 갤롭(말 달리는 소리)이라고 불리는 3연음連音의 심장 뛰는 소리를 들었다. 환자가 혼수상태에 있다고 생각한 론 박사는 레지던트들을 불러 소위 그가 말하는 '완벽한wholesome 갤롭 리듬'을 들어보라고 했다. 그 후, 느린 속도이긴 했지만 예상 밖으로 그 사람의 상태는 호전되었고 마침내 심장 마비에서 회복되었다.

몇 달 후 그 사람이 검진을 받기 위해 다시 왔을 때, 론 박사는 그의 회복이 기적적인 일이었다고 말해 주었다. 그는 답하기를 "선생님, 나는 무엇이 나를 낫게 했는지 뿐만 아니라 언제 그 일이 일어났는지도 정확하게 말할 수 있습니다. 나는 마지막이 가까웠다는 것을 확신하고 있었고 선생님과 선생님의 스텝들이 더 이상의 희망을 포기抛棄했다는 것을 알고 있었습니다. 그러나 목요일 아침 선생님이 수련의들을 이끌고 회진하러 들어왔을 때 모든 것을 변화시킨 어떤 일이 일어났습니다. 선생님이 제 가슴을 청진하셨습니다. 내 심장 소리를 듣고 기뻐하시는 것 같았습니다. 그리고는 내 주위에 서있던 모든 사람에게 내가 '완벽한 갤롭'을 가졌다고 했습니다. 나는 의사 선생님들이 내게 말할 때는 내가 듣기 좋게 말하는 경향이 있다는 것을 알고 있습니다. 그러나 의사들끼리는 적당히 넘어갈 수 없잖아요. 그래서 당신이 동료들에게 내가 완벽한 갤롭을 가졌다고 말하는 것을 엿들었을 때 내 심장이 아직도 튼튼한 말이 땅을 박차고 뛰듯 힘차게 뛴다는 것을 알았고 그렇다면 죽을 리가 없으리라고 생각했습니다. 내 속에 기운이 솟구쳤고 나는 내가 살 것이고 회복되리라는 확신이 생겼습니다."[2]

말에는 생명에 해를 끼칠 수 있는 잠재력도 있다. 론 박사는 오랜 세월 동안 경증輕症의 삼첨판협착증tricuspid stenosis, T.S.이란 심장 판막 질환을 가지고 살았던 S라는 한 여성의 경우를 이야기 해준다. 어느 날, 몇 년 동안 그 여성의 상태를 돌봤고 그녀를 잘 알고 있던 심장의학 교수였던 한 의사가 그녀의 병실을 회진할 때 회진에 참여하고 있던 한 무리의 외부 의사들에게 그녀가 듣는 자리에서 그녀가 T.S.에 걸려 있다고 진단 소견을 이야기했다. 그리고 그는 병실을 나갔다.

몇 분이 지나지 않아 S 여사의 모든 상태가 바뀌었다. 심장 마비가 온 후 24시간이 지나기 전에 그녀는 죽었다. 죽기 전에 그녀는 론 박사에게 T.S.가 자기에게는 '최후 상황Terminal Situation'을 의미한다고 속삭였다. 온갖 안심시키는 말에도 불구하고, 그녀의 영은 그 심장의학 전문의의 말을 자기가 죽어가고 있다는 것으로 해석했으며, 그에 따라 그녀의 심장은 심근경색 반응을 일으켰다.[3]

하나님은 우리에게 상징을 통해 말씀하신다. 그는 우리를 격려하고 치유할 수 있는 수많은 상징들을 주셨다. 우리는 이 상징들을 그분이 인류 역사 속에 하신 일들에서, 선지자, 시인, 사도들이 선포한 것들에서, 또 그리스도께서 우리를 치유하기 위해 이루신 일들, 곧 겟세마네 동산, 십자가, 죽은 자 가운데서 부활하신 것을 통해서 찾을 수 있다. 우리는 6장에서 이 상징들을 더 자세히 살펴볼 것이다. 보다 더 많은 상징들이 성령을 통해 우리에게 찾아온다. 성령께서는 그를 향해 열려 있는 모든 이의 심령 안에 마치 강물 같이 흘러들어 오신다.

치유팀 healing team

왜 오늘날의 의료 전문인들에게는 사람을 전인격적으로 돌보는 일이 그토록 어려울까? 우리 의료인 가운데, 어떻게 해야 병든 사람들의 심령을 치유하는 말을 하는지, 또는 어떻게 해야 그들의 심령이 애써 찾는 상징을 알아낼 수 있는 사람이 왜 그렇게 적은가? 내가 보기에, 많은 기독 의료 전문인들이 전인격적 치유를 하고자 하고, 그렇게 하고 싶지만 실제로 그렇게 하지 못하기 때문에 안타까워하는 것 같다. 문제는 그들이 어떻게 해야 할지 모른다는데 있다. 합리주의적이고 전문 분야로 구획區劃된 우리의 세계관이 이런 통합적이고 일관성 있는 치유 방법의 걸림돌이 되고 있다. 게다가 우리를 찾아오는 사람들의 깊은 개인적 문제들을 찾아내고 그들의 내적인 문제를 치유할 수 있는 특정한 말이나 상징을 가려내기 위해 쓸 시간이 있는 의사는 거의 없다.

마탈라 여사가 우리 병원의 정규 직원으로 왔을 때, 그녀는 환자들의 내적 상태를 분별하고 그들을 위한 치유의 상징을 찾는 훈련을 이미 받았다. 거기에다가, 그런 일을 하려면 많은 시간과 인내심이 필요한데, 그녀에게는 시간이 많았다. 의사들이 병든 환자를 그녀에게 보내면, 그녀는 환자에게 질문을 하고 각자의 개인적 문제들을 자세히 듣는다. 그녀는 그들의 마음과 영의 진정한 문제를 가려내기 위해 애쓴다. 환자와 이야기할 때 그녀는 성경의 한 놀라운 구절, 잠언 14:30을 자주 인용한다. "마음의 화평은 육신의 생명이나 시기는 뼈의 썩음이니라." 그녀는 암이 육체를 파괴한다는 것을 설명한다. 성경에서는 시기심도 똑같은 작용을 한다고 말한다. 시기심뿐만 아니라 질투심, 비통한 감정, 두려움, 죄의식, 만성적 분노 그리고 다른 모든 파괴적인 감정들도 마찬가지다. 우리는 그녀를 '심령 의사'라고 부른다.

마탈라 여사는 부드러운 태도로 주 예수 그리스도에게 환자를 소개하는데, 이를 통해 많은 환자가 그분과 인격적인 관계성을 갖는다. 그러면 그녀는 그들에게 어떻게 자신의 상처, 고통, 상한 마음을 예수께 내려놓고 그분이 주시는 치유, 평화, 회복을 발견할 수 있는지 가르친다. 이 과정에서 종종 육체적 질병이 낫고 한 인간이 전인격적으로 치유된다. 심지어는 에이즈 환자들도 예수께 옴으로써 희망, 새로운 힘, 새 삶을 발견한다. 우리가 아는 한 에이즈 바이러스에서 완전히 치유된 사람은 없지만, 그들 중 많은 수가 증상이 완화되고 차도를 보인 것은 사실이다. 어떤 이들은 수개월 혹은 수년을 더 살았는데, 그들이 그렇게 살 수 있었던 것은 하나님의 권능 때문이었다. 하나님은 그들을 치유하시고 그들의 심령에 화평을 주시고, 그들의 심령 가운데 역사하셨다.

이제, 예수께서 당시에 질병을 어떻게 고치셨는가, 그리고 지금도 사람들을 치유하실 수 있는가에 관한 질문으로 돌아가 보자. 우리는 예수의 모든 치유는 기적이라고 생각하는 경향이 있다. 여기서 기적이라고 할 때는 예측할 수 없는, 알려진 과학 법칙으로 설명할 수 없는, 따라서 하나님의 능력의 개입으로 일어난 일을 말한다. 우리는 기적을 복제複製할 수 없다. 예수는 실제로 치유의 기적을 포함하여 많은 기적을 행하셨는데, 그 기적들은 우리가 알고 있는 물리 법칙이나 심리학적 법칙으로 설명할 수 없다. 예를 들어, 손 마른 사람의 치유(누가복음 6:6~11)를 과학 이론으로 설명하기는 어렵다. 로마 백부장의 하인이 어떻게 갑자기, 예수께서 멀리 떨어진 곳에서 치유되었다고 말하신 그 순간에 병이 나았는지를 과학적으로 설명할 수도 없다(마태복음 8:5~13).

그러나 예수의 모든 치유 사역을 기적으로만 보고 우리가 그것을 다시 복제할 수 없다고 여기는 것은 잘못이다. 나는 예수께서 혈루병을 가진 여인의 부인과 문제를 어떻게 치유하셨는지 과학적으로 설명할 수 없다. 그러나 나는 예수께서 사람에게 주어진 영성과 심리학적 측면의 인성 그리고 사회학적 측면의 인성들 사이에 있는 역동적力動的 관계성이 함께 일하도록 강력하게 역사役事하심으로써 그녀를 전인격적으로 치유하셨다고 믿는다. 나는 이러한 역동적 관계성이 오늘을 사는 우리에게도 사용할 수 있도록 주어졌고, 그렇기 때문에 예수의 치유의 힘이 우리를 통해 이 시대에도 역사할 수 있다고 믿는다.

간질환을 앓던 어떤 남자

지난 해 콩고의 우리 병원에 한 남자가 찾아왔는데, 여기서는 그를 로저라고 부르겠다. 2년 동안 그에게는 분명치 않은 복부 통증이 있었고 무력감, 식욕 감퇴, 체중 감소를 겪었다. 그를 진찰했을 때 나는 그의 간이 확장되었고, 딱딱하며, 마디 모양의 결절結節이 촉진되었고, 그 부위를 만졌을 때 통증을 느낀다는 것을 발견했다. 우리는 중부 아프리카에서 B형 간염으로 인한 간경변과 간암을 많이 보아 왔고 나는 로저가 그와 같이 치료할 수 없는 치명적인 병들 중 하나에 걸렸다고 짐작했다. 의사로서 내가 그에게 해줄 수 있는 것은 거의 없었지만 나는 아스피린과 종합비타민을 처방해 주었다. 우리 의사들은 병든 이에게 무엇인가 내복약內服藥을 주어야 한다. 그렇지 않으면 그들이 불만스러워하기 때문이다. 그리고 나는 그에게 마탈라 여사에게 가볼 것을 제안했다. 나는 그에게 마탈라 여사에게 전해 주라고 봉인된 짧은 편지를 주었는데, 거기에는 로저의 예후가 좋지 않으며 죽음을 준비하기 위한 조언이 필요하다고 써 있었다.

일주일 후 로저는 진찰을 위해 다시 돌아왔는데 자기 몸의 상태가 훨씬 좋아진 것 같다고 했다. 나는 혼자 속으로, '잘 됐네, 그 비타민이 정말 도움이 되었나 보군' 하고 생각했다. 그의 복부를 검진했을 때 놀랍게도 이전에는 딱딱하고, 결절이 있던, 촉진에 통증을 호소하던 간이 지금은 정상으로 보였다. 나는 그가 지난주에 왔던 같은 사람이라는 것을 믿을 수 없었기 때문에 그의 병상일지病床日誌를 다시 보았다. 이름과 주소가 일치했고 내가 그 일지에 그려 놓았던 그의 커진 간의 그림이 그곳에 있었다. 그 사람은 틀림없이 로저였다. 그때 마탈라 여사가 나에게 무언가 말을 하기 위해 방문을 열었다. 나는 그녀에게 들어오라고 하고 질문을 했다. "도대체 이 사람 간을 낫게 하기 위해 무슨 일을 했습니까?" 그녀는 웃으며 나에게 회진을 마치고 나서 자기 사무실로 오라고 했다.

마탈라 여사의 사무실에 갔을 때 그녀는 나에게 로저에 관한 이야기를 들려주었다. 그녀는 몇 시간 동안 로저가 아수라장 같은 자기 인생을 얘기하는 것을 들었는데 그것은 술, 약물, 난잡한 성생활, 주술呪術, 마을 지도자와의 공공연히 알려진 알력軋轢 같은 것들이었다. 마지막 것은 특히 이 문화권에서 매우 위험한 일이었다. 그는 마을 지도자의 저주咀呪로 인해 죽을 것이라는 두려움과 무거운 죄의식이 있었다. 잠언 14장 30절이 말하는 것과 같이 파괴적 감정은 육체를 파괴한다. 로저의 간은 실제로 자기 파괴의 과정을 시작한 것이었다.

로저가 자기 인생의 문제들을 다 쏟아낸 후, 마탈라 여사는 그에게 예수 그리스도와 그 분의 영을 치유하는 능력에 대해 얘기했다. 로저는 인생을 그리스도께 의탁했고 이전까지 결코 알지 못했던 평화를 발견했다. 그리고 나서 마탈라 여사는 로저가 자세히 이야기한 문제들을 하나씩 짚어가도록 했다. 로저는 성생활의 부정不貞함과 난잡함의 죄를 고백하였고, 마탈라 여사는 그의 죄가 사해졌다는 확신을 주는 치유의 말을 해 주었다. 그는 자기에게 잘못한 사람들을 용서했으며 그로써 그의 분노와 증오가 치유되었다. 마탈라 여사가 로저의 마음속에 있는 성령의 힘은 주술, 무당굿, 마법의 힘보다 강하다고 설명했을 때, 그의 두려움은 해소되었다. 그들은 로저의 나쁜 술버릇과 약물 문제에 관해 토의했다. 로저가 그리스도께 그 문제를 극복하도록 도움을 구했을 때, 마탈라 여사는 그가 그 영향에서 벗어나도록 기도했다. 그 기도의 말들은 로저의 마음을 뚫고 들어가서 그에게 자유롭게 되었다는 느낌을 주었다. 어떻게 일어났는지에 대해서는 나중에 논의하겠지만 로저의 장기 기능에 변화가 일어났다. 그중에서 특히 그의 부신adrenal gland은 염증을 일으키는 호르몬 과다분비를 멈추었다. 간의 염증이 사라졌고 다시금 정상이 되었다. 로저라는 한 사람이 온전하게 된 것이다.

이것은 하나님의 능력이 병든 이의 영과 마음을 통해 역사하여 그의 몸에 신체적 변화를 가져온 한 가지 예이다. 그 역학적 力學的 기전 機轉은 예수께서 이천 년 전 사용하신 역학적 기전과 유사하다. 마탈라 여사가 해준 치유의 말은 그 역학적 기전의 과정에 중대한 역할을 했다.

이것은 우리 생활양식이 우리 건강에 어떻게 영향을 주는지를 보여 주는 생생한 이야기이도 하다. 생활양식의 문제는 이 사람의 경우처럼 육체의 질병을 일으킬 수 있다. 한걸음 더 나아가서, 생활양식의 문제를 솔직하고 있는 그대로 다루는 것은, 그리고 그 문제를 다룰 때 하나님의 도우심을 받는 것은 치유의 결정적인 요소이며, 질병에서 낫는 데에도 결정적인 역할을 한다.

성경에는 예수께서 나병, 소경된 것, 마비 등을 치유하신 예가 분명히 나와 있다. 로저의 이야기와 그의 간이 치유된 것, 존과 그의 결핵이 치유된 사실 등은 오늘날에도 그러한 치유가 일어난다는 실증이다. 분명히 이러한 일이 모든 경우에 일어나지는 않는다. 오히려 그런 일이 아직도 드문 것이 사실이다. 그러나 내적 삶을 치유하면 다음의 두 가지 일이 일어난다는 것은 틀림없다.

1. 고통스럽고 파괴적인 감정이 일으키는 부정적 영향으로부터 육체를 자유롭게 한다.
2. 육체가 회복하려는 힘을 강화하는 긍정적 효과를 더한다.

그러므로 신체적 치유가 항상 일어나지는 않고 즉시 일어나지 않더라도 심령, 마음, 영을 치유하면 우리 몸이 질병에 저항하는 데 유리한 환경이 조성된다. 물론 항상 그렇지는 않지만 어떤 종류의 경우에는, 이러한 신체의 반응으로 인해 몸이 질병에서 치유되는 일이 일어난다. 이제 이런 일이 어떻게 일어나는지 보자.

제3장

하나님은 우리를 온전穩全한 존재로 만드셨다

하나님이 지으시니

몸과 마음 그리고 영

하나님의 형상과 우리의 건강

"우리가 한 바로 그만큼…"

제3장 하나님은 우리를 온전穩全한 존재로 만드셨다

• • • 중년 남자 아론은 6년 동안 계속된 하복부의 통증을 호소하며 우리 병원을 찾았다. 내가 그의 병력에서 찾을 수 있었던 유일한 기록은 통증이 시작되었던 초기에 임질을 잠깐 앓았다는 것이었다. 그는 임질에 적절한 항생제 치료를 받았고, 그에 따라 모든 감염의 증상症狀도 사라졌지만 그 통증은 여전했다. 그는 여러 종합병원과 개인병원을 찾아서 많은 종류의 항생제를 투여 받았지만 모두 효과가 없었다. 나는 항생제 내성 감염, 종양 또는 뼈나 관절의 문제 등 여러 가지 가능성을 생각했다. 그러나 그의 통증을 설명할만한 어떤 질병의 임상적 증거도 발견할 수 없었다. 에이즈를 포함한 그의 모든 임상 혈액 검사 결과는 정상이었다. 나는 그를 상담가인 마탈라 여사에게 의뢰했다.

마탈라 여사는 내가 한 것처럼 아론의 병력을 기록했다. 그리고는 그의 일, 주거환경, 통증에 대한 그의 느낌 등을 묻기 시작했다. 그녀가 아론의 결혼 생활에 대해 질문을 하자 그는 갑자기 울음을 터뜨리며 말했다. "마탈라 여사님, 난 내 통증의 원인을 알아요." 무척 거북스러워하면서 그는 6년 전 여행 중에 아내를 배신했으며 그 이후로 그 통증이 시작됐다고 말했다. 그는 자신이 부도덕한 사람이 아니며 그때가 유혹에 넘어졌던 유일한 때였다고 말했다. 그러나 그는 자신이 잘못을 저질렀다는 것을 의식하고 있었고, 마탈라 여사와 이야기하는 중에 그 죄의식 때문에 통증이 왔다는 것을 깨달았다.

묵묵히 아론의 이야기를 다 들은 후 마탈라 여사는 그의 영적 생활에 대해 묻기 시작했다. 그가 하나님에 근거한 믿음을 통해서 어떤 도움을 받았는가? 그녀는 아론이 예수 그리스도에 근거한 진정한 믿음이 없다고 결론 내리고 그리스도와 개인적인 관계성을 갖는 것이 어떤 것인지를 설명했다. 그녀는 그리스도가 우리 죄를 위해서 죽으심으로써 어떻게 우리 잘못을 진정으로 용서하시고 우리의 상처, 고통, 죄책감도 지고 가셨는지 설명했다. 아론은 그리스도가 자기 마음에 오시도록 기도했고, 마탈라 여사는 그가 죄를 고백하도록 도왔다. 요한일서 1장 9절에 의지하여 그녀는 아론에게 아내에 대한 죄를 포함하여 그의 죄가 용서 받았다는 확신을 주었다. 이 용서의 말씀이 바로 아론의 심령이 필요로 했던 말씀이었고, 그 말을 듣는 것과 거의 동시에 그의 하복부의 통증이 사라졌다.

이 이야기는 사실상 좀 이상한 점이 있다고 보이지 않는가? 아론은 하복부에 실제로 통증이 있었다. 내가 그 부위를 눌렀을 때 그는 고통스러워했다. 그렇지만 이 통증의 원인이 될 감염이나 농양膿瘍 등 신체적 원인이 없었다. 이것이 흔히 말하는 대로 모두 그의 '머릿속에' 있는 것이었을까? 아니 이것은 그의 심령에서 비롯된 것이었다. 그러면 도대체 어떻게 '심령의 문제' 때문에 배에 통증이 생길 수 있을까? 이 장과 다음 장은 이 질문에 초점을 맞출 것이다.

아론의 통증의 신체적 원인은 무엇이었는가? 그것은 과거 감염과 관련된 부위의 근육 경직이나 경련일 수 있다. 또는 비감염성 염증 과정일수도 있다. 그것이 무엇이었든지 간에 진정한 원인은 그에게 과거의 감염과 그것을 일으킨 잘못을 연상시키는 죄의식이었다. 그래서 그의 심령이 그리스도의 용서를 받아들이고 그를 정죄하는 것을 멈췄을 때 경직, 경련, 감염 또는 그 무엇이었든지 몸의 잘못되었던 모든 것이 사라졌다.

하나님이 지으시니

창세기에 보면 하나님은 흙과 같은 자연 물질을 가지고 이토록 놀랍게 복잡한 우리 몸을 만드셨다. 성경에 더 자세하게 나와 있지는 않지만 인간의 몸을 공부해본 사람이라면 누구나 그 경이驚異롭고 미묘微妙한 구조에 깊이 감동할 수밖에 없다. 나는 종종 전능자께서 우리의 동맥, 정맥, 모세혈관을, 근육, 건, 인대를, 뼈, 관절, 신경들을, 뇌, 척수, 감각 기관을 따로 모아 각각의 독립된 조직으로 만드시는 데 얼마나 많은 "하나님 시간"을 쓰셨을지 궁금해지곤 한다. 거기서 한걸음 더 나아가 모든 장기 기관 간의 소스라치게 놀랍도록 복잡한 관계를 이해하려할 때마다 나는 다만 인간의 분석적 이해 방법의 한계를 깨닫는다.

그러나 우리를 그토록 경탄케 하는 하나님의 이 엄청난 걸작품은 다 완성되었을 때 그 자체에는 아직 생명이 없었다. 무엇인가가 부족했는데 그것이 바로 생기였고, 그래서 하나님께서는 그의 영을 이 첫 육체에 불어넣으셨다. 그때 비로소 육체는 살아 있는 존재, 곧 인간이 되었다(창세기 2:7).

거의 50년 전 내가 의대에 다닐 때, 의대 생화학 교수는 앞으로 몇 년 안에 모든 인간 행위를 효소로써 설명할 수 있다고 말했다. 나는 나의 영에 소름이 끼치는 것 같았다. 나는 내가 생화학적 효소의 집적集積된 덩어리 이상의 존재라는 것을 알았기 때문이다. 사실 지금까지도 인간의 영을 만들기 위해 얼마나 많은 효소가 필요한지, 생각이나 느낌을 만들기 위해 얼마나 많은 효소가 필요한지 찾아내지 못했다! 성경은 분명히 생기生氣나 영이 없이는 우리가 살아 있는 존재가 아니라고 분명히 말한다. 우리 마음 속 깊은 곳의 무엇인가가 그 말씀에 공감하는데, 우리는 그것을 영이라고 한다. 아론의 죄에 반응한 것은 그의 효소가 아니라 그의 영이었다. 그의 심령은 그의 영의 고통을 그의 하복부로 보낸 것이다. 그 과정은 후에 설명하겠다.

몸과 마음 그리고 영

성경은 몸과 마음 그리고 영에 대해 이야기한다(데살로니가전서 5:23). 성경은 사전이 아니다. 성경은 이 용어들을 '정의定義' 하지 않는다. 사실 성경에는 이 용어들이 상호 교환적으로 나타난다. 정의定義에는 한계가 있으며 혼, 정신, 영, 심령, 심지어 몸이라는 개념들은 너무나 다양하게 사용되어 용어들을 제한하는 데 어려움이 있다. 그러나 이 책의 목적을 위해 이 단어들이 이 책에서 의미하는 바를 설명하겠다.

몸은 생명의 물질적 영역이다. 그것은 원형질, 단백질, 탄수화물, 지방 등과 관련이 있다. 이 모든 것이 수많은 복잡한 세포를 구성한다. 이 세포는 조직, 기관, 기관계를 이루어 우리가 기능적으로 활동할 수 있게 한다. '생리학적'이라는 말은 이러한 물질 요소의 기능을 일컫는다. 어떤 경우 성경은 물질적 육체를 표현하기 위해 '몸'이라는 말을 사용한다. 다른 경우, '몸'은 전인격적 존재로서의 사람을 가리킨다. 성경은 가끔 온 몸 또는 전인격적 존재로서의 사람을 표현하기 위해 뼈라는 단어를 사용하기도 한다.

정신mind은 생명의 지적인 영역인데, 우리가 생각하고 분석하고 반성하는 곳이다. 이것은 의식적 정신이라고 하는데, 지성, 이성, 논리, 분석, 종합, 판단의 영역이다. 우리가 주위 세계를 지각한 것들이 정신으로 들어오는데, 이것들은 인상, 사상, 생각 등으로 변화된다.

정서affect는 우리의 느낌, 감상, 태도, 직관 등을 가리킨다. 우리의 신념과 욕망이 기억과 함께 여기에 있다. 이곳이 지성인들의 사상과 생각이 가공되고 이해되고 동화되고 거부되는 곳이다. 정서는 신경계와도 관련이 있는데, 이를 통해 다른 기관이나 신체 조직과 영향을 주고받는다. 우리는 이것을 종종 잠재의식이라고 부른다.

나는 정신과 정서를 아우르는 표현으로 마음soul이라는 용어를 사용한다. 정신과 정서는 다른 말로 심리psyche라고도 한다. 심리학적이라는 말은 정신과 정서의 작용을 일컫는다. 우리가 사상, 느낌, 감상들을 서로 떼어 놓을 수 없는 것처럼 정신과 정서는 분리할 수 없으며 마음을 구성한다.

영spirit은 인격의 중심이다. 그것은 내가 인생에 대한 근본적인 질문, 즉 나는 누구인가, 나는 왜 여기에 있는가, 나는 어디로 가고 있는

가와 같은 질문을 하는 곳이다. 영은 내가 의미와 목적을 찾는 곳이다. 영은 내가 어디로 갈지 결정하고 거기에 어떻게 도달할지 찾는다. 영은 내 인생의 중요한 결정을 하는 곳이다. 나는 영을 통해 내 주위에 보이지 않는 영적이고 인격적인 힘, 예를 들면 하나님과 하나님으로부터 나오는 모든 것 또는 악의 영적인 힘과 관계를 맺는다. 내 영을 통해 나는 내 인생에 영향을 주는 힘과 관계를 맺으며 내 주위에 다른 사람에게도 영향을 미친다.

성경은 종종 마음과 영의 개념을 한 개의 단어로 묶는데, 그것이 바로 심령heart이다. 이런 의미에서 그것은 혈액 순환을 담당하는 근육 기관이 아니다. 그것은 우리 인격의 중심을 뜻하며 마음과 영을 포함한다. 이런 뜻에서 '심령'이란 비물질적인 내적 자아를 가리킨다.

사회적 관계는 또 다른 중요한 우리 삶의 차원을 구성한다. 우리는 관계의 그물 속에서 살고 있다. 우리는 한 가정에 속해 있으며 친구, 이웃, 직장 동료 또는 모르는 사람들과도 관계를 가진다. 우리는 문화의 일부이며 우리의 기준은 대부분 우리 문화와 사회적 관계로부터 온다. 다른 사람들과의 관계가 잘못되었을 때 이것은 우리 건강에 영향을 주고 질병을 유발한다.

여기서 내가 언급한 것은 내적인 삶이다. 보이지 않고 만질 수 없는 우리 삶의 영역이지만 절대적으로 실재적인 것이다. 그것은 우리의 실제 자아이다. 이 내적 자아가 없이는 우리의 물질적 육체는 단지 진흙 덩어리에 불과하다. 보이지 않는 내적 자아와 보이는 육체가 어떻게 조화를 이룰 수 있을까?

성경은 "무릇 지킬만한 것보다 더욱 네 마음(역주: 심령, 즉 heart)을 지키라. 생명의 근원이 이에서 남이니라(잠언 4:23)"고 말한다. 이것은 우리 몸의 건강과 힘을 포함한다. 내적 삶 속의 하나님의 형상을 어떻게 보호하고 양분을 주는가는 우리 건강에 매우 중요한데, 이제 이 문제에 관해 이야기해 보려고 한다.

하나님의 형상과 우리의 건강

하나님은 우리를 자신의 형상으로 창조하셨다. 이것은 의대에서 공부하지 않는 우리 인간성의 중요한 측면이다. 그것은 신학교에서 논의하지만 신학자들은 그것이 우리 건강이나 치유와 어떤 관련이 있는가는 거의 고려하지 않는다.

창세기 1:26~27에는 하나님이 우리를 '자기 형상대로' 창조하셨다고 한다. 하나님의 형상에 관해 적은 책이 많이 있고 여기서 그것들을 종합하지는 않겠다. 그러나 우리가 하나님의 형상을 지니고 있다는 것을 아는 것은 우리 인격과 치유의 근본적인 측면을 보여준다.

우리의 인간으로서의 본질은 하나님으로부터 오며 그분의 형상을 지니고 있고 따라서 선하다.

이 본질은 다음과 같은 내용을 포함한다.

— 우리의 창의력
— 사회적 또는 관계적인 본성 그리고 다른 사람들과 의사소통하려

― 는 욕구와 능력
― 지성, 이성, 사물을 이해하는 능력
― 상상력
― 감정과 직관
― 기쁨과 아름다움을 아는 것
― 성 정체성, 남성성과 여성성은 하나님으로부터 온다.

하나님은 우리를 자신과 같이 만드셨는데 이것은 정도에 있어서가 아니라 질적인 면에서 그렇다.

우리는 비록 유한한 존재지만 우리가 현재 어떤 상황에 처해 있든지 간에 무한한 가치를 지닌다.

우리 각자는 치유가 필요한데 이것은 우리 안의 하나님의 형상이 훼손되었기 때문이다.

따라서 치유의 과정이란 우리 안에 하나님의 형상을 회복하는 과정이다. 비록 그 형상이 이생에서 완전히 회복되지는 않지만, 치유의 목표는 우리를 창조주와 더 같게 만들도록 돕는 것이다.

인간이 하나님의 형상으로 되었음을 이해하는 것이 우리에게 왜 그렇게 중요할까? 세 가지 이유만 들어보자.

예수께서는 사람들 안에 있는 하나님의 형상을 이해하셨다.

비록 육체가 나병으로 인해 심하게 변형된 사람 속에서도 예수님은 하나님의 형상을 지닌 인간을 보셨다. 예수님은 또한 충동적인 성적 행위 때문에 종교 지도자들에 의해 돌에 맞아 죽을 상황에 처한 여자에게서도 하나님의 형상을 보셨다. 그녀를 정죄하는 대신 예수님은 그녀를 한 인간으로 확증하시고 자유를 주셨다(요한복음 8:1~11).

어떤 육체나 영혼의 질병도 우리 안에 있는 하나님의 형상을 파괴할 수 없다.

암, 에이즈, 그리고 다른 수많은 파괴적인 질병들이 하나님의 형상을 왜곡할 수 있지만 결코 그것을 파괴할 수는 없다. 어떤 육체적, 정신적, 사회적 상황에 있든지 간에 우리는 언제나 우리 창조주의 형상을 지니며, 예수님은 그것을 원래의 완전한 형태로 복구하길 원하신다.

우리가 우리 안에 있는 하나님의 형상을 의식하는 것은 치유를 위한 강한 힘이 된다.

하나님과 같이 되는 것이 우리에게 주신 하나님께서 정하신 길이다. 우리의 목표는 더욱 더 그분과 같이 되는 것이다. 이것은 이룰 수 있는 희망인데, 그것은 우리가 원하기만 하면 하나님께서 우리 안에서 역사하셔서 우리를 당신과 같이 만들기로 약속하셨기 때문이다.[1] 만약 질병으로 인해 우리 영혼에 두려움, 분노, 수치, 원한, 우울증이 생긴다면, 질병은 우리 안에 있는 하나님의 형상을 왜곡시킨다. 그러나 내가 누구와 같이 되도록 지어졌으며, 어떠한 길인지는 모르지만 이 질병이 나를 그 목표에 도달하도록 돕는 수단이 될 수 있다는 것을 안다면, 그 질병은 우리의 영혼을 회복시키고 육체를 도울 수 있는 길이 된다.

"우리가 한 바로 그만큼…"

내가 어느 날 아침, 콩고에 있는 우리 병원의 응급실에 들어갔을 때 특이하게 생긴 남자가 침대에 누워있는 것을 보았다. 그는 야위었고 머리는 헝클어지고 더러웠다. 나는 그에게서 하나님의 형상을 찾기 어려웠다. 수간호사가 나에게 말했다. "이 사람은 압둘 씨에요. 이집트인이고 병이 아주 깊습니다." 나는 그의 질병과 삶에 관해 알기 위해 그의 곁에 앉았다.

압둘 씨는 이슬람교도이며, 15년 전 정치적 이유로 이집트에서 도망쳤다고 말했다. 그는 이 후에 콩고에 거주하면서 다이아몬드 무역에 종사했다고 했다. 지난해 이후 그는 점차 몸이 안 좋아졌는데, 결핵에 걸린 것이 확실하다고 했다. 그를 검진하고 나서 나는 흉부 방사선 검사와 에이즈 감염 여부를 알기 위해 혈청 검사를 요청했다. 나는 마탈라 여사에게 그를 찾아가봐 달라고 부탁했다. 그녀는 한 시간 동안 영적인 상담과 나눔의 시간을 가졌다. 그는 그녀에게 같이 기도해달라고 부탁했다.

내가 나중에 압둘 씨의 가슴 사진을 보기 위해 방사선 검사실에 들렀을 때 방사선 기사는 웃으며 말했다. "우리가 이 사람을 뭐라고 부르는지 아세요? 예수라고 불러요." 불그스레한 갈색 피부와 검고 긴 곱슬머리, 턱수염은 스텝들이 생각하는 예수의 모습과 닮았다고 설명했다. "알았어요. '예수'의 가슴 사진을 보여주세요." 사진에는 그의 폐가 깨끗하게 보였다. '예수'에게는 결핵의 징후가 없었다.

나는 다음으로 그의 에이즈 혈액 검사 결과를 보기 위해 실험실로 갔다. 거기 스텝들도 말했다. "그 우리가 예수라고 부르는 사람의 결과 말이에요?" 나는 잠긴 캐비닛을 열고 압둘 씨의 혈액 검사 수치를 보았다. 결과는 양성이었다.

나는 마탈라 여사를 찾아가서 압둘 씨가 에이즈에 감염되었다고 알렸다. 우리는 그의 침대 곁에 가서 같이 앉았다. 나는 그에게 좋은 소식, 즉 결핵에 걸리지 않았다는 것을 부드럽게 이야기했다. 그러고 나서 나는 나쁜 소식, 즉 에이즈 바이러스로 인한 더 심각한 감염이 있다는 것을 알려주었다. 마틸라 여사와 나는 에이즈 환자를 포함해서 모든 사람이 누릴 수 있는 산 소망이신 예수 안에 있는 진정하고 영원한 생명의 소망에 대해 설명했다. 압둘 씨의 감사 표현은 놀라울 정도였다. 그는 자신의 상태에 대한 진실과 또한 그리스도에 대해 알려준 것에 대해 무척 고마워했다. 그는 우리에게 함께 기도해 달라고 했다. 그러고 나서 그는 자기가 다시 아내와 자식들이 있는 킨샤사로 돌아갈 수 있는지 물었다.

다음날, 나는 선교 비행 협회 비행기로 킨샤사로 갈 예정이었는데 한 자리가 남아 있었다. 압둘 씨는 나와 함께 갔고, 우리가 킨샤사에 착륙했을 때 그의 가족이 마중 나와 있었다. 그는 다시 내게 고맙다고 했고, 작별 인사를 나눈 후 가족과 함께 군중 속으로 사라졌다. 그 순간 귀에 익은 음성이 내 영의 깊은 곳에서 조용히 들렸다. "너의 간호사들이 맞다. 이 사람을 돌보았을 때 너는 나를 돌보았다. 네가 내 형제 중에 가장 하찮은 사람 중 하나에게 한 만큼 너는 나에게 한 것이다!"(마태복음 26:40). 활주로 아스팔트 위에 떨어진 나의 눈물은 감사와 슬픔이 섞인 것이었다. 나는 압둘 씨를 다시 만날 수 있기를 바란다. 그 안에 있는 하나님의 형상은 많은 상황에 의해 훼손되었지만, 주님은 그 형상을 회복시키고 계셨다.

인생에서 가장 흥미진진한 두 가지 모험은 이것이다.

— 하나님께서 우리 삶에 역사하사 우리 안에 당신의 형상을 회복하시도록 돕는 것
— 하나님께서 우리를 통해 역사하사 다른 사람들 속에서 당신의 형상을 회복하시도록 돕는 것

치유에는 병을 치료한다는 것보다 훨씬 큰 의미가 있다. 우리가 치유되었을 때 우리 안에서 하나님의 형상이 새로워지고 우리는 회복된다. 비록 육체에 질병이 있더라도 심령, 정신, 마음 그리고 영 안에 하나님의 형상이 새롭게 되는 것은 언제든지 가능하며, 이는 우리의 목적이 되어야 한다.

제4장

감정의 화학적 기전

감정과 건강 그리고 질환

예: 장기간의 스트레스의 영향

피해자가 아닌 참여자로써

질병에 대한 우리의 저항

질병— 면역 체계의 균형

심각한 감염과 괴로운 마음

제4장 감정의 화학적 기전

의학은 우리 삶의 여러 면들이 서로 어떻게 연관되어 있는가에 대해 점점 더 많이 알아 가고 있다. 우리 삶의 한 영역에서 일어나는 것은 다른 영역에도 영향을 미친다. 암이나 결핵 같은 신체적인 병은 두려움, 욕구 불만, 심지어는 절망 같은 많은 감정의 동요를 불러일으킨다. 반면에 두려움이나 분노는 소화 불량을, 불안은 설사를, 걱정은 두통과 고혈압을 일으킨다. 몸의 일부가 괴로울 때 그 사람 자체가 병든다. 이런 작용이 어떻게 일어날까?

감정과 건강 그리고 질환

지난 삼십 년 동안 "정신 신경 면역학psychhoneuroimmunology"이라는 새로운 의학 분야가 개척되었다. 이 새로운 학문에서는 서로 다른 전문 분야에 종사하는 과학자들이 우리 몸 밖에서 일어나는 환경적 여건들에 대해 우리가 심리적으로 이것을 어떻게 인식하고, 또 우리의 이해가 우리의 몸에 어떤 영향을 미치는 지의 관계를 종합적으로 연구하고 있다.

눈이나 귀 같은 우리의 감각 기관은 우리 주위에 무슨 일이 일어나는지 인식한다. 감각 기관은 특별한 신경을 통해서 시각, 청각, 촉각, 후각, 미각 중추라는 뇌의 특정한 부분에 인식된 정보를 전달한다. 이러한 중추신경계로부터 우리의 정서에 관여하는 신경 조직을 포함한 몸의 각 부분에 퍼져 있는 신경 기관으로 인식된 정보에 상응하는 지시 사항이 전달된다. 그 일을 위해서 먼저, 중추 신경계에서 인식된 감각이 분석되고 의미가 부여된다. 한 사람이 자기가 인식한 어떤 사건의 의미를 깨닫는 것에 따라서 그 사람 안에 감정의 반응이 생긴다. 그 반응은 기쁨, 슬픔, 평안, 두려움, 분노, 시기심, 죄책감, 부끄러움 등으로 나타난다. 어떤 반응이든지 간에 그 반응은 심장, 혈관, 소화 기관, 기타 다른 기관들에 영향을 미친다.

우리의 몸은 여러 종류의 신체 작용을 위해 필요한 화학 물질을 생산하는 내분비선의 체계를 갖고 있다. 어떤 내분비선은 호르몬이라고 부르는 화학 물질을 생산하고 이것을 직접 피로 보낸다. 호르몬은 혈류를 타고 순환하며 장기에 영향을 미치며 기본적인 몸의 작용을 조절한다.

우리는 이제 뇌가 몸의 모든 부분으로부터 신경계를 통해 단순히 전기적인 메시지를 전달하고 전달받는 기관 이상이라는 것을 안다. 뇌 역시 내분비선인데 많은 종류의 신경 단백 물질(뉴로펩타이드)이라고 불리는 화학 물질을 생산한다. 이 신경 단백 물질은 혈액으로 들어가서 곧바로 몸 전체로 퍼진다. 이것들 역시 각기 다른 방법으로 우리 몸의 기관에 영향을 준다.

우리의 감정적 변화는 내분비선의 호르몬 생성에 영향을 미치고 신경계의 신경 단백 물질 생성에 영향을 미친다. 기쁨과 같은 특정한 감정 상태는 특정한 신경 단백 물질을 생성한다. 질투, 두려움, 죄책감

같은 다른 감정 상태들은 다른 종류의 신경 단백 물질과 호르몬 생성을 자극한다. 그러므로 우리 뇌와 내분비선에서 나오는 화학 물질을 통해 감정은 기관의 기능적 작용에 결정적인 영향을 미친다.

예: 장기간의 스트레스의 영향

수십 년 전, 토론토의 한스 셀리Hans Selye 박사는 스트레스가 몸에 주는 영향에 대해 광범위한 연구를 했다. 그는 외부적 및 내부적 스트레스 요인要因들이 부신에 영향을 미친다는 것을 발견했다. 부신은 우리가 신체적인 손상과 정신적인 손상에 반응할 수 있도록 돕는 호르몬을 생성한다. 갑작스럽게 놀라면 맥박과 혈압이 급격히 증가한다. 이 호르몬은 눈의 동공을 이완시켜 잘 볼 수 있도록 한다. 그리고 장으로 가는 혈액을 돌려서 근육 쪽으로 더 많이 가게 한다. 이것이 두려운 경험에 대한 신속한 신체적 반응을 하게 하는 방어기전인 소위 '도주 반응flight response'이다. 갑작스러운 분노의 경험은 비슷한 반응인 소위 '투쟁 반응fight response'을 일으킨다. 이들 반응은 아드레날린이 심장과 혈관 그리고 다른 장기들에 작용함으로써 생긴다.[1]

우리 몸은 두려움이나 분노 같은 갑작스러운 스트레스를 다루도록 잘 준비되어 있다. 그러나 장기적이고 누적되는 신체적 스트레스와 정신적인 스트레스를 다루도록 준비되어 있지는 않다. 만약 지속적인 스트레스로 인한 두려움, 분노, 부정적인 감정을 붙잡고 있으면 그 감정들은 뇌와 분비선에서 계속적으로 그 감정에 상응하는 신경 단백 물질에 관련된 호르몬을 생산하게 한다. 이 화학 물질들은 다양한 장기에 지속적으로 작용하여 시간이 지나면서 병을 일으키고 통증과 소화불량과 허약함을 유발한다. 이러한 화학 물질에 대한 반응으로 혈압이 증가하고, 특정 근육들의 긴장도가 높아지며, 그 외 여러 가지 신체적 문제들이 발생한다.

모든 종류의 만성 스트레스가 건강에 해가 되는 것은 분명하다. 스트레스를 일으키는 요인은 외부 환경, 즉 우리가 처한 상황에 있을 수 있다. 또한 고통스런 감정과 기억 그리고 무의식중에 겪는 갈등으로부터 오는 내부적 요소가 스트레스를 일으킬 수 있다. 장기간에 걸쳐 제대로 해소되지 않은 스트레스는 그 원인이 무엇이든지 간에 고질적 염증성의 상태를 만든다는 것이 갈수록 명백해지고 있다. 스트레스로 인해 특정한 종류의 관절염, 만성적 피부 이상 증상, 심지어 특정한 종류의 신경계 질환까지 생길 수도 있다. 나는 2장에서 설명한 로저의 딱딱하고 결절이 심하고, 촉진에 통증을 호소한 간이 부분적으로는 그의 인생의 많은 스트레스를 주는 요소들로부터 만들어진 화학 물질로 인한 결과라고 믿는다. 스트레스로 인해 발생하는 질병은 증상적 치료나 심지어는 염증 과정의 치료로도 낫게 할 수 없다. 스트레스의 원인인 부정적인 생각과 파괴적인 감정이 발견되고 해결될 때만 온전히 치유될 수 있다.

오래 전 어느 푹푹 찌는 뜨거운 날에 나는 간호학교를 열기 위한 허가서를 받기 위해 콩고의 한 정부 기관 사무실에 앉아있었다. 나는 갑작스러운 복부의 통증이 느껴졌고 심한 설사가 오리라 짐작이 갔다. 이것은 정말로 내가 오랜만에 경험하는 설사였지만, 나는 즉시 그 원인을 생각했다. 그 이전 5년 동안의 스트레스로, 그리고 수많은 좌절들로 꽉 차있던 밤과 낮들로부터 온 압박감이 내 안에 쌓였던 것이다. 나의 장기들이 이 압박감들에 반응을 하는 것이었고, 아마 상징적으로나마 내 신체에서 그 압박감의 영향을 없애려고 하고 있었던 것이었다. 나의 진단은 옳았고 대장염 증상은 그 이후 네 달 동안의 병원 근무 기간 동안 지속되었다. 이 증상들은 우리에게 그토록 필요했던 쉼과 회복을 위해 그곳을 떠나 있던 두 달의 휴가 기간 이후까지도 완전히 없어지지 않았다.

지금까지 이야기한 내용과 달리 긍정적인, 즉 건설적이고 즐거운 감정들은 우리의 내분비선과 뇌를 자극하여 다른 종류의 호르몬과 신경 단백 물질을 생성한다는 좋은 의학적 정보도 있다. 이러한 화학적 물질들은 우리의 여러 장기 조직에 이로운 영향을 주고, 건강을 증진시키며, 감염이나 다른 질병에 대한 우리의 저항력을 길러 준다.

피해자가 아닌 참여자로써

이 새로운 발견은 치유에 관한 우리의 이해에 괄목할 만한 변화를 가져왔다. 예전에 의학계의 선배들은 직관적으로 사랑의 보살핌이 빠른 회복에 중요하다는 것을 알았지만, 그들은 왜 그런가에 대해서는 알지 못했다. 그들은 감염과 다른 질병 그리고 부정적인 사건에 대한 몸의 반응이 의식적인 통제를 넘어서는 '자율적'인 것이라고 가정했다. 지금 우리는 우리 주변의 사건과 질병에 대한 우리의 신체적 반응이 전부 자율적인 것은 아니라는 사실을 깨닫고 있다.

우리는 우리 몸에서 일어나는 화학적 반응과 몸의 여러 기관에서 일어나는 반응을 어느 정도는 의식적으로 통제할 수 있다. 우리의 생각과 감정의 변화로 이것이 가능하다. 우리는 부정적인 감정을 긍정적인 것으로 바꾸고, 특정 병이나 우리가 처한 환경에 대한 우리의 사고방식을 바꿀 수 있다. 우리 세대에서는 우리가 우리의 건강 상태나 병으로부터의 회복에 대해 관여하고 있다. 우리는 환경이나 우리에게 영향을 미치는 질병의 단순한 '희생자'가 아니다. 오히려 주어진 상황에 어떻게 대처하는 가에 따라 우리는 주도적인 역할을 수행할 수 있다.

우리는 이것을 의학의 새로운 발전으로 얘기하지만, 사실 새로운 것은 아니다. 삼천 년 전 솔로몬 왕은 정신 신경면역학의 원리를 잠언 14:30에 이렇게 정리했다. "마음의 화평은 육신의 생명이나 시기는 뼈의 썩음이니라." 새로운 점이라면 지금 우리는 감정이 몸에 어떻게 영향을 미치는지 그 기전을 발견하고 있는 것뿐이다. 그리고 이러한 이해를 통해 우리가 이러한 기전을 더 잘 조정할 수 있다는 점이다.

1970년도 초반에, 노만 커즈즈Norman Cousins는 자신이 '치명적'인 병에서 회복된 것에 대해 묘사한 책을 발간했다. 1964년 그 당시 세터데이 리뷰Saturday Review의 편집자였던 커즈즈는 급속도로 악화되는 고통스러운 관절병에 걸렸다. 그 당시 이 병에 관한 효과적인 의학 치료는 없었으며, 의사들은 그에게 오래 살지 못할 것이라고 말하였다. 커즈즈는 치명적일 수 있는 그의 병 때문에 자신의 영과 감정을 우울하게 하면, 그나마 그의 몸에 남아 있는 면역 기능이 손상될 것이라고 논리적으로 생각했다. 반대로, 만약에 그가 긍정적이고 기분 좋은 생각들로 그의 마음을 채운다면, 이것이 파괴적인 질병에 대한 그의 몸의 반응을 더 강하게 해 줄 수 있을지도 모른다고 생각했다. 그는 자신의 치료를 담당했고, 재미있는 책들을 읽고 코미디 영화를 보기 시작했다. 그는 10분간 배꼽을 잡고 웃으면 2시간 정도 고통에서의 일시적 소강小康 상태가 온다는 것을 발견했다. 점차적으로 열은 사라졌고, 고통과 허약함이 사라졌으며, 일 년 남짓 지났을 때 그는 건강을 되찾았다. 그는 20년의 여생을 UCLA에서 의학자들과 함께 희망과 기쁨이 건강을 어떻게 좋게 하고, 병든 사람이 자신의 병에 어떻게 대처해야 하는지 알기 위해 보냈다.[2]

우리의 심령과 몸은 함께 작용한다. 사실, 심령이 온 몸을 관리하는 것이라고 볼 수 있다. 우리가 어떻게 생각하고, 어떻게 느끼고, 어떻게 삶을 바라보는가 하는 것이 우리의 몸에 강한 영향을 준다. 우리가 우리의 상황을 통제할 수 있다고 느낄 때, 그래서 우리가 무엇인가 긍정적이고 건설적이고 기쁜 것에 집중할 수 있다면, 우리의 몸은 더 강한 힘으로 반응할 수 있을 것이고 이러한 심령의 상태는 건강을 증진시킨다. 그러나 좌절감, 절망감 그리고 부정적인 감정들은 여러 생리적인 기능을 저하시키고 우리의 건강을 약화시키며 질병에 대한 저항력을 감소시킨다.

질병에 대한 우리의 저항

몸에서 우리의 사고 및 감정과 밀접하게 연결된 체계 중 하나가 면역 체계이다. 이것은 하나님이 우리의 건강을 보호하고 병으로부터 이겨낼 수 있도록 우리 안에 만드신 고도로 복잡한 기능이다.

우리 면역 체계에서 주된 역할을 하는 요소 중에 백혈구가 있다. 백혈구는 외부에서 오는 모든 종류의 병원균과 싸우기 위해 항상 준비된, 인체 내부의 군대처럼 행동한다. 백혈구는 또한 내부의 혼란, 예를 들어 비정상이 된, 그래서 결국 악성종양(암)을 생성하는 몸 안의 세포들에 대응한다. 어떤 변종의 백혈구는 여러 박테리아와 직접 싸운다. 이를 위해서 박테리아를 둘러싸고 소화해서 우리 몸에서 제거한다. 다른 종류들은 특별한 병원균에 대해 항체를 만든다. 우리의 혈액을 타고 움직이는 이러한 항체는 생화학적 물질인데 병원균에 부착되어 병원균이 감염을 일으키는 것을 방해하거나, 아니면 그것들을 마비시켜 백혈구가 병원균들을 더 손쉽게 제거할 수 있도록 한다.

현재의 연구들은 면역 체계의 효율성이 우리의 감정 상태에 따라 변화한다는 사실을 보여준다. 긍정적인 감정은 면역 체계를 강화시켜 우리를 건강하게 하며 온갖 질병의 공격에 영향을 적게 받도록 한다. 우리가 병들었을 경우 긍정적인 감정은 우리가 그 질병에 더 잘 대응할 수 있도록 돕는다. 반면, 두려움, 분노, 증오, 그리고 다른 종류의 부정적인 감정들은 면역 체계를 약화시킨다. 스트레스를 받을 때 감기나 몸살 등에 걸리거나 다른 감염에 걸릴 확률이 더 높다.[3]

질병
— 면역 체계의 균형

심각한 감염이 생겼을 때 과연 무슨 일이 일어나는가? 한때 높은 사망률을 기록했던 그리고 지금도 우리를 죽일 수 있는 감염인 폐렴에 걸렸을 때 무슨 일이 일어나는지 보자. 바깥에서 들어온 폐렴 박테리아는 폐를 공격하여 가슴에 통증과 기침을 일으키고 호흡 곤란을 일으킨다. 또한 폐렴 박테리아는 독소(독성 물질)를 생산하여 몸에 열이 나게 하고 몸 안에서 전쟁을 일으켜 그 징후들이 나타나게 한다. 이 독성 물질은 면역 체계를 같은 방식으로 공격한다.

면역 체계는 잠시 휘청거리며 면역력이 감소한다. 이로 인해 폐렴 박테리아가 몸 안에서 급속도로 증가한다. 그러나 면역 체계는 발 빠르게 가동되어 폐렴 박테리아를 공격하고 또 우리 몸 안에 그 박테리아에 저항할 수 있도록 특정한 종류의 항체를 만들어 낼 수 있는 백혈구를 더 많이 만든다. 정상적 상황에서는 매우 짧은 시간 내에 항체들이 침투된 폐렴균을 무력화시킴으로써 백혈구가 그것들을 파괴하도록 돕는다. 실제로 면역력이 정상일 때보다 증가하며, 박테리아 수는 감소하고, 그로써 이 전투의 양상은 몸이 좋아지는 쪽으로 기운다. 걸리는 시간은 사람마다 다르지만, 백혈구와 항체는 승리를 하고, 그 사람은 폐렴으로부터 완쾌된다.

감염에 대한 신체의 싸움

감염은 필자가 질병/면역 체계 균형이라고 일컫는 상황을 만든다. 이 균형에서, 두 가지 서로 상반되는 요소가 결과를 좌우한다. 박테리아, 바이러스, 기생충 같이 질병을 일으키는 미생물들이 이 균형의 한 쪽이다. 백혈구와 항체 그리고 다른 복잡한 요소들로 구성된 면역 체계는 다른 한 쪽이다. 승리는 상대 쪽보다 강한 쪽에 의해 결정된다. 네 가지 요소가 감염의 결과를 결정한다.

침입하는 미생물들의 힘, 병독성

감기 바이러스는 쉽게 전염되는 반면에 약한 바이러스여서 우리 몸의 항체들에게 금방 굴복한다. 폐렴 박테리아는 병독성이 더 강하여 심각한 감염을 일으킬 수 있다. 병독성이 아주 강한 에볼라 바이러스는 무서운 속도로 증가하여 온몸의 기관과 조직에 침투하여 대부분의 경우 환자는 빠른 시간 내에 죽는다.

몸으로 침입하는 균들의 수

아주 적은 수의 균만이 우리 몸의 조직에 침투하는 데에 성공한다면, 대부분의 경우 우리의 면역 체계는 그것들을 재빨리 처리하여 감염을 중단시키거나 감염 기간을 단축시킨다. 그러나 광범위하게 오염된 상처를 통해서, 또는 심각한 병에 걸린 사람과의 접촉에 심하게 노출되었을 경우에는 많은 수의 균이 우리 몸으로 침투하며, 이 상황은 우리의 방어 체계에 큰 도전이 되고 그 결과는 매우 심각해질 수 있다.

면역 체계의 힘

우리는 감염의 도전으로부터 대응할 수 있도록 얼마나 잘 준비되어 있는가? 우리의 면역 체계가 '전투 준비 완료' 되어 있다면 그리고 우리의 여러 방어 기능이 잘 준비되어 있다면, 우리는 대량의 박테리아나 바이러스의 침입도 감당할 수 있다. 그러나 우리의 면역 체계가 어떤 이유로든지 약해졌다면, 이는 감염에 유리하도록 균형을 기울게 한다. 부적절한 영양 상태, 피로, 또는 강도 높은 수준의 스트레스들이 제대로 해결되지 않은 경우, 면역 체계의 힘이 줄어들고 결국에는 심각한 감염의 위험이 높아진다.

약물의 질과 효과

우리는 박테리아 감염에 대항하여 싸울 수 있도록 돕는 광범위한 항생제를 갖고 있다. 항생제는 침입하는 박테리아에 작용하여 박테리아의 힘을 감소시키는 일을 한다. 항생제는 백혈구의 방어 작용을 쉽게 만들고, 감염의 시간을 줄여준다. 항생제는 많은 종류의 감염의 진행 과정을 아주 크게 바꿔 놓았고, 또 심각한 감염에 걸려 죽었을 많은 사람의 생명을 살렸다.

불행하게도 대부분의 경우 바이러스와 싸울 수 있도록 돕는 효과적인 항생제는 우리에게 없다. 바이러스 감염의 경우 거의 우리 힘으로만 감당해야 한다. 감기, 몸살, 다양한 종류의 간염, 대상포진 그리고 다른 바이러스 종류의 감염에 대해서는 몸의 방어 작용이 유일하고 주된 실제적 방어선이다.

악성 질병에 대한 신체의 싸움

우리 안에서 부터 몸을 잠식해 들어오는 암과 백혈병 그리고 임파종 등에 대해 우리 몸은 자신을 어떻게 방어하는가? 이러한 질병들은 환자를 죽음에 이르게 할 수 있다.

우리는 면역 체계가 우리 안에 악성 질환이 생겨나지 않도록 보호하는 일에, 심지어는 우리 몸의 악성 암세포와의 싸움에도 깊이 관여하고 있다는 증거를 계속적으로 발견하고 있다. 어떤 종류의 백혈구는 조직 안에 있는, 비정상적으로 변형되어 암세포로 발전할 가능성이 있는 세포들을 식별하고 파괴할 수 있는 특정한 기능을 맡고 있다.

이러한 종류의 백혈구는 "자연 살세포殺細胞" 혹은 "세포 장애성 T 세포natural killer cell: NK cell"라고 불린다. 이러한 세포들은 암에 대항하는 최전방 방어선이다.[4]

대부분의 사람들은 비정상적인 세포들이 우리 몸 안에서 계속적으로 생성된다는 것을 깨닫지 못한다. 잠재적인 암은 거의 매일 생긴다. 그러나 우리의 자연 살세포NK cell들은 항상 경계 태세에 있기 때문에 비정상적이거나 '반란군'에 해당하는 세포들을 발생 즉시 파괴한다. 그것이 사실이라면 암은 왜 그렇게 많이 발생하는가? 감염에 관해서 위에 언급한 것처럼 세 가지 요인, 즉 그때그때 발생하는 비정상적인 세포들의 숫자와 비정상적인 세포들의 잠재적인 힘 그리고 비정상적인 세포들을 다룰 면역 체계의 능력이 감염 결정에 관여한다.

심각한 감염과 괴로운 마음

독일 출신인 28세의 미혼 여성 우르술라는 우리 병원에 입원했을 때 심각한 병증을 보였다. 그녀는 우리에게 오기 3일 전 폐렴 증세를 보였다. 임상 검사와 심장 엑스레이를 통해 마이코플라스마 감염이라는 것이 밝혀졌다. 이것은 심장에도 영향을 줄 수 있는 심각한 폐렴이었다. 우리는 즉시 정맥 주사로 항생제를 투여했으나 그녀의 상태는 악화됐고 심장에 합병증이 생겼다.

간호사인 우르술라의 여동생이 그녀와 함께 왔었는데 그녀가 우리에게 우르술라의 이야기를 해 주었다. 두 자매 모두 기독교 가정에서 자랐고 그들의 부모님은 종교적 규율을 따르는 데 매우 엄격했다. 우르술라는 어린 소녀일 때 교회에서 활동적이었지만 고등학교 시절 동안 믿음에 흥미를 잃게 되었다. 고등학교를 졸업하고 직장에 다니게 되었고 그때부터 그녀는 기독교 교육과 부모님의 교훈에 어긋나는 삶에 빠져 들었다. 그 이후 10년 동안 누구도 그녀에게 하나님이나 믿음에 대해서 이야기할 수 없었다.

그녀의 상황이 점점 더 나빠지고 있을 때, 우르술라는 누구도 그녀를 위해 기도하는 것을 거절했다. 오히려 '기도'라는 단어에 그녀는 화를 냈다. 모든 정황을 미루어 보건대 자기가 죽어가는 것이 확실해졌을 때 그녀는 여동생을 불러서 이렇게 속삭였다. "지금까지 내 모든 삶을 돌아보니 나는 내 삶을 낭비했다는 사실을 알게 되었어. 넌 하나님이 내 죄를 용서하시고 나를 그의 딸로 영접하실 거라고 생각하니?"

그녀의 여동생은 하나님이 그녀를 용서하실 뿐만 아니라, 그녀가 그에게 돌아오기를 기다리고 있다고 확신시켰다. 그 다음에, 그녀는 우르술라가 하나님께 자기 죄를 용서容恕하시기를, 또 그녀를 제발 하늘나라로 받아주시기를 속삭여 기도하는 것을 들었다. 우르술라의 간청으로 나는 그녀의 치유를 위한 간단한 기도를 했다.

나는 그날 긴 밤 동안 우르술라 옆에 앉아 있었다. 자정에 그녀의 맥박이 매우 빨라졌는데 1분에 160이었다. 그녀의 입술은 거뭇한 푸른색이었으며, 그녀는 침대에 똑바로 앉아서만 숨을 쉴 수 있었다. 밤이 지나는 동안 그녀의 맥박과 숨은 서서히 느려졌고, 그녀의 피부색이 분홍빛으로 변했으며, 해가 뜰 때쯤 그녀는 침대에 바로 누울 수 있었다. 그녀는 잠에서 깨어났을 때 미소를 지으며 여동생에게 속삭이듯 말했다. "난 새 생명을 얻었어." 그날 오후 그녀는 베란다에 기타를 들고 앉아서 10년 이상이나 부르지 않았던 믿음의 노래들을 불렀다.

무슨 일이 일어났던 것인가? 삶에 대한 새로운 성찰이 우르술라의 영혼 속으로 들어왔던 것이다. 그녀는 마음속에 있던 분노와 쓴 뿌리 그리고 반발심을 놓아줄 수 있었고, 그녀가 그렇게 간절히 바랐으나 얻지 못했던 평화를 하나님으로부터 받았다. 그때 그녀의 생리적인 방어 기전이 즉시 동원되고 그녀의 몸속에 투여되어 있던 약물의 도움으로 그녀는 감염을 이길 수 있었던 것이다. 영과 혼의 치유는 이루 헤아릴 수 없는 생리적인 효과를 발휘할 수 있다.

이 이야기에서 우리는 또 다른 중요한 교훈을 얻을 수 있다. 항생제는 우리가 감염과 싸울 수 있도록 도울 수는 있지만, 우리를 낫게 할 수는 없다. 우리는 우리 자신의 면역 체계, 즉 백혈구 세포, 항체, 또 질병을 일으키는 균과 실제로 싸워서 그것들을 제거하는 다른 복잡한 우리 몸의 생체 기전에 의해 치유된다. 항생제는 우리 몸을 도와서 침투한 균을 공격하고 손상을 입혀 방어 기전이 그것들을 속히 제거할 수 있게 한다. 그러나 진정한 승리자는 우리 자신의 몸이다. 우리는 우르술라에게 그녀의 폐렴에 효과적인 항생제를 주었지만 그 약품들은 그녀를 낫게 하지도 낫게 할 수도 없었다. 오직 그녀의 마음이 치유함을 받은 후에야 그녀의 면역 체계가 다시 가동을 하고 그녀가 회복될 수 있었다.[5]

심령의 요인들이 건강과 치유에 어떻게 영향을 미치는지에 대한 몇 가지 감동적인 예를 보았다. 이제 심령을 좀 더 상세히 고찰하고자 한다. 우리 존재의 중심인 심령을 아는 것은 우리가 건강한 삶을 살기 위해서 질병에 걸렸을 때 적절하게 대처하기 위해서 매우 중요하다.

제5장

심령의 구조

단순하지만 효과적인 설명

거실: 의식Conscious Mind

무의식Subconscious Mind

영Spirit

상호 접속망Interconnections

뒷문

심령의 건강Hygiene of the Heart

제5장 심령의 구조

잠언 4장에는 다음과 같은 말씀이 있다.

> 내 아들아 내 말에 주의하며 나의 이르는 것에 네 귀를 기울이라. 그것을 네 눈에서 떠나게 말며 네 마음(heart; 심령)속에 지키라. 그것은 얻는 자에게 생명이 되며 그 온 육체의 건강이 됨이니라. 무릇 지킬 만한 것보다 더욱 네 마음(heart; 심령)을 지키라. 생명의 근원이 이에서 남이니라. (잠언 4:20~23)

예수께서는 한 사람의 인생에서 심령의 중요성을 인정하셨다. 심령 안의 악한 것들이 한 사람 전부를 오염시키고 온갖 종류의 파괴적인 행동들을 야기한다고 예수는 말씀하셨다(마가복음 7:21~23). 그러므로 심령은 매우 중요한 곳이다. 그것은 우리 삶의 중심이고 우리 자신이 누구인지, 우리가 무엇을 하는지, 그리고 이 세상에서 어떻게 살아갈지를 결정한다. 심령은 우리의 건강에 막중한 영향을 미친다.

우리 모두는 각자의 개인적인 문제들로 갈등하고 있는데 이러한 문제들은 우리 심령 안에 자리 잡고 있다. 전인적 인간 치유를 행하는 지혜로운 의사 폴 투르니에Paul Tournier 박사는 1964년에 스위스에서 우리가 가진 여러 가지 문제들, 즉 다툼, 반항, 부정적인 마음가짐, 도덕적 실패 그리고 영적 불안에 기인한 갈등은 건강에 심각한 영향을 준다는 글을 썼다.[1] 그가 말하는 바는 심령의 치유(부정적인 것을 긍정적인 것으로 교체하는 것)가 특정 질병들을 막을 수도 있고 우리 몸이 질병과 싸워야 할 때 우리 몸을 강화시켜 줄 수 있다는 것이다. 심령의 치유가 무엇인지 알기 위해서는 먼저, 심령이 무엇인지 이해해야 한다. 우리를 우리 되게 하는 우리 안에 있는 그것은 과연 무엇인가?

단순하지만 효과적인 설명

저자가 많은 병든 이들을 돕고 젊은 의사들과 간호학 학생들을 가르치는 과정에서, '심령(혹은 마음; heart)' 이라는 용어가 추상적인 개념이어서 이해하기 어렵다는 것을 깨달았다. 이 개념을 더 구체적으로 하기 위한 몇 가지 방법을 찾았다. 그래서 마음을 집에 비유했다(그림 1과 그림 2). 의사, 간호사 그리고 목사로 하여금 병든 사람을 돕는 길을 좀 더 잘 찾아낼 수 있게 하기 위해서 우리는 이 도표를 이용했다. 환자가 자기 내면에 어떤 일이 일어나고 있는지 이해할 수 있도록 돕기 위해서 상담실의 벽에는 그림 2를 붙여 놓았다.

심령이나 마음을 집에 비유하는 것은 너무 단순화시키는 것이라는 것을 인정한다. 심리학을 공부한 사람은 누구나 잘 알듯이 우리의 내적 삶이 작용하는 방법은 상당히 복잡하다. 심령이나 마음을 집으로 비유하는 것을 이 장에서 간단하게 언급한 수준 이상으로 확장 이론화하기에는 무리가 있다. 그렇기는 하지만 이 간단한 그림은 상담이나 교육 교재로서 지극히 큰 도움을 주었다는 점을 말하고 싶다.

마음이나 심령을 우리의 집으로 비유하는 것은 자기 진단에 도움이 된다. '나' 라는 개인의 속에 무엇이 있는지 자세히 정리 정돈하는 일 personal inventory은 현재 병이 들어있거나 자기 안에 뿌리 깊은 문제가 있다고 생각하는 사람에게 도움이 될 수 있다. 저자 스스로도 병들었을 때나 스트레스 속에서 일할 때 본인 자신에게 여러 번 이 방법을 사용했다.

그림 1-집   그림 2-집으로서의 마음

심령은 조용하고 한적閑寂한 장소가 아니다. 그것은 우리 내면에 있는 여러 방들의 집단이고 그 방들 간에 들고 나는 정보로 번잡한 장소다. 한 방에서 다른 방으로 옮겨 다니고 문과 창문을 통해 슬쩍 들락날락하는 감정, 생각, 기억 그리고 본능적 직감들의 소리가 방들의 벽에서 메아리처럼 울려 퍼진다. 이 심령의 집 밖에는 외부 세계가 있는데 이것이 우리의 몸이다. 심령에서는 감각 기관을 통해 엄청난 양의 정보를 계속 접수하는 동시에 각 정보에 조화되는 우리 몸의 대응 활동을 지시하기 위해 몸의 각 부분으로 끊임없이 지시 사항이 전달된다.

그 내면이 조화되고 일관성이 있을 때 한 인간이 온전하게 기능할 수 있다. 그러나 한 부분이 과도한 스트레스를 받거나, 우리의 정서가 불안 상태에 있거나, 병이 들었거나, 심령의 각 영역들 사이에서 또는 심령과 몸 사이에서 갈등이 일어날 때 우리 몸의 기능적 효율치(건강)는 훼손되고 병이 유발될 수 있다.

거실: 의식Conscious Mind

거실은 집의 입구, 곧 우리의 의식을 상징한다. 이곳은 우리가 생각하고, 반추反芻하고, 우리의 의견을 형성하는 장소다. 그곳은 지성과 이성 그리고 상상력의 처소다. 우리는 한 번에 한 가지 생각만 할 수 있기 때문에, 그곳은 실제로 매우 작은 방이다. 그러나 깨어있는 모든 순간에, 우리는 거실에 머문다. 가구, 벽에 있는 그림들 그리고 탁자 위의 꽃들은 우리가 즐기고 있는 생각이나 우리의 생각을 흩뜨릴 수 있는 것들을 상징한다.

거실의 넓은 문은 바깥세상을 향해 열 수 있도록 되어 있어서 우리가 외부 세계와 접촉할 수 있다. 우리는 이 문을 통해 심령, 곧 마음 안에 있는 것을 표현한다. 우리는 마음 안에 있는 것을 행동과 말로 표현하기도 하고, 몸짓, 자세 또는 얼굴 표정 같은 비언어적 방법들로 표현하기도 한다. 누구도 우리의 의식을 볼 수는 없다. 그러나 사람들은 우리의 말과 행동을 통해서 우리의 의식 안에 있는 내용의 일부를 가려 낼 수 있다.

거실의 창문들은 바깥세상의 빛과 소리가 집 안으로 들어오게끔 한다. 창문은 우리 주위에서 일어나는 것들을 감지하는 오감을 의미한다. 우리는 시각, 청각, 촉각, 미각, 후각을 통해서 주위에서 일어나는 것들을 감지할 수 있다.

의식은 우리가 결정 또는 판단을 내리는 곳이다. 종종 우리는 이것을 양심이라고도 부르는데, 어떤 것이 옳은지 그른지, 또는 그것이 우리에게 좋은지 나쁜지를 결정하는 인격personality의 한 부분이다.

무의식 Subconscious Mind

거실을 지난 뒤에 있는 모든 방은 무의식의 방들이다. 이곳은 매우 큰 장소인데 우리는 이곳에 많은 것을 저장하고 있다. 거실에서부터 집의 뒤편까지 복도가 이어진다. 복도를 중심으로 다양한 방들이 서로 연결되어 있고, 이 방들은 복도를 통해 의식과 연결되어 있다. 각 방을 가보자.

주방: 감정 emotions

집에서 주된 방들 중에 하나가 주방이다. 감정은 우리의 심령에서 중요한 위치를 차지하고 있기 때문에 우리의 감정은 주방에 자리 잡고 있다. 이곳은 우리가 웃거나 우는 장소이고, 서로 농을 하거나 화를 내는 곳이다.

감정은 외부의 현상에 대한 내부의 반응인데 이는 우리의 몸과 마음의 다른 부분까지도 영향을 미치는 강력한 정신적 에너지다. 감각의 창문들을 통해 우리 마음에 들어오는 것들은 거실에 있는 생각에 머물 뿐만 아니라 감정의 방으로도 잽싸게 들어간다. 이전 장에서 우리가 보았듯이, 각 감정적 반응은 각기 한 뭉치의 신경 단백 물질을 '요리' 한다. 이 단백 물질들은 심령 또는 마음의 다른 방들뿐만 아니라 육체의 장기들로 즉시 순환하여 장기 활동에 영향을 준다. 감정의 '주방' 은 그렇게 하여 우리 삶의 모든 면에 영향을 미친다.

이 방을 들고 나는 많은 활발한 움직임이 있다. 바깥에서 일어나는 사건들이 감정을 유발시키고, 감정은 우리의 생각과 표현 그리고 행동에 강력한 영향을 미친다. 우리의 심령, 곧 마음이 각 사건의 의미를 판단하고 그 사건에 대한 우리의 반응이 어떠해야 하는지를 결정하는 일을 감정이 한다. 당신이 자신의 감정, 욕망, 믿음, 직감과 함께 주방 식탁에 둘러 앉아 있는 것을 상상해 보라. 당신은 당신 주위의 세계에서 일어나고 있는 일들의 의미와 그것에 대해 어떻게 반응해야 할지를 논의하고 있는 것이다. 이러한 반응은 종종 급격하게 일어날 수 있다. 예를 들어서 갑작스런 분노나 두려움이 일어날 때처럼, 반응의 감정적 에너지가 폭발적이면 갑작스럽게 불출된 당신의 감정은 의식이 감지하기도 전에 주방을 단숨에 통과해서 현관 바깥으로 곧바로 나갈 수 있다. 당신은 생각지도 않고 분노의 말을 할 수 있고, 당신의 의식이 적절한 말을 고르기 전에 누군가에게 성급하게 사나운 말을 내뱉을 수도 있다.

한편, 강렬한 감정의 에너지는 어느 방법으로든 분산시켜 약화시켜야 한다. 강한 의지를 가진 사람은 극렬한 감정까지도 자기 안에 잡아 두고, 말이나 다른 표현을 통해 그 감정이 드러나지 않게 할 수 있다. 그러나 병뚜껑에 의해 꽉 닫힌 감정의 에너지는 신체적 건강에 해를 끼치는 모양으로 그 모습을 드러낸다. 우리의 판단력이 일정한 감정 표현을 금지했을 경우에는 그 에너지를 사용할 건설적인 방법을 찾아야 한다. 금기된 감정의 에너지를 자극하는 사건들은 재해석되어야 하며, 재해석을 통해서 금기된 감정의 에너지를 감소시키거나 건설적인 방법으로 흩어 버려야 한다.

만일 분노, 두려움, 수치심 또는 시기와 같은 부정적이 감정들이 무의식 속에 오랫동안 억눌린 채 축적되어 있으면, 이 감정들은 혈압과 소화 그리고 다른 신체 장기들에 영향을 주는 신경 단백 물질이 계속 생산되도록 자극을 준다. 부정적인 감정에 의한 이러한 신경 단백 물질의 장기적인 생산은 결과적으로 신체적 또는 심리학적인 병을 일으킬 수 있다. 만약 당신이 많은 분량의 썩은 계란을 그릇에 담아서 물을 부은 후 당신 집안의 난로 위에 올려 놓고 며칠 동안 낮은 불로 천천히

끓이면 어떤 효과가 날까 생각해보라. 울컥! 그것은 당신의 위를 뒤집어 놓을 것이다. 실제로, 속에서 부글부글 끓는 분노나 쓴 뿌리가 하는 일이 바로 이런 것이다. 치료하지 않는다면 (깨끗하게 치우지 않으면) 그것은 당신의 위에 구멍을 만들 수도 있다. 우리는 이것을 '천공성 위궤양' 이라고 부른다.

카탄다 부인Mrs. Katanda은 급성 천식 발작으로 병원에 자주 찾아왔다. 그녀의 증세가 나아진 어느 날, 나는 그녀의 인생에 대해 대화를 나누었다. 그녀의 남편은 그녀를 말로 자주 학대했다. 다섯 아이는 종종 서로에게 또는 그녀에게 악을 써댔다. 이러한 외부의 스트레스들이 그녀 주위에 쌓였을 때 그것들은 그녀의 마음에 극렬한 분노를 일으키는 방아쇠 역할을 했고 그로 인해 급성 천식 발작이 일어났다. 다른 말로 하면, 외부의 스트레스가 마음속에서 분노를 불러일으킨 것이다. 분노에 반응하여 생성된 화학 물질이 그녀의 기도 근육에 긴장과 경련을 일으켜 천식 발작이 일어났다. 우선 그녀가 안정되도록 돕는 것이 우리의 일차적 관심사였다. 그리고 그녀가 외부의 문제들과 분노에 대해 적절하게 반응하는 방법을 찾도록 도와주는 것은 장기적인 관심사가 되었다. 다른 종류의 여러 감정은 우리의 내부 장기의 여러 부분에 영향을 줄 수 있다.

가족의 방: 느낌feelings

주방에서 복도를 가로 건너면 우리의 느낌이 거하는 가족의 방family room이 있다. 느낌은 감정과 어떻게 다른가? 그것은 종류보다는 정도에서 다르다. 감정은 솟아오르는 불길이 있는 뜨거운 불꽃과 같다. 반면에, 느낌은 불꽃이 없을 때도 따뜻한 기운이 유지되는 달아

오른 석탄과 같다. 느낌은 우리 자신과 우리 주위의 세상 그리고 우리가 처해 있는 환경에 대해 우리가 가진 인상이다. 우리의 환경을 좋게 여긴다면, 우리는 행복하고 편안하며 안정감을 느낄 것이다. 그렇지 않다면, 우리는 확신이 없고 불안해하며 불편함을 느낀다.

우리의 마음가짐, 정서 그리고 직감은 이 방안에 있다. 느낌, 마음가짐, 정서, 직감이 서로 어떻게 다른지 명확하게 구분하기는 어렵고 또 그럴 필요도 없다. 그것들은 우리 인생의 어떤 특정한 측면에 대응하는 우리의 성향, 즉 어떤 것에 대해 우리가 어떻게 느끼는지와 관계가 있다. 대부분의 경우 느낌은 우리의 거실로, 즉 의식의 방으로 들어오지 않는다. 그렇지만, 우리는 어떤 것이 우리를 매료시키거나 혹은 우리를 불편하게 할 경우 그런 인상을 우리 깊은 곳 어딘가에서 받았다는 사실을 인식한다.

서재書齋: 신념信念과 가치관

가족의 방을 지나면 우리가 인생과 우리 주위의 세상을 성찰하는 방, 즉 서재書齋가 있다. 이곳은 우리의 소신(또는 신념)을 간직하는 곳이다. 이 방에는 단순히 종교적인 의미로서의 신앙심보다 좀 더 광범위한 개념으로서의 우리의 믿음들이 들어있다. 즉, 우리와 관련된 모든 것에 대한 우리의 소신들과 인생의 모든 영역에 관해 진실이라고 우리가 받아들이는 것들이 그곳에 있다. 우리는 가족, 직업, 이웃 그리고 국가에 대해 각자 소신을 가지고 있다. 우리는 우리를 즐겁게 하는 것과 쾌락, 죽음과 늙어감, 그리고 우리에게 주어진 삶에 대해 각자 옳다고 믿는 어떤 생각을 가지고 있다. 우리는 인간의 성sexuality이라는 주제에 관해 각 사람 나름대로의 강한 소견이 있으며, 또한 자기 자신의 성별性別에 대한 각자의 특유한 소견이 있다.

하나님, 가족, 결혼, 운동, 정치, 종교, 직업, 음식, 여가 활동, 남자, 여자, 정직, 돈 등의 제목으로 철해진 서류들이 가득 쌓여있는 책꽂이들로 둘러싸여서 서재에 놓여 있는 큰 책상을 상상해 보자. 우리는 임의任意로 하나의 서류를 꺼내서 그곳에 내용을 추가하거나 들어있는 내용을 고칠 수 있다.

이곳은 또한 우리의 가치관을 저장하는 곳이다. 책장에 책을 정돈하듯이, 우리는 우리의 가치관을 제목 별로 정리해서 이곳에 저장할 수 있다. 우리의 많은 행위는 우리가 생각하기에 우리에게 좋고 가치가 있다고 믿는 가치관에 근거한다. 우리가 어떤 일을 하는 이유는 인정을 받기 위해서, 또는 분쟁, 실패, 수치를 피하기 위해서다. 우리는 새로운 믿음이나 가치관을 이 방에 받아들이는데 주저하고, 지금까지 믿어온 바나 가치관을 새로운 것과 대체하는 데 아주 많은 어려움을 겪으면서 이 방을 지킨다. 성장하고 더 많은 것을 배움에 따라, 우리는 그것들 중 몇 가지를 바꾸고 경험을 통해 새로운 것들을 받아들인다. 우리의 믿는 바들을 면밀하게 재검토하고 우리가 믿는 것이 무엇인가 알아내려는 노력은 중요하다. 우리의 믿는 것들은 우리의 생각과 세상에 대한 이해와 궁극적으로, 우리의 행동에 영향을 미친다.

자료실: 유산heritage

서재에서 복도를 가로 건너면 책들이 줄줄이 꽂혀 있는 책장, 책상 그리고 편안한 의자가 있는 자료실이 있다. 이곳에 우리는 이전 세대에서 물려받은 유산을 저장한다. 우리의 성품의 깊은 부분이 이 유산으로부터 온다는 증거가 있다. 우리의 부모와 조상 그리고 문화의 독특한 인생관과 특징이 우리에게 전달된다. 우리는 자료실 벽의 책장에 꽂혀 있는 많은 책 속에 이 모든 것을 저장한다.

이 유산은 우리가 어떻게 생각하는지, 어떻게 느끼는지, 우리 주위의 세상에 어떻게 반응하는지에 심대한 영향을 준다. 그것은 우리 인생의 큰 변화에 대한 강력한 제동 장치로서 우리 안에서 작용한다. 우리는 변화에 대응하는 우리의 깊은 곳에 있는 반발이 무엇인지 이해하지 못하지만, 그 저항은 우리 이전 세대로부터 우리에게 전해져 온 유산에 기인한다.

침실 1: 욕구desires

복도에서 더 내려가면 침실들이 있다. 이 침실들 중 하나에 권력, 재물, 쾌락 그리고 성적 만족에 대한 우리의 욕구와 충동이 있다. 우리는 사람들로부터 인정받고 명성과 명예를 얻고 싶은 욕망과 수치를 피하고 싶은 욕구들을 가지고 있다. 우리는 또한 창조에 대한, 곧 자신을 고유한 방법으로 표출表出하고 싶은 강한 충동을 가지고 있다. 새로운 지식을 얻는 것이나 새로운 기술을 습득하는 것 같은 배움에 대한 충동이 이 침실에 존재한다. 진리를 알고 하나님을 알기 위한 영적 지식에 대한 충동도 이곳에 있을 수 있다.

창고와 침실 2: 기억memories

태어난 날부터 현재 이 순간에 이르기까지, 우리 인생에서 일어났던 모든 사건은 기억 속에 기록으로 남아서 우리의 무의식에 저장된다. 우리는 이 기록들의 일부를 되돌려 기억하는데, 그것들은 첫 번째 침실에 있다. 그러나 우리 기억의 많은 부분은 회상할 수 없으며, 그것들은 복도 끝에 있는 큰 창고(다락방 또는 지하실)에 저장된다.

천장까지 쌓여 있는 서류 파일 캐비닛으로 가득 찬 이 방들을 상상해 보라. 서랍에는 각 현상에 대한 독특한 기억들을 정리한 각개의 서류철들로 가득 차 있다. 기억의 침실에 있는 기록들은 회상하기 쉬운 것들이다. 우리는 그것들을 손쉽게 뽑아내서 의식의 영역으로 가져가 그것들을 우리의 생각 속에 집어넣을 수 있다. 접근 가능한 기억들 중 어떤 것은 아주 오래 전의 어린 시절까지 거슬러 올라갈 수 있다. 그러한 기억들은 중요하고 의미 깊은 경험들에 관한 것이기 때문에 분명하게 남아있고, 언제든 의식으로의 회상이 가능하다. 이 정리된 서류 파일 캐비닛들은 좋은 상태로 유지되어 있고 그 서랍들은 쉽게 열린다. 어떤 서랍은 다른 것에 비해 더 쉽게 열리기도 한다.

회상하는 것이 불가능한 기억들은 의식 안에 불러들일 수 없다. 이 서류 파일 캐비닛들의 서랍들이 닫힌 채로 녹슬거나 잠겨 있고, 열쇠를 잃어 버렸다고 상징적으로 생각할 수 있다. 유아기나 아주 어릴 때의 기억들과 성장기의 다수의 기억들은 접근 불가능한 기억 서랍 안에 있다. 다른 기억들, 심지어는 최근의 기억들도 그것들이 무질서하게 정리되었거나 혹은 잘 분류되어 복구할 수 있는 장소에 보관될 만큼 생생하지 않거나 중요하지 않으면 잊힌다.

우리가 이해해야 할 중요한 사실은 복구 가능해서 접근할 수 있는 기억이든 그렇지 않은 기억이든 모든 기억이 우리의 심령에 계속하여 영향을 준다는 점이다. 우리가 태어났을 때의 기억들은 거의 보편적으로 의식으로 회상할 수 없을 정도로 잊힌다. 그러나 녹슨 상태로 정돈된 서랍에 묻혀 있는 것들도 우리의 느낌, 감정, 직관에 지속적으로 영향을 준다. 출생 이전, 즉 '자궁 안'에서 지각知覺된 것도 다락방이나 지하실의 어두운 구석의 서류 서랍들 안에 숨겨져 있을 수 있고, 여전히 우리의 현재 삶에 영향을 줄 수 있다. 출생 전의 어려움, 또는 출생 도중이나 직후의 충격에 대한 기억은 정신과 육체의 건강에 지속적인 영향을 줄 수 있다.

다용도실: 본능 instincts

모든 집에는 난방 시설, 냉방 시설, 세탁 시설을 비치하고 또 식품 창고로 쓰는 일종의 다용도실이 있다. 이곳에서 만들어지는 열기나 차가워진 시원한 공기는 집의 모든 방에 연결되어 있는 큰 통풍구를 통해서 각 방에 전달된다. 이러한 다용도실을 우리의 본능에 비유할 수 있다.

본능은 우리 심령 깊은 곳에 자리 잡고 있는데, 우리 생명 활동의 근본적인 필요에 반응하는 거의 자동적인 반사 작용이다. 본능은 즉각적인 방어와 생명의 보존 그리고 우리의 건강을 보호하기 위한 것이다. 본능적인 행위의 때에 우리의 의식이 관여하는 경우는 드물다. 사실상, 우리 자신을 보호하기 위해, 부상을 피하기 위해, 그리고 우리의 생명 유지에 기본적으로 필요한 공기, 물, 음식을 확보하기 위해 행동할 때 우리는 그에 필요한 행위를 자동적으로 행한다.

본능은 강력하다. 엄청난 결심을 하더라도 우리의 의식으로 본능을 넘어설 수 있는 경우는 매우 드물다. 누구도 호흡하지 않기로 결심

함으로써 자살할 수는 없다. 공기에 대한 본능이 폐로 들어가는 공기를 거절하려는 의식적인 결심보다 강하기 때문이다. 음식을 먹지 않음으로 죽는 것은 가능하다. 그러나 이것 역시 대단한 정신적 노력이 필요하다.

영 Spirit

어떤 방에 우리의 영이 살고 있다고 말할 수 있을까? 저자가 이해하기에는, 우리의 영은 의식의 방을 포함한 모든 방 속에 가득 차 있다. 그것은 우리 존재의 핵심에 거하며 심령의 모든 영역에 접근이 가능하다. 내 인생의 깊은 질문과 씨름할 때, 나는 생각한다. 그러나 또한 나는 느끼고, 직관하고, 과거 경험의 기억들을 깊이 탐구한다. 나의 감정들이 그곳에 끼어들고 나의 믿어 온 것들과 또한 나의 개인적 성향이 그 씨름에 끼어든다. 만약 소크라테스가 그의 학생들에게 권면勸勉한 것, 곧 "너 자신을 알라"는 가르침을 좇아 내가 나 자신을 알고자 시도한다면 내 전 존재가 그 일에 관련된다. 나의 영은 곧 나, 즉 나의 온전한 자아다. 온전한 자아는 내가 누구이며 왜 여기 있는지를 더 잘 이해하기 위해 애쓴다.

같은 원리로 내가 하나님께 말하고 그분의 말씀을 들으려고 노력할 때 나의 생각이 관련된다. 아울러 거기에는 으레 나의 느낌, 직관, 내 심령의 더 깊은 것들까지도 관련이 된다. 그때 어떤 것이 옳고 그른지에 대한 깊은 느낌이나 인상이 내게 온다. 만일 하나님으로부터 받은 인상이 강할 경우에, 그것은 나의 감정을 움직여 기쁨을 주고 눈물을 흘리게도 한다. 천지의 창조주이신 주님 앞에 나아갈 때 나는 나의 온 존재를 들어 그 앞에 나가는 것이다.

상호 접속망 Interconnections

우리의 심령의 여러 영역들 사이에는 많은 상호작용이 일어난다. 우리의 감각을 통해서 받은 인상들은 의식에 먼저 찾아오고 그 이후에 무의식의 다양한 방들에 들어간다. 그것들은 기억의 침실 안의 기억 서랍에 쌓이고, 그것들 중 많은 부분이 결국 집 뒤쪽 창고에 있는 다른 서랍으로 옮겨진다. 우리가 경험한 사건들은 감정을 자극하고 우리의 욕망과 성향에 영향을 준다.

같은 방법으로, 무의식에 있는 것이 의식으로 들어가 영향을 미칠 수 있다. 어떤 감정이나 욕구는 조용하게 들어가는 반면에, 어떤 감정은 의식 속으로 폭발적으로 난입하거나, 심지어는 표현의 문을 통해서 바깥으로 튀어나갈 수도 있다. 우리는 거의 무의식적으로 말하거나 행동하는 자신을 흔히 발견하는데 그런 행동 뒤에 왜 자신이 그런 짓을 했는지 이해할 수 없어 한다. 수면 중에도 무의식은 활발하게 움직이는데 우리의 꿈은 우리의 무의식이 현재와 과거의 상징이나 사건들을 처리하는 과정이다.

뒷문

우리 심령의 깊은 어딘가에 우리 집의 또 다른 요소, 즉 뒷문이 있다. 이 문은 우리의 영적인 세계로 들어가는 문이고, 그 문은 안쪽으로부터 열린다. 이 문을 통해서 우리는 우리 바깥에 있는 세상, 곧 영적 세계, 하나님 또는 다른 영적인 세력들과 접촉할 수 있다. 하나님께 하는 기도는 이 문을 통한 의사소통인데 하나님께 말하고 그분의 대답을 듣는 것이다. 그분은 새로운 생각, 강한 인상, 꿈, 환상 또는 다른 사람이 한 말을 통해서 우리와 대화하실 수 있다. 만일 우리가 듣고자 한다면, 선과 악의 다른 영적인 힘들도 같은 방법으로 이 문을 통해서 우리와 대화할 수 있다. 우리의 심령 안에 그리스도를 초대하는 것도 이 문을 통해서다. 또한 우리가 원한다면, 우리는 다른 영들이 들어오도록 초대할 수도 있다. 우리는 이 문을 단단히 잘 지켜야 한다. 영적인 세계와 우리의 관계는 우리의 영적, 심리적 그리고 심지어 육체적 건강에 강력한 영향을 주기 때문이다.

심령의 건강 Hygiene of the Heart

심령을 지키는 것은 우리의 건강에 절대적으로 중요하다. 우리가 무엇인가를 우리 마음과 심령에 들어가도록 허락하면 그것은 이후 우리의 여생 동안 우리의 품성의 한 부분이 되고 우리에게 좋은 영향을 주거나 혹은 나쁜 영향을 끼칠 수 있다. 우리 존재 내면의 은밀한 구석구석에서 일어나는 일들은 비록 우리가 그 현상들의 대부분을 인식하지 못하기는 하지만 우리의 조직, 장기, 면역 체계를 강하게 하거나 약하게 할 수 있다.

　우리가 살면서 고통스럽고 두려운 경험을 모두 피할 수는 없지만, 우리의 감각을 통해서 보고 듣고 인식하는 내용들을 우리가 선택할 수 있는 경우에는 건전한 판단 기준을 좇는 것이 우리의 심리적 건강과 육체적 건강에 중요하다. 우리 중에 부모인 이들은 그 자녀들로 하여금 어떤 것이 그들의 마음과 심령에 들어오도록 허락할 수 있는 좋은 것인지, 또 어떤 것이 해로운 것인지, 절대로 들이면 안 되는 것인지 분별하도록 도와줄 필요가 있다.

　몇 년 전, 한 이웃이 호평을 받는 유명한 영화 비디오를 구하여 우리 가족에게 함께 보자고 초청했다. 영화가 20분 정도 지났을 때 나는 혐오감을 느꼈다. 그 영화는 어떤 용기 있는 남자가 자신의 인생과 직업을 잃을 것을 각오하면서까지 사람들을 도와주기 위해 애쓰는 내용으로서, 주제는 매우 긍정적이었다. 그러나 나는 그 영화에 나오는 끔찍한 살인 장면, 뇌에서 흐르는 피, 그리고 노골적인 성행위의 장면들을 나의 기억의 서랍에 넣고 싶지 않았다. 그래서 그 영화를 더 이상 보지 않기로 결정하고 자리를 떠나 집으로 돌아왔다. 나는 주님께 그 영상들을 머릿속에서 지워주시도록 기도하고 의식적으로 잊으려 노력했다.

　사도 바울은 선하고, 진실하고, 고귀하고, 정의롭고, 순수하고, 사랑스럽고, 고결하고, 찬양할 만한 것들로 우리의 마음을 채우도록 권면했다(빌립보서 4:8). 그의 권면은 놀라운 심리학이고, 우리의 건강에 매우 유익한 지침이다. 마가복음 7장에서 예수님이 말씀하시는 대로 악한 생각과 욕망은 바로 심령으로부터 온다. 의식은 여과 장치로서 작용할 수 있다. 기억이나 감정으로부터 오는 영상은 우리 의식의 여과 장치를 통해 평가될 수 있다. 그로써 우리는 좋은 것이라고 평가되는 것은 보강하고, 악하고 죄악된 것으로 생각되는 것은 거부할 수 있다. 뒤에서 보겠지만 많은 악한 기억과 느낌은 치유될 수 있다.

제6장

도대체 죄와 병이 무슨 연관이 있는가?

성경적 관점

하나님과 우리의 관계 — 영의 실종失踪 곧 영적인 죽음

우리와 우리 자아와의 관계 — 병든 영혼

다른 사람들과의 관계성 — 사회적 혼란

자연과 우리의 관계 — 통치권의 상실

책임責任의 상실

하나님은 우리가 병들기를 원하시는가,
아니면 건강하기를 원하시는가

질병과 죄?

두 가지 주의할 점

심령의 질병들

지금까지 한 이야기를 종합해서 말하자면

제6장 도대체 죄와 병이 무슨 연관이 있는가?

우리는 병에 '어떻게' 걸리는지, 즉 우리의 감정이나 그 외의 다른 요소들이 우리 몸 안의 질병의 진행 과정에 어떤 영향을 미치는지에 대해 이야기했다. 그러나 이런 설명은 좀 더 근본적인 질문, 곧 "왜, 우리는 병에 걸릴 가능성을 가졌는가?"에 대한 답을 주지는 않는다. 병과 질환이 어디서 시작되었는가? 우리는 어떻게 사랑의 하나님에 대한 우리의 믿음과 이 세상에 있는 병의 존재를 함께 수용할 수 있을까?

성경적 관점

창세기 3장에서 질병과 죽음은 인간이 죄를 범한 후에 인간의 삶에 들어왔다고 선언한다. '죄' 라는 단어는 우리를 불편하게 한다. 그러나 죄라는 단어는 단순히 종교적인 용어가 아니다. 이 단어는 우리의 삶의 모든 면에 적용할 수 있는 말이다. 우리가 무엇을 믿고 살든지 또는 어떤 삶을 살든지에 관계없이 우리는 죄라는 단어를 가지고 우리의 현재 상태를 표현할 수 있다.

성경에 근거한 고대 히브리 문화를 포함한 대부분의 세상의 문화에서는 죄와 질병 사이에 밀접한 관계가 있다고 믿는다. 우리의 근대 서양 문화는 그러한 믿음을 거부한다. 그러나 그러한 믿음의 부정에 대해 무엇인가 석연치 않은 점이 있는 것이 사실이다. 저명한 정신과 의사인 칼 메닝거Karl Menninger 박사는 이 질문을 다룬 "도대체 죄에 무슨 일이 일어났는가?"라는 책을 저술했다.[1] 그러나 그의 질문 자체가 틀렸다. 왜냐하면 죄에는 아무 일도 일어나지 않았기 때문이다. 죄는 예전이나 지금이나 변함없이 강력한 힘을 가지고 있다. 변한 것은 바로 우리다. 우리는 질병이란 단지 육체적인 현상이며 우리가 어떻게 살아가고, 생각하고, 느끼며, 다른 사람과 어떤 관계를 가지는가는 전혀 상관이 없다고 믿고 싶어 한다. 이보다 더한 오류誤謬는 이 세상에 있을 수 없다.

죄의 기원의 이야기가 창세기 2장과 3장에 나온다. 죄는 하나님을 거절拒絶하는 것이다. 죄는 진실에 거역하는 것이다. 하나님은 우리가 인간, 하나님, 이 세상과 조화로운 관계 속에서 살도록 창조하셨다. 죄는 이런 관계를 상하게 하거나 파괴하여 소외에 이르게 한다. 우리의 조상들이 죄를 범했을 때, 그들은 '제작자의 제품 사용 방법에 관한 지시 사항', 즉 하나님이 그들로 하여금 따르도록 세심하게 만든 삶의 방식을 내동댕이처 버렸다. 그들은 그와 같이 행동한 이유를 고상하게 둘러댄다. 그들은 자유自由를 원했다. 그러나 그들의 반란의 결과는 하나님이 그들에게 주셨던 세상을 다스리는 권위의 상실이었다. 또한 그들은 하나님이 그들을 창조하셨을 때 그들 내면에 주셨던 하나님의 형상을 손상시켰다. 이러한 모든 요소가 건강과 치유에 관계되며 또한 질병과 죽음에 깊이 연루連累된다.

창세기 2장에서 우리는 하나님께서 무엇이 선인지 또 무엇이 악인지 알 수 있는 지혜를 주는 열매를 맺는 나무를 에덴에 심으신 것을 읽을 수 있다. 하나님은 우리 조상들에게 이 과일을 먹지 말라고 명하시면서 먹을 경우 죽게 될 것이라고 경고하셨다. 하나님이 우리 선조들에게 이런 선택을 할 수 있게 하신 이유를 우리는 영원히 알 수 없다. 우리는 온갖 종류의 추측을 할 수 있는데, 실제로 많은 신학자들이 지금까지 몇 백 년 동안 그 일을 해 왔지만, 우리가 생각할 수 있는 어떤 '이유'도 우리에게 충분 만족한 대답이 되리라고 기대할 수는 없다.

하나님은 악의 엄청난 잔인성과 그 파괴적인 힘을 알고 계셨다. 하나님은 또한 인간이 그에게 주어진 자유로 악을 선택할 때 일어날 무질서와 재앙을 알고 계셨다. 우리는 하나님이 이미 다 알고 계셨다는 사실과 그의 선하심을 믿는 우리 믿음을 어떻게 조화시킬 수 있을까? 우리는 완벽한 이해에 도달할 수 없다. 그러나 우리는 하나님의 온전하심과 그 선하심을 굳게 붙잡을 수 있다. 비록 그 일이 어떻게 이루어질 수 있을지는 모르지만 하나님께서 우리에게 주신 선물인 자유의 선함이 현재 우리가 처하여 살고 있는 악의 방대(尨大)한 힘을 능가할 것이라고 믿을 수 있다. 선은 영원하기 때문이다. 선은 하나님의 본성의 일부이며 따라서 우리 본성의 일부이기 때문이다. 악은 역사적인 것이지 본래적이거나 영원한 것이 아니므로 언젠가는 소멸한다.

창세기를 통해 우리는 우리의 문제가 무엇인지 분명하게 그려 볼 수 있다. 우리는 하나님과의 관계성을 거절했으며, 또한 우리는 하나님이 우리에게 주신 원래 모습의 세상을 배척(排斥)했다는 것이다. 우리는 우리를 창조하신 그 하나님과 관계없이 독립적으로 살고자 선택하는 죄를 범했고 또 그와 같이 살아감으로써 계속해서 죄를 범하고 있다. 우리는 선한 일을 행함으로써 짐짓 하나님을 사랑하고 경배하고 하나님이 원하시는 일을 하는 척 할 수는 있다. 그러나 우리가 선한 일을 할 때도 우리가 선하다고 생각하는 일을 하는 것이지 하나님의 방식, 즉 그분의 가르치심에 순종하는 것은 아니다. 우리 모두가 이 조항에서는 유죄 선고를 받고 있다.

영적인 자치권自治權을 선택하면서 아담과 하와는 악을 인간 세상에 불러들였으며 악으로 기우는 성향을 자손들에게 물려주었다. 그와 같은 결정을 하고 있을 때 그들은 하나님이 그들에게 분명하게 지시하셨던 것들을 깨닫지 못하고 있었다. 우리는 선택할 자유는 있지만 그러한 선택의 결과를 선택할 자유는 없다. 하나님은 이미 그들에게 말씀하셨다. "선악을 알게 하는 나무의 실과는 먹지 말라. 네가 먹는 날에는 정녕 죽으리라." 그들은 그 실과를 먹을 수 있는 자유도 있었고 안 먹을 수 있는 자유도 있었지만 그들이 금지된 나무의 과일을 먹었을 때 그에 뒤따르는 죽음을 피할 자유는 없었다. 우리 역시 선택할 수 있는 자유는 있지만 그러한 선택의 결과를 거부할 수 있는 자유는 없다.

우리는 창세기 3장을 통해서 아담과 하와의 선택의 결과를 알 수 있다. 하나님이 우리 삶의 질서와 조화를 위해 마련하신 방안方案을 거절하였을 때, 우리 조상들은 우리의 삶에 혼란과 무질서를 끌어들였다. 이 혼란과 무질서는 우리 삶의 모든 면을 지배했고, 우리의 모든 관계성을 파괴했으며 질병과 자연 재해, 또 오늘날까지 우리를 계속 지배하고 있는 죽음을 우리의 삶 속으로 가지고 들어왔다.

하나님과 우리의 관계
— 영의 실종失踪 곧 영적인 죽음

하나님은 우리가 하나님과의 관계 속에서 살도록, 또 하나님을 의지하도록 만드셨다. 하나님은 우리의 심령 속에 하나님과 하나 되어 살고 싶어 하고, 하나님과 교통하며, 또 하나님이 우리 삶에 주신 그의 목적과 계획을 추구하며 살고자 하는 깊은 소원을 주셨다. 우리의 조상들이 자기들을 지으신 이를 불순종했을 때 그들의 선택에 의해 이러한 하나님과의 관계는 붕괴되었다. 그들은 하나님을 배척함으로써 모든 생명의 근원이 되는 그분과 아무 관계가 없는 상태로 전락했다.

성 어거스틴은 이렇게 말했다. "주께서는 주님 자신을 위해서 우리를 지어 주셨습니다. 그래서 우리의 심령은 하나님 안에서 안식을 찾을 때까지 쉬지 못합니다."[2] 그의 말을 이렇게 바꿔 말할 수 있다. 하나님은 우리를 창조하실 때 우리 심령 속에 오직 하나님만이 메울 수 있는 구멍을 만드셨다. 만약 우리가 그 구멍에서 하나님을 쫓아내면 그 구멍이 있던 자리가 붕괴되고 또 그만큼 우리 심령도 쭈그러든다. 오직 하나님만이 그 구멍을 다시 채울 수 있으며 그렇게 함으로써 우리의 심령을 다시 넓힐 수 있다. 하나님이 우리 심령 안의 그 구멍을 채우는 것을 받아들이지 않을 경우에, 우리는 수단이나 방법에 관계없이 그 구멍을 어찌하든지 메워야한다는 강한 충동에 사로잡히는데, 그 수단이나 방법 중 어떤 것은 우리의 삶과 건강에 심각한 해를 미치는 것일 수 있다.

우리와 우리 자아와의 관계
— 병든 영혼

위에 얘기한 첫 번째 죄는 인간 자신과의 관계성을 근원적으로 파괴했다. 하나님을 거역하는 순간 아담과 하와는 자신들을 돌아보았고, 그때 그들은 무엇인가 잘못되었다는 것을 알았다. 그들은 자신들이 벌거벗었다는 것과 아무런 보호 없이 노출되어 있다는 것을 보았다. 그리고 그들이 이 세상과 서로 간에 그리고 하나님과 함께 아우러져 가졌던 행복한 화합이 벗겨져 버린 자신들의 모습을 보게 되었다. 자기 존재에 대한 확신, 삶의 기쁨, 자신의 가치에 대한 확신이 사라졌다. 그들의 심령은 수치, 두려움, 죄의식 같은 부정적인 감정으로 넘쳐흘렀다. 이 모든 일의 결과로 아담과 하와는 두 가지 일을 했다. 그들은 자신들의 벌거벗은 모습을 감추고자 했고 자신들을 숨겼다. 죄는 자기 소외로 끝맺음한다.

다른 사람들과의 관계성
— 사회적 혼란

아담과 하와가 죄를 범했을 때, 즉시 사회적 혼란이 야기惹起되었다. 이것은 피할 수 없는 결과인데 우리의 조상들이 자기중심적인 사람이 되었기 때문이다. 하나님의 영의 다스림 아래서 모든 창조물과 조화를 이루며 살기보다, 각 사람은 개인적이고 주로 자신만을 생각하는 사람이 되었다.

남성과 여성 간의 갈등은 에덴동산에서부터 시작되었다. 곧이어 형제들 간에, 부모와 자녀 간에 문제들이 생겼으며, 인간 사회는 구성원들 간의 헝클어지고 뒤얽힌 실타래 같은 갈등의 덩어리로 바뀌었다. 각 개인과 조직은 자신의 이익만을 염두에 두고, 또 종종 다른 사람의 희생을 대가로 자신의 이익을 보호하고 확장하는 데 치중置重했다. 인간의 마음은 다른 사람을 조종하려는 욕구로 오염되었다. 이 때문에 신뢰는 파괴되었으며, 사람들은 다른 사람이 자신을 조종하고 심지어 파괴할지도 모른다고 의심하게 되었다. 이러한 사회적 혼란은 전쟁으로, 강요에 의한 이동으로, 약자에 대한 강자의 착취로 이어졌고 그 결과 수백만 명의 사람들의 건강 상태를 악화시키거나 파괴했다.

자연과 우리의 관계
― 통치권의 상실

하나님은 그가 지으신 이 세상을 다스릴 통치권을 우리 조상들에게 주었지만 인간이 죄에 추락墜落하면서 그 통치권에 차질이 생겼다. 우리는 하나님을 좇아가는 지혜로 자연을 다스리기보다는 우리의 능력을 초월하는 자연의 힘에 지배당하게 되었고 종종 그 힘의 희생자가 되었다. 세계 여러 곳의 토양의 황폐화와 수확률이 감소한 이유는 하나님이 지으신 질서를 우리가 파괴했기 때문이다. 개인적인 또한 각 기업의 탐욕의 죄악과 과도한 이윤 추구의 죄악은 공기, 물, 토양의 오염으로 끝맺음되었다. 우리 모두의 건강은 우리가 환경에 대해 저지르고 있는 악으로 인해 피해당하고 있다.

책임責任의 상실

우리 조상이 하나님을 거역했을 때, 그들 인성의 근원이 뒤바뀌는 변화가 일어났다. 잘못을 시인하고 자기들의 행위에 대한 책임을 받아들이기보다, 그들은 책임을 하나님에게 전가하려고 했다. 아담은 자신이 죄를 범하고는 아내에게 책임을 전가했다. 그는 또 자신에게 아내를 준 하나님을 원망했다. 하와는 죄를 범한 후 뱀에게 책임을 전가했다. 그들이 한 말들의 골자는 "이것은 제 잘못이 아닙니다."였다. 그리함으로써 우리의 조상들은 하나님의 동반자로서 자신들에게 주어진 삶을 운영하는 적극적인 위치에서 그들에게 가해지는 다른 영적 또는 물리적 힘에 의한 희생자인 수동적 위치로 전락했다. 이것이 우리가 우리 자신의 삶과 행동에 대해 책임을 회피하는 자세를 가지게 된 시발점이다.

이러한 사실들을 통해, 아주 개괄적槪括的 측면에서이긴 하지만, 우리는 죄가 심신의 이상과 질병 그리고 죽음을 우리들의 삶 속에 어떻게 끌어들였는지 알 수 있다. 우리는 하나님과의 관계나 타인에 대한 배려보다는 오직 자신에 대한 집착으로 가득하게 되었다.

죄는 심리학적 범주를 훨씬 벗어나는 큰 문제다. 죄는 이 세상에 존재하는 영적인 권능이다. 증오와 미움은 실재하는 파괴적인 힘이다. 수백만의 유대인이 나치 독일의 가스실에서 죽어 갔는데, 그 이유는 증오가 단지 심리적인 현상이 아니라 실재하는, 또한 영적인 세력이기 때문이다. 증오는 오늘도 중앙아프리카에서, 유럽의 일부 지역과 중동에서, 그리고 우리가 살고 있는 여러 도시와 마을의 거리에서 수백만의 사람을 살상하고 있다. 증오는 사람의 영을 사로잡는데, 그 사로잡힘은 인간이 헤아려 알 수 없을 정도로 강력하고 실재하는 힘으로 나타난다. 우리가 미움을 극복하기 위해서는 큰 힘이 필요한데, 그 능력이 예수 그리스도로부터 우리에게 왔다. 우리는 그리스도께서 우리를 돕기 위해 어떤 일을 하셨는지 고찰해 보기 전에, 죄가 개인적 차원에서 우리에게 어떻게 작용하고 질병을 어떻게 유발誘發하는지 알아야 한다.

하나님은 우리가 병들기를 원하시는가, 아니면 건강하기를 원하시는가?

나는 나의 삶과 의사의 일을 하나님은 우리가 건강하기를 원하신다는 전제 하에 영위해오고 있다. 나는 이것이 성경이 가르치는 바라고 믿으며, 또한 의료 과학이 이러한 전제 위에 있다고 믿는다. 내가 하나님은 우리가 건강하기를 바라신다고 믿는 데에 세 가지 이유가 있다.

1. 질병과 죽음은 에덴동산의 한 부분이 아니었다. 에덴동산 이야기는 매우 간결하지만 에덴동산에 있던 아담과 하와의 삶 속에 질병, 재해, 죽음이 없었다는 결론을 내릴 충분한 이유가 있다. 에덴동산에는 모기가 있었을까? 에덴동산에는 결핵, 바이러스, 연쇄상구균이 있었을까? 이의 진위 여부를 우리가 알 수 없는 것은 분명하지만, 설사 이런 것들이 에덴동산에 있었을지라도 그것들이 아담과 하와에게 영향을 주지 않았을 것이라는 가정은

가능하다. 그렇지 않다면 하나님이 그들에게 생명을 주고자 하셨던 원래 계획, 즉 죽음이 아닌 삶과 질병이 아닌 건강의 계획과 배치되기 때문이다.

2. 하나님의 아들이신 예수께서는 그의 아버지의 뜻을 행하고 자신을 보내신 이의 일을 완성하기 위해 세상에 오셨다. 예수님의 이 땅에서의 기본 사역은 병든 이들의 치유였다. 만약 하나님이 우리들이 병들기 원하셨다면, 왜 그의 아들을 보내서 병든 이들을 치유하셨을까? 그리고 왜 그 아들께서는 그 일을 하신 후 우리에게도 같은 일을 하라고 하셨을까?

3. 천국에는 더 이상의 애통하는 것이나 곡하는 것이나 아픔이 없다(요한계시록 21:4). 천국에서 우리는 창조의 때에 하나님이 계획하신대로 그와의 온전한 관계성을 가질 수 있다, 하나님은 그 영생에 아픔이나 병듦이 없을 것이라고 약속하셨다.

하나님은 우리가 건강하고 열매 맺는 삶을 살도록 돕기 위해서 우리의 행위와 내적 생활에 관한 법과 규례 그리고 지침을 주셨다. 그것들은 우리를 묶어 놓거나 금지하기 위한 것이 아니다. 오히려 그것들은 우리 삶을 인도하여 우리로 하여금 예수님이 주시는 풍성한 삶에 이르고 우리의 창조적 가능성을 극대화시키기 위한 것이다.

질병과 죄?

원죄가 세상에 병, 무질서, 죽음을 끌어들였다면, 내가 병드는 것은 내가 죄를 범했기 때문이라는 뜻인가? 이 질문은 아주 신중하게 다루어져야 한다. 이 질문에 대해서는 많은 답이 있기 때문이다.

개인적인 죄는 우리 육체에 영향을 미칠 수 있다

병과 질병을 유발할 수 있는 특정한 죄들이 분명히 있다. 성행위를 통해 전염되는 질병들은 명백한 예가 된다. 청결하지 않은 생활 습관과 잘못된 영양 섭취는 많은 종류의 질병을 불러들인다. 우리는 어떤 종류의 습관적習慣的 중독이 어떤 종류의 질병을 일으키는지에 관해 잘 알고 있다. 그러나 우리는 과도한 스트레스를 자신에게 주는 사고 습관이나 대인 관계의 빈번한 갈등이 몸의 장기들을 해친다는 것은 잘 인식하지 못하고 있는데, 이것들은 사회 전반에 만연蔓衍해 있는 실재하는 문제들이고 실제로 죽음에까지 이르게 할 수도 있다.

성경에 의하면 특정한 종류의 습관과 행동 양식, 예를 들어 기만, 다른 사람에 대한 착취, 난잡한 성생활 등은 죄악된 것이다. 그러한 행위는 관계성을 파괴하며, 다른 사람에게 피해를 주고, 우리 삶에 주어진 하나님의 계획에 대한 잠재적 반항의 외적 표출이 된다. 이런 행동 양식과 습관이 우리를 병들게 하는 일은 흔히 일어난다. 이러한 경우에는 죄와 질병 간에 직접적 관련이 있는데 이 때 죄는 하나님을 거스른다는 뜻이고 죄악된 행위는 그 죄의 외적 표현을 뜻한다.

개인적인 죄가 우리에게 심리적 영향을 미칠 수 있다

분노, 질투, 미움 같은 파괴적인 감정(이것은 관계를 파괴하므로 죄악된 것이다)을 붙잡고 있는 것은 우리에게 스트레스로 인한 병을 주거나 면역 체제를 약하게 하여 질병을 야기惹起시킨다. 이 파괴적인 감정들은 신체 조직에도 영향을 미친다. 그래서 혈압을 상승시키고 콜레스테롤을 증가시키며, 장이나 폐와 같은 곳에 경련과 염증을 일으킨다. 이런 관점에서 우리의 죄악된 생각, 감정, 행동이 우리로 하여금 병에 걸리기 쉽게 한다고 말할 수 있다. 우리가 병에 걸려 있을 경우, 이러한 파괴적인 감정들은 회복을 방해하며 병을 더 악화시킨다.

다른 사람들의 죄가 우리를 병들게 할 수 있다

우리는 많은 질병이 개인적 죄 때문만이 아니라 다른 사람들의 죄 때문에도 온다는 사실을 알아야 한다.

한 선교회의 지도자인 존이 중앙아메리카에 있는 자매 교회를 방문했을 때 일어난 일이다. 모임을 갖던 중 그는 그 교회의 지도자들 중 한 사람이 어딘가에 마음을 뺏겨 있는 것을 알게 되었다. 그 지도자는 실비아라는 열여섯 살 된 딸이 있었는데, 그녀는 일 년 동안 지속된 심각하고 고통스런 월경 출혈을 겪고 있다는 사실을 존에게 말했다. 그는 존에게 같이 집에 가서 고통당하는 딸을 위해서 기도해 주기를 청했다.

오후에 존은 여덟 명의 집사와 함께 그 집을 방문했다. 잠시 동안 문제에 대해 토론한 후에 아버지는 집사들과 존을 조그만 방으로 인도했다. 그곳에서 실비아는 고통 속에 신음하며 침대에 누워있었다.

존이 몸을 구부려 그의 손을 실비아의 머리 위에 놓았고 집사들은 침대 주위에 무릎을 꿇고 앉았다. 존은 영어로 주님께서 실비아를 위로해 주시기를, 또 그녀의 고통을 없게 해주시기를, 하나님의 때에 그녀가 치유되기를 기도했다. 그의 기도가 끝났을 때, 그녀는 얼굴에 희미한 미소를 지으며, 존과 다른 분들에게 그녀를 위해 걱정과 기도를 해 주신 것에 대해 스페인어로 감사하였다.

한 달 후, 존은 실비아의 상태에 관한 한 통의 편지를 받았다. 그 모임이 실비아를 위해 기도하고 난 며칠 후, 실비아는 아버지에게 자신을 짓누르고 있던 비밀을 털어놓았다. 일 년 전 그녀는 교회 부속 신학교의 지도자에게 성폭행을 당했는데 그는 아버지의 친한 친구였다. 그 사람과 아버지의 관계와 신학교에서 젊은 목사들의 교육을 담당하고 있는 그 사람의 중요한 책임들을 고려할 때 실비아는 그 사건에 대해 말을 할 수 없었다. 실비아는 그 폭행으로 상처받은 날 이후부터 출혈이 계속되었고 끊임없는 통증을 겪었다. 존과 집사들이 그녀와 함께 기도했을 때 그녀는 그들의 기도를 알아들을 수는 없었지만 무엇인가 그녀의 심령 속에 응어리졌던 것이 풀려 나가는 것을 느낄 수 있었다. 마침내 실비아는 그녀의 아버지에게 모든 것을 말할 수 있었다. 교회 지도자들은 죄를 저지른 사람에게 적절한 조치를 취했으며, 실비아와 지속적인 기도를 계속했고 결과적으로 실비아는 고통과 출혈에서 온전하게 치유될 수 있었다.

더 보편적인 관점에서 볼 때, 공적 사회 조직 집단의 죄는 우리 대부분의 건강에 영향을 미친다. 예를 들면, 유독 물질을 포함한 산업 폐기물을 땅, 물, 공기 중에 방출하는 것과 노동자들에게 생계비에 미치지 못하는 급여를 주는 것 등이다. 우리 시대의 제도적 폭력과 전쟁 등의 집단적 죄는 비극적인 수준에 이르렀고 많은 사람의 건강과 삶을 희생시키고 있다.

가끔 죄와 질병 사이에 분명한 관계가 없을 수도 있다

많은 환자들의 경우에, 그들의 질병을 유발할 특정한 죄악된 행위를 저지른 적이 없었던 것처럼 보일 때가 있다. 그러나 이런 경우에도 내적인 성찰은 도움이 될 수 있다. 내가 가진 병에 대해서 어떻게 반응을 하고 있는가? 만약 내가 나의 질병이 억울하다는 생각과 느낌 속에 머물러 있거나, 다른 사람들이나 하나님을 향한 분노가 곪아 터지도록 방치하거나, 또는 그 상황에 대해 긍정적으로 반응하려고 하지 않는다면, 우리는 자신에게 해를 끼치고 있는 것이다.

두 가지 주의할 점

첫째로, 내가 내 삶을 엉망으로 만들어 버렸다는 인식이 죄의식을 증가시키고 나의 면역 체제를 억누를 수도 있을까? 물론 그럴 수 있다. 그러나 그러한 인식은 우리가 치유를 찾도록 인도하기도 한다. 죄의식에 대한 해결책이 있는데 다음 장에서 그 해결책을 다루겠다. 우리는 아담과 하와와 같이 우리 마음속에 일어나는 건강치 못한 생각들에 관해 남에게 심지어 하나님께 책임을 전가할 수 있다. 아니면 이런 문제들에 나 스스로 부닥쳐서 모든 짐을 제거하고 치유할 수 있는 예수 그리스도의 발아래 가지고 올 수도 있다. 그 선택은 우리의 것이다.

둘째로, 누가 아픈 사람을 질책하여 그가 죄를 범했고 그 죄로 인해 병에 걸리게 되었다고 비난할 수 있을까? 의료 전문가, 목회 상담자, 혹은 가까운 가족이 환자에게 비난의 손가락질을 할 수 있을까? 절대로 그럴 수는 없다. 만약 어떤 사람이 아플 때, 세상에서 단 한 사람만이 죄와 그의 질병에 관해 질문할 수 있다. 그것은 아픈 사람 자신이다. 이것을 나 자신의 예를 통해 살펴보겠다.

나는 1980년도쯤에, 아무런 증상 없이 B형 간염 바이러스에 감염된 적이 있다. 1982년 정기 신체검사를 통해 이를 발견했다. 회상해 볼 때, 내가 콩고에서 집도한 많은 환자들이 B형 간염 바이러스를 보유하고 있었기 때문에 그들로부터 전염된 것 같다. 1982년에 받은 내 병의 진단명은 만성 활동성 간염이었고 "쉬엄쉬엄 일하시요"라는 충고를 받았다. 그러나 급박한 사정으로 일관하는 큰 선교 병원에서, 더구나 적은 인원과 제한된 자원으로 엄청난 양의 일들을 감당해야 하는 나에게 "쉬엄쉬엄" 일한다는 것은 불가능하게 느껴졌다. 1987년 초, 간의 염증은 초기 간경화로 진행되었다. 나의 힘은 소진되었으며, 나는 내가 병들었다는 것을 알았다.

오랫동안 연기되었던 안식년을 위해 떠나기 한 달 전에, 나는 여러 마을에서 온 지도자들과 함께 공동체 건강에 대한 세미나를 인도하고 있었다. 우리는 구약 성경에 나오는 건강의 원리에 관해서, 또 하나님의 법에 대한 불순종이 우리의 삶을 어떻게 망치고 또 병을 일으키는지에 대해서 토론하고 있었다. 또한 우리는 하나님의 법을 순종하는 것이 망가진 삶의 어떤 부분을 회복시킬 수 있다는 것을, 또 건강 회복에 기여한다는 것을 보았다. 나는 다른 참가자들에게 출애굽기 20장의 십계명을 생각해보도록 권하면서, 이런 질문을 던졌다. "어떤 계명이 우리 건강에 영향을 미칠까요?"

이 질문에 대한 보통의 대답은 일곱 번째 계명이다. "너는 간음하지 말라" 그러나 한 학교 선생님으로부터 숨 돌릴 틈도 없이 되돌아온 대답은 나를 놀라게 했다. "네 번째 계명입니다. 안식일을 기억하고 거룩하게 지키라." 그는 만약 우리가 일주일 중에 하루를 쉬면서 우리 몸을 돌보지 않는다면 우리는 병에 걸릴 수 있다고 설명했다.

이 같은 대답은 내 마음에 천둥 번개같이 울렸다. 이 사람은 무의식 중에 나의 죄를 지적했다. 바로 "내"가 안식일을 거룩하게 지키지 않은 자였고, 하나님이 내게 맡겨 주신 이 몸을 돌보지 않은 장본인이었다. "나"는 일주일에 칠 일 동안 일을 함으로써 하나님 앞에 죄를 범했고 자신이 '하나님의 일을 한다'고 그것을 정당화했다. 많은 일요일마다 나는 내 자신에게 말하곤 했다. "나는 수술실에서 하나님을 경배할거야." 그렇게 했기 때문에 내 간의 염증은 악화되어 가고 있었다. 그렇다. 나는 하나님을 사랑했고 나의 생명을 하나님께 드리고 있었다. 나는 다른 사람들을 일주일에 칠 일 동안 섬기면서 '하나님의 뜻을 행하고' 있었다. 나는 많은 병자를 돌봄으로써 '하나님을 영화롭게 하고' 있었고 그리고 그들 중 일부를 '예수님의 이름으로' 치유했다. 그러나 이것은 내가 주체가 된 일이었다. 하나님의 일이 아니었다. 지금 하나님은 나의 죄를 드러내고 계셨다.

물론 이 학교 선생님이 나의 죄를 비난한 것은 아니었다. 하나님의 영이 나를 질책한 것이었다. 성령께서는 그 사람의 말을 취하여 나의 심령을 꿰뚫어서 나로 하여금 하나님께서 맡겨주신 이 몸을 혹사함으로 하나님께 죄를 짓고 있다는 것을 보여주었다. 다른 사람들의 활기찬 토론이 내 주위를 소용돌이치고 있는 동안 나는 나의 영을 들어 전능하신 하나님 아버지 앞에 엎드려 나의 죄를 고백했고 죄 사함을 위해 기도했다. 이것이 나의 치유의 시작이었다. 나의 치유에 관해 더 자세한 내용은 나중에 이야기하겠다.

죄와 질병 사이에는 복잡하지만 긴밀한 관계가 있다는 것을 보았다. 내가 B형 간염에 감염된 것은 내가 "주어진 사명을 감당하는 동안" 죄에 관해 깨어있지 않은 상태에서 생긴 일이었다. 내가 걸렸던 병은, 다시 말해서 간염 바이러스 감염에 대한 내 반응은 죄악된 태도와 행위가 뒤엉킨 것이었고, 그 질병이 내 몸을 다시 추슬러 세울 수 있는 내 몸 안의 기운을 방해했던 것이었다.

심령의 질병들

이제 우리가 만들었던 심령 도식을 참조하여 우리 안에 있는 '방'에서 혼란이 일어날 때 발생하는 여러 문제와 질병에 관해 생각해 보자. 그 혼란은 개인적인 죄 또는 다른 사람의 죄의 결과일 수 있다. 아니면 그것은 죄와 직접적인 상관이 없으며 우리가 살고 있는 혼탁한 세상의 일반적 무질서에서 오는 것일 수도 있다. 심령 안에 일어난 혼란에 대한 인식은 회복의 시작이 된다.

감정

응어리진 분노, 질투, 시기, 타인에 대한 미움 등은 죄악된 감정이다. 우리는 이러한 감정을 유발하는 사건들을 통제할 수 없다. 그러나 이런 감정에 대한 우리의 반응을 조절할 수 있다. 예수님은 마태복음 5장 22절에서 말씀하셨다. "나는 너희에게 이르노니 형제에게 노하는 자마다 심판을 받게 되고…" 어떤 심판일까? 나는 그것이 자기 스스로를 병들게 하는 심판이라고 믿는다. 왜냐하면 이런 파괴적인 감정들을 우리 안에 담아 두고 있을 경우 그것들은 두통, 장 경련, 고혈압 또는 원활치 못한 위의 증상 같이 우리 몸에 질병을 일으키는 작용을 할 수 있기 때문이다.

만성적인 통증과 염증으로 고통당하는 사람들 중에는 부모나 다른 특정한 사람들에 대한 분노가 심령 깊은 곳에 묻혀 있는 경우가 많다. 이런 분노들은 현재 흔적도 없이 완전히 통제되어 있을 수도 있지만, 그 분노는 그대로 남아 있으면서 우리 몸의 결합 조직을, 관절 피막과 내장 표면들을 야금야금 "잠식"해 간다. 남을 용서하지 않는 죄는 육체적 건강에 치명적 영향을 준다.

죄의식은 의미 있고 창조적인 활동을 심각하게 방해한다. 이것은 집중력을 앗아가고, 우울증을 야기할 수도 있다. 수치심이나 소외감 등도 마찬가지 증상을 일으킨다. 이런 증상은 우리 몸에도 이상을 일으켜서 신체 기관들이 서로 협동하여 일할 수 없게 만들기도 한다. 건강하지 않은 감정은 면역 체계의 기운을 꺾어서 세균과 싸울 힘을 상실하게 한다. 잦은 감기나 독감에 쉽게 걸리거나 반복되는 감염 증상은 감정 깊은 곳에 묻혀 있는 해결되지 않은 문제들을 반영하는 것일 수 있다.

두려움, 수치 또는 소외감이 죄악된 것일까? 이러한 감정들은 누구에게나 올 수 있고, 도덕적인 관점으로 볼 때 악한 것도 선한 것도 아니다. 우리가 이런 감정들을 다스리는 데 성공하는가, 혹은 실패하는가 하는 점이 도덕적 판단의 주요主要한 기준이 된다. 이런 감정들을 올바르게 다루지 못할 때 우리는 도덕적으로 죄를 짓게 될 뿐만 아니라 육체적으로 병들 수도 있다.

욕망과 충동

우리 심령의 이 영역들은 죄와 건전치 못한 유혹에 특히 쉽게 영향을 받는다. 욕심과 탐심은 죄악된 것이기 때문에 건강에 크게 해로울 수 있다. 다른 사람이 가진 것을 가지고 싶어 하는 욕망, 이웃들보다 더 많은 특권을 누리려는 욕망, 단지 좀 더 많이 소유하는데서 오는 만족감을 얻기 위해 재산을 축적하려는 욕망 등에 계속 시달리는 경우 몸에 이상이 생길 수 있다. 이런 욕망들을 죄악되다고 하는 까닭은 그 욕망들의 자기중심적 성향 때문이다. 그것들은 다른 사람들과 마음을 연 건설적인 관계성을 단절시키고, 대신 우리를 옳지 않고 건강치 못한 경쟁 관계로 끌어들인다.

돈, 성적 쾌락, 권력에 대한 절제되지 않은 욕망이 죄악된 이유는, 그것들이 우리들로 하여금 하나님이 아닌 어떤 물건이나 어떤 특정한 사람에게서 만족감을 찾도록 유도하기 때문이다. 결과적으로 이러한 절제되지 않은 욕망들은 우리의 사회적 관계를 급속하게 파괴하며, 그로 인해 종종 다른 사람에게 상처를 주고, 그에 따라 다양한 종류의 건전치 못한 감정들을 다른 이들에게도 일어나게 한다. 이런 경로를 따라 절제되지 않은 욕망들은 우리 몸의 정상적 생리 기전을 뒤흔들어 놓아서, 신체 기관들이 제 기능을 못하게 만들거나, 여러 종류의 장기들이 작동할 때 만성적인 고통을 겪도록 만든다.

믿음

상극하는 신앙들 속에서 방황하는 일은 정신적 건강, 심지어 육체적 건강에 치명적인 결과를 가져올 수 있다. 구약 성경 다니엘서 3장과 4장을 보면 이 사실을 보여 주는 기막힌 예화가 있다.

느부갓네살 왕은 세계 역사에 남은 비범한 왕이었다. 어느 날 그는 큰 신상을 만들고 그의 제국에 살고 있는 모든 사람에게 그 신상을 경배하라고 명령을 내렸다. 이스라엘에서 온 세 사람이 용기 있게 신상에 절을 하라는 왕의 명령을 거절했고, 왕은 그 세 사람을 불타는 용광로에 던졌지만, 하나님은 그 세 사람을 불꽃에서 구하셨다. 왕은 세 사람과 그들의 하나님에게 감명을 받았다. 그는 이스라엘의 하나님의 초월적인 권능을 인정하였으며, 제국 안의 모든 사람에게 이스라엘의 하나님에 대해 불경스러운 말을 하지 못하도록 칙령을 내렸다. 그는 이스라엘의 하나님을 그의 마음속에 채집해 놓은 많은 우상들 속에 덧끼워 넣었다. 그리고 이스라엘의 하나님에 대한 칙령을 인준하고 법령으로 공포 하고 나서, 그는 밖으로 나가 자신의 우상에게 엎드려 경배했다.

느부갓네살의 심령은 그의 우상과 자신이 목격한 하나님의 권능에 대한 생각으로 나뉘어졌다. 1년 뒤, 그는 정신병에 걸렸다. 성경 표현을 빌리면 그는 '한 마리의 들짐승' 같이 되었다. 그는 그런 모습으로 사람들과 소외된 채 자신의 상반되는 심령의 문제를 해결하고 하나님을 유일한 신으로 영접하기까지 7년을 보냈다. 하나의 신앙에서 다른 신앙으로 전환하는 것(개종)은 건전한 일이다. 그러나 하나의 심령에 두 개의 신앙이 공존하면 우리 내면의 평화가 깨진다. 분열된 심령은 정신 분열 또는 신체적 질병까지 일으킬 수 있다.

이런 이유에서 주술적 믿음과 행위에 참여하는 것은 위험하다. 특히 그런 것들을 기독교 신앙과 섞으려 하면 더 위험하다. 주술적 믿음이 우리를 한 방향으로 끌어당길 때 기독교적 신앙은 우리를 반대 방향으로 끌어당긴다. 그 결과는 심적 고통일 수도 있고, 다양한 종류의 신체 이상 증상일 수도 있다.

아프리카 교회의 지도자들이 내게 와서 자신들의 여러 가지 신체적 불편함에 관해 조언을 구하는 일은 자주 있는 일이다. 진찰을 하는 동안, 나는 흔히 여러 종류의 부적이 매달린 실로 만든 팔찌가 그들의 손목에 매여져 있는 것을 보았다. 그들은 하나님을 의지하는 믿음을 선포하면서, 동시에 그들의 전통적 주술 치유를 믿고 있다. 그들의 상극되는 믿음의 문제를 해결하도록 도우면 그들의 신체적 문제들은 사라졌다.

나도 내적 가치관의 갈등 문제 때문에 고민한 경험이 있다. 결혼하기 전 의대 학생 시절에 나는 병원의 한 아름다운 여성 직원과 사귄 적이 있다. 그 사귐이 진행되어 갈수록 나는 우리 두 사람의 믿음과 가치관에 심각한 괴리가 있다는 것을 깨달았다. 나는 벌써 의료 선교를 준비하고 있었으나, 지니가 그런 유형의 헌신이나 삶에 적응할 수 없다는 것을 알고 있었다. 그러나 나의 심령은 나를 그녀에게 강력하게 끌고 있었다. 나는 가슴에 통증이 있어서 의과 대학 안에 있는 진료소로 갔다. 방사선 검사와 심전도 검사를 포함한 광범위한 진찰을 거친 후 내게 주어진 진단은 "의대생 병"이었다. 그 뜻은 내적 스트레스가 있다는 말이었다.

어느 아름다운 봄날 오후에 나는 지니스 강가에 앉아서 하나님과 대화를 열었다. 기도 중에 나는 그녀와의 관계성을 끊고자 결단했다. 그리고 나는 하나님께 말씀드렸다. 하나님이 내게 특별한 계시를 주지 않는 한 나는 그녀를 다시 만나지 않겠다고 했다. 곧장 세 가지 결과가 나타났다. 마음속에 큰 짐을 벗게 된 것을 느꼈다(영원히). 외로움을 느꼈다(잠시 동안). 그리고 통증이 사라졌다. 마음속의 상반된 믿음은 심각한 결과를 초래할 수 있다.

십계명 중의 첫 번째 계명, "나 외에는 다른 신을 섬기지 말라"(출애굽기 20:3)는 말씀은 심리적 건강과 신체적 건강을 위해 가장 중요한 부분이다. 예수님은 대계명The Great Commandment을 주실 때 십계명의 이 부분을 다시 한 번 반복하셨다. 곧, "네 마음(심령)을 다하고 목숨을 다하고 뜻을 다하여 너희 하나님을 사랑하라"(마태복음 22:37).

지금까지 한 이야기를 종합해서 말하자면

　　　　　의학은 병의 요인을 세균, 바이러스, 기생충, 영양학적 혹은 화학적인 불균형, 또는 독성 물질 등 물리적 요인들에서 찾으려고 한다. 의료인들이나 의료 기술은 이러한 가능성을 지닌 물질들을 찾아내고 그에 대처하는 여러 방법을 가지고 있다.

　심리학의 발달은 걱정, 스트레스, 깨진 관계성, 고통스러운 감정 등이 질병을 유발할 수 있다는 것을 보여 줌으로써 질병의 원인을 찾기 위한 탐색의 범위를 넓혔다. 이러한 요인들도 치료를 해야 한다.

　우리가 하나님을 의지하는 믿음의 영적 사실들이 치유 과정의 한 부분이라는 것을 이해하고 도움을 얻고자 한다면 우리는 질병의 시작과 진전의 과정에서 일어나는 영적 원인들의 역할을 이해해야 한다. 죄는 반역이다. 죄는 관계성을 왜곡하고 그로써 우리의 건강과 우리 몸의 병에 대한 반응에 영향을 미친다. 죄를 용서받는 것과 죄의 영향을 치유하는 것은 많은 질병과 질환 등의 치유를 촉진시킨다.

　적절한 치유가 이루어지기 위해서는 특정 질병에 관련된 육체적, 사회적, 감정적, 영적인 요소들에 관한 소견들이 효율적으로 또한 조화롭게 다루어져야 한다.

　사회적, 심리학적, 영적 영역 내지 이 물리적 세계에 질서의 파괴와 혼란은 이미 들어와 있다. 우리는 이런 무질서의 현상에 부분적으로 책임이 있는데, 그것은 우리의 죄 때문이다. 우리는 많은 관계를 파괴했고 그에 따르는 소외는 여러 질병의 원인이 되었다. 좋은 소식은 우리에게 희망이 있고 치료법이 있다는 것이다. 죄는 심령의 문제다. 하나님은 우리의 죄와 심령의 문제에 대한 해결책을 주셨는데, 이제 그것이 무엇인지 보도록 하겠다.

제7장

예수가
이 모든 것과
무슨 관계가
있는가?

마라의 쓴 물
우리 심령 속의 쓴 뿌리
구원과 정화淨化는 다르다
어째서 피인가?
피의 제물
겟세마네의 예수님
십자가에서
죽음을 넘는 승리
치유의 상징들
심령 안에 그리스도의 임재하심이 갖는 치유의 힘

제7장 예수가 이 모든 것과 무슨 관계가 있는가?

구약은 그리스도께서 상처 입으심으로 말미암아 우리가 치유되었다고 말한다.[1] 신약은 그것을 확증한다.[2] 오랫동안 나는 이것을 '영적'인 뜻으로 해석했다. 바꾸어 말하면 나는 그것이 예수께서 우리의 영을 치료할 수 있다는 의미라고 보았다. 예수는 우리에게 구원과 영생 그리고 천국에서의 처소를 주신다. 나는 영과 몸을 분리해서 생각하는 서구적 사고의 틀 속에서 자랐기 때문에, 그리스도의 치유가 영의 나음에만 국한되지 않다는 것을 볼 수 없었다. 육체를 치료하는 것은 의학에 달려있다고 생각했다.

그리스도께서 우리에게 구원을 주시는 것은 진정한 사실인데, 성경은 구원이 하나의 과정이라는 것을 분명하게 말해준다. 이 과정은 한 사람이 예수 그리스도에게 자기를 드리는 거듭남으로부터 시작된다. 그때부터 구원은 우리가 이 세상에 사는 동안 우리의 영적 성숙에 따라 계속 성장한다. 구원은 오직 영원 속에서 완벽해진다.

같은 맥락에서, 치유도 하나의 여행이다. 그것은 우리가 살아있는 동안 항상 불완전하다. 온전한 치유는 오직 우리의 육체가 죽은 후, 영원 속의 하나님의 임재함에 들어갈 때 온다.

이 장에서 다루려는 실제적이고 중요한 질문은 그리스도를 의지하는 믿음이 우리가 이 땅에서 살아가는 여정에서 경험하는 특정 질병의 치유를 어떻게 가능케 하느냐는 것이다. 예수는 심령이 상한 자를 낫게 하시고 그들의 상처를 싸매 주시고자 오셨다(시편 147:3). 우리는 이미 이 심령의 나음이 여러 신체적 질병들의 치유를 어떻게 도왔는지 보았다. 예수께서는 우리의 심령을 어떻게 낫게 하시는가? 우리의 심령에는 왜 치유가 필요한가?

마라의 쓴 물

출애굽기에는 엄청나게 중대한 의미를 가진 짧은 이야기가 있다. 그 이야기는 죄로 말미암아 생긴 우리 심령의 문제들을 해결하는 하나님의 방법을 상징한다. 나는 그 이야기가 우리에게 극단적 치유가 필요하다는 것을 설명해 주기 때문에 성경에서 가장 의미 있는 이야기 중 하나라고 생각한다. 그 이야기는 그리스도께서 우리를 어떻게 낫게 하시는가를 상징하는, 곧 신약의 진리에 관한 구약의 예화다. 출애굽기 15:22~26에서 우리는 그 이야기를 볼 수 있다.

모세가 홍해에서 이스라엘을 인도하매 그들이 나와서 수르 광야로 들어가서 거기서 사흘길을 행하였으나 물을 얻지 못하고 마라에 이르렀더니 그곳 물이 써서 마시지 못하겠으므로 그 이름을 마라라 하였더라. 백성이 모세를 대하여 원망하여 가로되 우리가 무엇을 마실까 하매 모세가 여호와께 부르짖었더니 여호와께서 그에게 한 나무를 지시하시니 그가 물에 던지매 물이 달아졌더라. 거기서 여호와께서 그들을 위하여 법도와 율례를 정하시고 그들을 시험하실쌔 가라사대 **너희가 너희 하나님 나 여호와의 말을 청종하고 나의 보기에 의를 행하**

며 내 계명에 귀를 기울이며 내 모든 규례를 지키면 내가 애굽 사람에게 내린 모든 질병의 하나도 너희에게 내리지 아니하리니 나는 너희를 치료하는 여호와임이니라.

이스라엘 자손들은 애굽 땅에서 노예로 400년 이상의 세월을 보냈다. 하나님의 권능과 강력한 섭리로 이제 그들은 홍해를 건넜다. 하나님께서는 그들을 애굽 사람의 속박으로부터 구원하셨고 드디어 그들은 이제 자유와 약속의 땅을 향한 여정에 들어섰다. 넘치는 기쁨을 만끽한 후, 모세는 그들에게 약속의 땅으로의 기나긴 여정을 시작하도록 명령을 내렸다.

불모의 사막으로 행군해 나아가야 한다는 것을 알고 있던 어머니와 아버지들이 그들이 가진 모든 호리병, 점토 항아리, 가죽 부대에 물을 채우는 모습을 마음에 그릴 수 있다. 그들은 여행에 참조할 지도도 없었고, 도로 곳곳에 있는 휴게소들을 여행 계획에 넣을 수도 없었다. 첫째 날, 아이들이 목마르다고 불평할 때에는 마실 물이 있었다. 둘째 날이 되자 그 누구도 그들이 마실 물을 언제 찾을 수 있을지 알지 못했기 때문에 부모들은 아이들에게 물을 조금씩만 마시라고 주의를 주었다. 셋째 날, 물 공급은 중단되었고, 아이들은 목마르다고 울기 시작했고, 불안감이 쌓이기 시작했다.

갑자기 선두에 있던 누군가가 "물이다!" 소리치고는 멀리 보이는 우물을 향해 달리기 시작했다. 다른 이들도 맹렬한 추격에 나섰고 샘물에 도착하자 물가에 무릎을 꿇고서 한 움큼의 물을 떠 마셨다. 그러나 그들은 즉시 그것을 땅에다 뱉고 말았다. 그 물은 너무도 써서 아무도 마실 수 없었다.

속이 뒤집어진 그들은 모세를 비난했다. 지혜로운 모세는 그 문제를 주 하나님께 가져갔다. 하나님은 모세의 하소연을 듣고서 말씀하시기를, "문제도 아니구먼! 저 너머에 있는 죽은 나무가 보이냐? 그걸 샘물가로 끌어다가 물속에 던져라." 모세가 그 무거운 죽은 나무 둥치를 들어서 물속에 던질 때 모두 의아한 눈초리로 그를 지켜보았다. 당연히 많은 사람들이 도대체 이 노인네가 무슨 황당한 짓을 하는지 의아했을 것이다. 나무 둥치가 샘 깊은 곳으로 천천히 가라앉고 그들의 시야에서 사라지면서 그 둥치 부근의 물이 '꾸르륵' 소리를 내자 그들의 의구심은 경이로 바뀌었다. 몇 분이 지난 후 모세가 한 모금을 떠 마셨다. 그가 그 물이 달다고 선포했고 그들 모두는 물을 실컷 마셨다.

하나님이 이스라엘 백성에게 생활 규범으로 삼을 규례를 주시고 그들을 시험한 곳이 바로 이곳이라고 말하는 26절을 주목하라. 바로 이 경험의 때에 하나님은 삶의 기본 원리를 가르쳐 주셨다. 곧, 그와 그의 율법에 순종하는 것은 생명과 평화로 인도한다. 그러나 불순종하면 세상 사람들이 살아가는 동안 으레 겪는 수많은 문제들로 이끈다. 이스라엘 사람들은 애굽 사람들이 하나님께 불순종했을 때 어떤 문제들에 직면했는지를 바로 옆에서 목격했었다.

우리는 히브리 사람들이 질병과 같은 나쁜 사건들을 하나님의 징계로 해석했다는 것을 인식해야 한다. 모세가 하나님의 가르치심을 인용하기를, 이스라엘 백성들이 율법에 순종하지 않을 때에 애굽 사람들을 질병으로 벌하셨듯이 이스라엘 백성들을 처벌하실 것이라고 말한다.

요즘, 시대와 문화 속에 사는 우리는 나쁜 일들의 원인을 부차적 이유에 전가하고자 한다. 우리는 이 마라의 쓴 물 이야기가 우리가 하나님의 법에 불순종할 때 이런 저런 종류의 질병들이 그 결과로 온다는 것을 말해 주는 하나님의 선언이라고 해석한다. 이러한 해석은 질병의 책임이 우리에게 있다고 알려 준다. 하나님의 법에 불순종하면 우리는 어려움을 겪는다. 왜냐하면 그 법이 하나님께서 이 세상을 만드신 법이기 때문이다.

우리 심령 속의 쓴 뿌리

이 이야기는 무엇을 의미하는가? 쓴 물의 샘과 나무토막, 하나님이 그의 백성에게 율법을 주는 것, 그리고 우리의 치유자 되시는 하나님 사이의 관계는 무엇일까?

이스라엘 자손들의 역사는 실제 일어난 역사다. 마라에서의 일화는 기록된 대로 일어났다. 그러나 이스라엘 역사는 단지 일어난 일의 기록 이상이다. 그것은 우리 각 사람의 영적 역사의 비유다. 2장에서 우리는 상징의 중요성과 우리의 마음이 상징을 어떻게 해석하고 이해하는가에 대해 이야기했다. 구약의 이야기는 단지 역사의 기록 이상이다. 그것은 깊은 뜻을 가진 이야기고 우리 삶을 돕기 위한 상징이다. 그것은 우리가 사는 동안 지나가는 영적 여행을 상징하며, 또한 그 여정 속에서 우리가 성장하고 성숙해지기 위해 배워야 하는 귀중한 가르침을 일러주는 것이다. 바울은 고린도 성도들에게 이 원리를 다음과 같이 설명했다. "저희 (이스라엘)에게 당한 이런 일이 (다른 사람들에게) 거울이 되고 또한 말세를 만난 우리의 경계로 기록하였느니라"(고린도전서 10:11).

이스라엘은 수세기 동안 애굽 사람의 노예로 살았고 그 상태에서 스스로 헤어 나올 수 없었다. 이스라엘의 경험은 우리의 죄에 묶인 노예 상태와 우리가 우리 자신의 힘으로 우리를 구원할 수 없음을 시사示唆한다. 하나님께서는 이스라엘을 그의 권능으로 홍해를 건너게 인도하심으로 애굽의 노예 상태에서 구원하셨다. 하나님께서는 그리스도를 통해 나타내신 그의 권능으로 그리스도를 믿는 모든 이를 죄의 노예 상태에서 구원하셨다. 홍해를 건넌 사건은 하나님의 권능에 의한 우리의 구원을 상징하며 큰 기쁨의 이유가 된다. 하지만 이스라엘 백성들은 애굽의 노예 상태로부터의 구원이 그들의 모든 문제를 해결해 주는 것은 아님을 곧 발견했다. 마실 만한 깨끗한 물을 찾는 것은 현재 직면한 많은 문제들 중에 하나였다. 그들이 구할 수 있었던 유일한 물은 너무 썼다. 이스라엘 백성과 우리에게 쓴 물은 무엇일까?

성경, 이 세상 문학, 대부분의 신화 그리고 꿈의 언어에서 물은 영 spirit을 상징한다. 출애굽기의 쓴 물 이야기는 우리에게 중요한 의미를 가진다. 구원은 죄에 대한 노예 상태에서 우리를 자유롭게 하지만 우리의 영을 정화시키지는 않는다. 시기, 질투, 분노, 해결되지 않은 갈등, 우리 심령의 불안 같은 쓴 것들이 여전히 우리 안에 남아 있다. 비록 우리가 그리스도를 통한 하나님의 권능으로 죄에서 구원을 얻긴

했지만 우리의 심령은 우리의 삶과 건강에 영향을 계속 미치는 부정적인 감정들로 오염된 채 남아있다. 그 해결책은 무엇인가?

감리교 목사이자 상담가인 데이빗 씨맨즈David Seamands는 이렇게 말했다. "우리 성직자들은 거듭나서 '성령이 충만하게 되면' 우리의 마음을 괴롭히는 문제들이 자동적으로 해결된다는 잘못된 생각을 사람들에게 자주 주고 있다. 그러나 이것은 절대로 사실이 아니다. 우리가 예수 그리스도를 경험하는 그 위대한 혼란은 매우 중요하고 영원한 가치가 있으나, 그것이 바로 감정적 건강으로 연결되는 지름길은 아니다. 그것은 성격장애의 속성 치료법이 아니다."3)

이스라엘 백성들은 하나님이 그들을 홍해를 건너게 할 때 그의 권능으로 애굽에서의 노예 상태에서 구원받았다. 이스라엘 백성들은 마라의 물을 깨끗케 할 수 없었으나 하나님은 그들의 문제에 대한 해결책을 제공하셨다. 그 해답은 한 개의 나무 조각에 있었고 그것을 샘물에 던졌을 때 물이 깨끗케 되었다. 같은 모양으로 하나님께서는 예수 그리스도를 의지하는 우리의 믿음을 통해 우리를 노예 상태에서 구원하셨고, 우리의 감정과 기억 그리고 욕구는 여전히 악으로 오염되어 있다. 우리는 우리 자신의 심령을 질투, 죄의식, 두려움, 분노, 자만, 이기, 정욕, 질투, 그 외에 다른 '오염 물질'의 쓴 뿌리로부터 깨끗케 할 수 없다. 이스라엘을 도우신 것 같이 하나님께서는 우리에게도 해결책을 주셨다. 나는 마라의 물이 한 조각의 나무를 통해 깨끗케 되었다는 것과 그리스도가 나무 십자가 위에서 죽으심으로 우리를 정화시켰다는 것이 우연이라고 보지 않는다.

출애굽기에서 하나님은 마라의 물을 친히 정화하지 않으셨다. 그는 해결책을 제공하시고 그것을 어떻게 적용해야 하는지 모세에게 말씀하셨다. 이스라엘 백성에게 다행스럽게도 모세는 그것을 적용했고, 백성들은 깨끗한 물을 마실 수 있었다. 마찬가지로 하나님은 예수 그리스도의 피가 우리의 죽은 일들로부터 양심을 깨끗케 하여 살아계신 하나님을 섬기도록 한다고 말씀하신다(히브리서 9:14). 그의 피는 주어졌지만 깨끗케 되기 위해 우리는 반드시 우리의 마음과 심령에 그것을 발라야 한다.

당신은 우리 기독 신앙인들 중 많은 이들이 왜 성질이 나쁘고, 자제력이 없고, 혹은 물질에 대한 탐욕을 보이는지 의아하게 여긴 적이 있는가? 구원을 받았고 영생의 보장도 받았지만, 우리 중 많은 이가 두려움, 불안, 쓴 뿌리, 분노 속에서 살고 있으며, 이 때문에 다른 사람들과 건설적인 관계를 맺고 더불어 살거나 함께 일하는 데 어려움을 겪는다. 우리 중 많은 이가 "홍해는 건넜지만" 십자가나 그리스도의 깨끗케 하는 피를 내적 삶에 적용하지 않았다. 어쩌면 당신은 그 심령에 제거할 수 없는 끈질기게 괴롭히는 내적 문제가 있거나, 심지어 정신적 고통으로 괴로워하고 있을 수 있다.

몇 년 전 어느 날, 우리 병원의 픽업트럭 운전기사인 키하니 씨가 시골 지역에 있는 몇 곳의 건강 센터에 물품을 공급하는 출장에서 돌아온 적이 있었다. 그가 어떤 언덕길을 오르고 있을 때, 무거운 카사바 뿌리가 담긴 바구니를 이고, 그 위에 장작 한 무더기를 얹은 채 경사길을 오르느라고 애쓰는 나이 많이 드신 여자 분을 보았다. 그는 차를 멈추고 그녀를 마을까지 데려다 주려고 픽업트럭 뒤에 태웠다. 차를 다시 움직이려고 하면서 백미러를 흘깃 본 그는 그 나이든 여인네가 여전히 머리 위에 무거운 바구니를 올린 채 앉아 있는 것을 보았다. 그는 차를 멈추고 차의 바닥에 바구니를 내려놓으라고 말했다. 바로 그 짐을 그 여인네가 옮기는 수고를 덜어 주기 위한 목적으로 차에 태워 주었기 때문이었다. 그녀는 그의 제의를 거절했고 마을까지 가는 길 내내 머리 위에 짐을 지고 있었다. 키하니 씨는 우리 스텝들에게 이 이야기를 할 때마다 한참 동안 웃곤 했다.

이 이야기에는 깊은 의미가 있다. 우리 중 많은 이가 그리스도께서 간절히 덜어주시려는 무거운 짐들을 지고 있다. 앙심, 쓴 뿌리, 분개, 원한, 심지어 증오가 우리의 심령에 가득 차게 된다. 우리에게 잘못한 누군가를 용서하기를 거절하고 그 결과로 억울함이 쌓여 괴로워하고, 파괴적 감정들로 인해 고통을 받는다. 그리스도께서 우리를 위해 죽으신 것이 헛된 일이었을까? 우리 심령의 치유라는 관점에서 보면 그런 의구심이 들 수 있다. 이 무거운 짐들 때문에 고혈압, 위장 장애, 견디기 힘든 관절염, 호흡 곤란이 올 수 있기 때문이다.

구원과 정화淨化는 다르다

내가 예수님을 믿고 나의 삶을 그분께 드리고자 결심했을 때, 나는 나의 죄로부터 오는 영원한 결과로부터 자유함을 얻었다. 상징적인 표현을 빌리면, 나는 하나님의 권능으로 홍해의 물을 통과한 것이다.

그러나 나는 내가 여전히 화를 낸다는 것을 깨달았다. 계속해서 유혹에 말려들어가 굴복하고 있었다. 두려움, 질투, 시기는 여전히 내 심령의 방들을 차지하고 있었고, 나의 이기적 야망들은 아직 그대로 남아있었다. 배척당한 느낌과 소외감 그리고 수치심은 나의 생각과 행동, 심지어 건강에까지 영향을 주고 있었다. 그리스도의 영이 내 안에 살고 있었지만 마찬가지로 쓰디쓴 감정들이 내 안에 있었다. 이것들 때문에 크리스천으로서의 나의 삶은 일관되지 않았고, 내면의 갈등으로 자주 비참悲慘한 상태에 빠졌다. 심지어는 이 갈등으로 가슴에 통증을 느끼기도 하였다. 나는 나의 가족들, 친구들, 혹 나의 동료들과 다투거나, 아니면 침묵하는 분노 속으로 도피했다. 해결되지 않은 채 심령 속에 남아 있는 쓴 뿌리들은 내적인 고통 안에만 날 가둔 것이 아니라 하나님과 다른 이들과의 관계성에도 독이 되었다. 이것들은 자주 나로 하여금 그리스도의 이름에 먹칠을 하는 말을 하거나 행동하게 했다. 나는 키하니 씨의 픽업트럭 뒤 칸에 앉은 여인과 같았다. 집까지 태워 준다는 초청은 받아들였지만, 나는 여전히 나의 머리 위에 지고 있는 무거운 짐의 중심을 잡느라고 고생하고 있었던 것이다.

따라서 우리는 구원이 심령을 깨끗케 하는 것, 즉 정화淨化와 동일한 것이 아님을 인식해야 한다. 구원은 새로운 삶과 여정의 시작이다. 그러나 이 여정에는 다양한 형태의 쓴 뿌리들이 매일 우리 안으로 잠입해 들어오기 때문에 우리 삶의 계속적인 정화가 있어야 한다.

여기까지 깨달으면 우리는 여러 세기 동안 교회 안에 불화와 분열을 야기한 핵심적인 질문과 마주하게 된다. 하나님은 왜 피를 치유에 대한 상징으로 사용하셨는가?

어째서 피인가?

성경은 말한다. "육체의 생명은 피에 있음이라"(레위기 17:11). 우리의 생체 과학은 구약에 기록된 이 말이 진리임을 여실히 증명했다. 우리 몸 전체의 세포들의 기능은 피의 역할에 의존한다. 피는 모든 세포에 산소와 영양분을 공급하고 세포 내에 축적된 노폐물들을 제거한다. 피는 몸 전체의 온도, 산도, 무기물無機物 농도를 조절하는 데 필수적이다. 성장과 여러 장기의 활동을 제어하는 호르몬은 피를 통해 우리 몸 전체의 각 부분으로 전달된다. 피는 감염에 대한 주된 방어선이다. 백혈구는 몸속으로 침입한 수많은 미생물들을 파괴하고 질병을 유발하는 각종 세균 및 바이러스를 파괴한다. 우리의 면역 체계 전체가 피 안에 있는 모든 성분의 생기生氣에 의존한다. 다시 말해서 피는 우리의 삶을 떠받쳐 지탱시키고, 우리에게 영양을 공급하고, 우리의 신체 조직 안의 불순물 찌꺼기들을 정화하고, 신체 내 환경과 활동을 조절하며, 많은 질병으로부터 우리를 보호한다. 우리의 생명이 피 안에 있다는 것은 사실이다.

밤낮으로 또 몇 년 동안 줄기차게, 피는 우리 온 몸 속을 가득 채워 흐르고, 장기와 조직 그리고 세포에 영양을 공급한다. 뇌로 가는 피의 흐름이 4분 동안만 방해받는다면 뇌세포들은 죽기 시작한다. 피가 공급되지 않으면 다른 장기 조직들과 우리 몸의 지체들도 죽는다. 피는 우리 생명에 필수적인 액체다.

나는 어떤 특정한 질병의 진행으로 인해 소장 일부에 혈액 순환이 끊어진 환자를 응급 수술한 적이 여러 차례 있다. 그것은 탈장으로 인한 혈류 장애이거나 혹은 장이 스스로 꼬여 생긴 혈류 장애였다. 그런 경우 가장 먼저 해야 할 일은 순환 장애의 원인을 제거하여, 혈액 공급이 끊어졌던 부분의 내장으로 피가 돌아갈 수 있게 해 주는 것이다. 집도 후 나는 몇 분간 그 곳에 서서 추이를 지켜본다. 만약 혈관의 맥박이 다시 뛰고, 창자가 검푸른 색깔에서 분홍빛 홍조로 바뀌고, 장의 벽에 있는 근육 속에 작은 움직임이 시작되면, 나는 생명이 다시 돌아올 것을 안다. 반면에, 이런 징조가 전혀 보이지 않으면, 나는 혈액 공급이 너무 오래 막혀 있었음을 안다. 그 내장 부분은 이제 죽었으며, 나는 그것을 제거해야 한다.

피는 생명을 상징한다. 우리는 이것을 심령으로 알고 있고, 성경에서, 문학 작품 속에서, 심지어 꿈속에서도 피는 생명을 상징한다. 같은 맥락에서, 피를 흘리는 것은 죽음을 의미한다. 몸에서 피가 흘러나갈 때 생명 역시 빠져나간다. 그렇기 때문에 피는 우리 영의 가장 강렬한 상징의 하나가 된다.

피의 제물

히브리 문화를 포함하여 많은 문화 속에서 피의 제물은 속죄와 질병으로부터의 치유를 상징하는 것으로 사용되어 왔다. 동물이 제물로 바쳐지고 그 피는 죄지은 사람이나 병든 사람 또는 오랫동안 병에 걸려 있는 사람에게 흩뿌려진다. 이 피 뿌림은 우리 심령에 이런 뜻으로 전달된다. "당신은 용서받았다." 혹은 "당신은 치료되었다. 다른 생명이 당신의 죄와 그 결과로부터 당신을 치유하기 위해 흘러졌다." 죄인 또는 병든 사람이 그 피 제물의 진정한 의미를 이해할 때 병에 걸렸다는 죄의식이나 병으로 인한 두려움, 걱정, 수치심에서 나음을 받을 수 있다. 우리의 심령이 깨닫는다. "누군가 나 대신 내가 받을 수밖에 없던 죽음을 죽였다. 고로 나는 살았고 낳았다."

그러나 동물 제사는 값싸게 할 수 있는 일이다. 어떤 이가 끔직한 죄를 짓고 그에 대한 죄책감을 느낄 때, 그 사람은 염소 한 마리를 잡거나, 닭이나 비둘기를 잡아 제사를 드릴 수 있기 때문이다. 그렇게 되면 죄 값이 싸진다. 기껏해야 염소 한 마리나 새 한 마리 값이 된다. 우리의 심령은 뭔가 깨닫는 바가 생긴다. 우리 심령은 죄가 적절히 다루어지지 않았음을, 또 죄로 인한 우리 안의 상처나 흠집이 온전히 치유되지 않았음을 안다. 이 때문에 사람들은 죄 값을 치르고자 계속 제사를 지내고 또 지냈던 것이다. 그러나 동물 제사는 결코 충족에 이를 수 없다. 죄 값은 매우 비싸다.

무엇인가가 더 요구된다. 우리의 심령, 정신, 두려움의 영, 죄의식, 죄로 인한 부끄러움 등을 온전히 낫게 하기 위해서는 **하나님 자신의 생명의 피**, 곧 성육신하신 예수 그리스도, 기름부음 받은 자, 메시아의 피가 필요하다. 그래서 하나님은 그 필요한 일을 행하셨다. 이에, 예수님은 우리 심령이 죄에서 온전히 나음 받고 또 우리를 생명으로 회복시키기 위해 그 자신의 피를 흘리고 죽으셨다.

뒤따르는 질문은 그리스도의 피 흘리심이 어떻게 우리에게 치유를 주느냐 하는 것이다.

겟세마네의 예수님

십자가에 못 박히기 전날 밤, 예루살렘 도시 바깥에 겟세마네라 불리는 올리브 나무 과수원에서 예수는 인류 역사상 가장 치열한 전투를 하셨다. 증오, 오만, 정욕, 탐욕, 속임, 질투, 죄의식, 부끄러움, 시기심 같은 악의 모든 세력이 그곳에 모여 주님과 겨루었다. 악의 힘은 너무 거대하여 예수께서는 영혼의 커다란 고통 가운데 있으셨다. 누가는 예수께서 그의 사명과 씨름하실 때 그의 이마로부터 흘러내리는 땀이 피로 물들어 있었다고 기록한다.

악의 세력은 예수께서 십자가로부터 벗어나 도망가게 하고자 하였다. 악의 세력은 그 목적을 거의 이룰 뻔 했다. 이 모든 악의 세력을 그 자신의 속에 받아들여야 함을 깨달으셨을 때, 예수께서는 그의 아버지 하나님께 다른 길을 찾으시도록 간구하셨다. 다른 길이 없었기 때문에, 그의 영이 깊이 고뇌하신 후, 예수께서는 주어진 사명을 영접하셨다.

처절悽絶한 고독 속에서, 예수는 그의 영과 씨름하셨다. 아무런 죄를 알지 못하는 그가 이 모든 악의 세력을 그의 심령에 받아들이셔서 십자가로 가지고 가셨고 거기에서 그 세력들은 예수를 죽였다. 나는 수동적으로 체념하신 예수께 하나님이 우리의 무거운 죄를 지웠다고 믿지 않는다. 나는 예수께서 죄의 끔찍함을 완전히 아신 상태에서 적극적으로 그리고 자진하여 우리의 죄를 담당하셨다고 확신한다. 그는 세 가지 이유에서 이 일을 하셨다.

— 자신의 죄로 인한 필연적 죽음을 우리에게서 가져가시기 위해서
— 죄가 우리의 생각, 느낌, 욕망들을 다스리는 상태에서 우리를 자유롭게 하시기 위해서
— 죄가 우리의 심령에 입힌 상처들을 치유하시기 위해서

오만, 시기, 증오, 살인, 정욕을 전혀 알지 못하셨던 그 분은 그의 심령 속에 이것들을 품으셨다. 그 길고 끔찍한 시간 동안 예수께서는 우리를 파괴하려는 이 모든 악한 세력을 품고 계셨다. 모든 세대의 죄로 그의 전 본체his whole being가 더럽혀지는 동안, 예수께서는 예루살렘으로 걸어가셨고, 우리 대신 심판받으셨으며, 매를 맞고, 갈보리 언덕까지 자기가 매달릴 십자가를 지고 오르시기 위해 수고하셨다. "(그리스도께서) 친히 나무에 달려 그 몸으로 우리 죄를 담당하셨으니…" (베드로전서 2:24).

십자가에서

예수께서 겪으신 십자가 고난의 처절함은 우리가 알 수 있는 한계 바깥의 진실이다. 십자가에 못 박히는 육체적 고통도 끔찍한데, 예수는 그 육체적 고통보다 훨씬 더한 고통을 그의 영으로 받으셨다. 십자가에서 예수님은 우리를 위해 죄가 되셨고, 그렇기 때문에 하나님, 곧 그의 천국의 아버지께서는 그곳에 그와 함께 하실 수 없었을 뿐만 아니라, 그의 아들에게 심지어 눈길도 줄 수 없었다. 예수는 그의 영의 깊은 곳으로부터 큰 비통함으로 부르짖으셨다. "나의 하나님, 나의 하나님, 어찌하여 나를 버리셨나이까?" (마태복음 27:46). 우

리의 죄로 인한 하나님으로부터의 소외를 자기 것으로 하심으로써 예수께서는 우리가 하나님께 회복되도록 하셨다.

예수께서는 주어진 스트레스를 그의 육신이 더 이상 견딜 수 없을 때까지 고통당하셨다. 아마도 예수는 심장 근육이 파열되어 심장 기능이 멈추고 질식으로 돌아가셨을 것이다. "우리는 다 양 같아서 그릇 행하여 각기 제 길로 갔거늘 여호와께서는 우리 무리의 죄악을 그에게 담당시키셨도다"(이사야 53:6).

죽음을 넘는 승리

> 찬송하리로다 우리 주 예수 그리스도의 아버지 하나님이 그 많으신 긍휼대로 예수 그리스도의 죽은 자 가운데서 부활하심으로 말미암아 우리를 거듭나게 하사 산 소망이 있게 하시며 썩지 않고 더럽지 않고 쇠하지 아니하는 기업을 잇게 하시나니 곧 너희를 위하여 하늘에 간직하신 것이라(베드로전서 1:3~4)

죄의 힘은 예수를 죽였다. 그 힘은 그의 심장 근육을 파열시켰다. 그러나 무덤 속에 묻혀 있는 동안 죽음을 면할 수 없었던 예수의 몸은 영원한 몸으로 변화되었다. 그의 심장 근육은 회복되었고 비록 흠집은 남았으나 그의 상처는 아물어 온전해졌고, 그렇게 그는 불멸의 생명으로 무덤에서 나왔다.

아리마대 요셉의 정원 무덤은 셋째 날 아침에 비어 있었다. 이것은 잘 알려진 역사적 사실이다. 경비병들이 이 사실을 알았으며 여자들과 베드로와 요한이 알았다. 유대 제사장들과 그의 무리들도 알고 있었다. 이 소문을 듣고 스스로 확인하기 위해 무덤을 방문하였을 것은 불 보듯 뻔한 일이다. 무덤이 비어있음과 그 무덤을 막은 돌이 옆으로 밀쳐져 있는 것을 알았을 때, 그들이 유일하게 할 수 있었던 일은 경비원들에게 뇌물을 주어 거짓된 이야기를 말하게 하는 것이었다. 그 빈 무덤은 모든 인간 역사 위에 우뚝 서서 죽음이 더 이상 인간 삶의 종말이 아님을 선포한다.[4]

치유의 상징들

십자가와 예수님이 우리를 위해 흘리신 피 그리고 빈 무덤은 우리의 상한 심령과 상처받은 영혼을 치유하는 엄청난 힘을 가진 상징들이다. 그것들은 생명의 창시자인 하나님으로부터의 소외를 치유하고, 우리를 죄로부터 자유롭게 하며, 우리 몸과 마음 안에 있는 죽음에 대한 공포로부터 우리를 자유롭게 한다.

십자가

로마의 십자가는 잔인한 죽음의 도구였다. 예수께서는 우리를 위해 자원하여 그 위에 돌아가심으로써 십자가를 생명과 사랑의 상징으로 변화시켰다. 내가 과거에 행한 악한 행위와 그것들이 내 삶과 주위 이웃의 삶에 끼친 결과에 대해 생각하면, 나는 두려움과 영의 고뇌로 전율한다. 그러나 내가 예수께서 나를 사랑하사 나의 죄와 나의 삶의 악한 것들을 그의 심령의 것들로 하셔서 나대신 십자가 위에서 돌아가셨다는 것을 깨달을 때 나는 그의 놀라운 사랑과 마주한다. 그때 그 사랑은 나의 상한 심령을 치유하고 나의 영을 회복시킨다.

예수께서 흘리신 피

예수께서 인자되신 하나님으로 우리 가운데 계셨을 때 그의 피는 그의 육신에 생명을 주었다. 우리 심령에 생명을 회복시키기 위해 그는 그 피를 십자가 위에서 우리를 위해 주셨다. 우리가 예수의 피를 하나님께서 속죄 제물로 우리를 위해 주신 양의 피의 상징으로 영접하고 그것을 우리의 생각과 감정 그리고 욕망들에 적용하면 그의 피는 죄가 우리의 심령에 야기한 고통을 치유할 수 있다. 이 치유는 우리의 육신을 건강케 하는 내적 평화를 가져다준다.

빈 무덤

우리 주님의 빈 무덤은 우리를 죽음에 대한 두려움에서 낫게 해주는 상징이다. 그것은 예수께로 나오는 모든 이에게 주어질, 그들을 기다리는 변화를 상징한다. 이 유한有限하고 일그러진 환경으로부터 하나님 안에 있는 자유와 영원한 환경으로의 변화를 상징한다. 그의 빈 무덤은 우리의 가장 큰 적인 죽음이 그리스도께서 부활하셨을 때에 정복되었다고 말한다. 예수의 부활은 우리의 면역 시스템을 약화시키고 우리 몸의 많은 기관에 혼란을 일으키는 파괴적인 생각, 감정, 욕망들을 극복했다. 비록 육신의 죽음이 언젠가 우리 모두에게 반드시 찾아오지만 우리 주님의 빈 무덤은 우리의 이 세상 육신이 영원불멸의 몸으로 될 변화를 상징한다. 우리 주님의 빈 무덤은 우리의 산 소망이요 이 소망은 치유를 가져다준다.

심령 안에 그리스도의 임재하심이 갖는 치유의 힘

예수께서는 이 상징들로 우리에게 치유의 힘을 주는 것 외에 또 다른 길로 우리를 낫게 하신다. 그는 우리의 심령에 계심으로써 치료하신다.

어떤 이가 그리스도께서 그의 삶, 즉 그의 심령 가운데 오시도록 초청한다면, 그리스도는 어디로 가실까? 어디에 머무실까? 다시 한 번 우리의 마음을 여러 개의 방이 있는 집으로 보고, 과연 그리스도께서 어느 방으로 오시고 어디에 머무실지 생각해 보자. 비록 이것이 다소 인위적인 그림이지만, 이 도식은 우리의 심령으로 하여금 직관적으로 예수께서 우리 안 어디에 거하시는지 이해할 수 있게 한다.

그리스도를 우리의 심령에 초대하는 것은 의식적인 결단이다. 그리고 예수님의 영은 인식의 마음으로 들어오신다. 이 경험은 우리의 느낌과 감정에 영향을 준다. 하지만 예수는 신사적인 분이다. 그는 초대받기 전까지는 잠재의식의 어떠한 "방"에도 들어오지 않으신다. 우리가 그에게 그렇게 해달라고 요구하지 않는 한, 예수께서는 우리를 자극하거나, 변화시키려 하지 않으시고, 우리의 믿음, 감정, 느낌, 욕구 등을 치료하지 않으신다.

내가 예수를 나의 삶 가운데로 의식적으로 초청했을 때 나는 개종했다. 곧 '구원' 받았다. 예수께서 내 안에 오셨고 나의 영은 되살아났다. 그러나 나는 예수께서 나의 삶 가운데 오직 작은 부분에만 오시도록 허락했다. 나는 그에게 단지 내 인격의 한정된 부분에만 오실 수 있게 했다. 나는 예수께 보여드리기에는 너무 부담스럽고, 또 너무나 창피했던 많은 잡동사니들을 심령 저 아래 어디에 쌓아두고 있었다. 다른 심령의 방에는 너무도 크게 상처받아서 나 자신도 접근하지 않게 한 것들이 있었다.

마침내 나는 이러한 심령에 빗장을 걸어 놓은 부분들이 우리의 심리적 건강, 심지어 육체적 건강에 강력한 영향력을 발휘한다는 것을 알았다. 그리스도의 치유하시는 임재가 매우 중요한 곳이 바로 이 인격의 부분들이다. 이곳이 바로 충분히 훈련된 그리스도 중심의 상담자가 소중한 도움을 주는 곳이다. 이 도움으로 인해 우리는 예수 그리스도의 임재하심으로 오는 치유의 힘에 우리의 심령의 더 많은 부분을 열 수 있다.

이 사실은 중요한 질문을 던진다. 크리스천이 되는 것이 치유 과정에 도움이 되는가? 의학적, 심리학적, 영적 관점에서 그 답은 "그렇다"이다. 치유되기 위해 크리스천이 되는 것이 필요한가? 반드시 필요하지는 않다. 왜냐하면 하나님께서는 우리 모두의 몸 안에, 그리고 의학 안에 건강과 치유를 위한 여러 다른 수단을 제공하셨기 때문이다. 예수 그리스도와의 개인적 관계 속으로 들어오는 것은 건강과 치유를 증진시키지만 사실 예수를 만나지 않고도 사람은 나을 수 있다. 그러나 나는 예수 그리스도와의 개인적 관계가 어떻게 치유를 증진시키는지에 대해 적어도 세 가지는 나열할 수 있다.

1. 예수와의 관계성은 삶에 새로운 의미를 준다

어떤 이가 그리스도에게 헌신하려고 결심할 때, 그의 삶은 새로운 의미를 가진다. 이제 그 사람은 이 땅 위의 역사 속에 그리고 영원 속에 중요한 존재가 된다. 한 사람이 자기가 하나님의 자녀라는 것을 알때 그 사람은 자신의 삶에 고귀한 품격과 영원한 가치가 주어진 것을 깨닫는다. 하나님에 의해 확증되었다는 사실은 자기 확신과 하나님의 가족이 되었다는 내면의 확신으로 즉시 해석된다. 하나님께서는 그의 백성 이스라엘에게 말씀하셨다. "야곱아 너를 창조하신 여호와께서 이제 말씀하시느니라. 이스라엘아 너를 조성하신 자가 이제 말씀하시느니라. 너는 두려워 말라. 내가 너를 구속하였고 내가 너를 지명하여 불렀나니 너는 내 것이라"(이사야 43:1).

이 깊은 확신은 우리의 심령에 평안을 주어 치유를 촉진시키고 건강을 증진시킨다. 이것이 바로 2장에서 살펴본 혈루증을 앓던 여인에게 일어난 현상이다. 예수의 확증의 말씀은 그녀의 심령이 그것을 영접했을 때 그녀의 영과 혼 그리고 육신을 치유했다.

2. 예수와의 관계성은 살아야 할 이유를 부여한다

내가 크리스천이 되었을 때 나는 살아야 할 이유가 생겼다. 그 이유는 나 자신의 이해관계를 넘어서는 것이었다. 나의 삶은 목적을 갖게 되었다. 우리가 살아야 할 이유를 갖게 될 때 우리 몸은 적극적으로 반응한다.

넬리의 남편은 아프리카에 있는 우리 고등학교의 교장이었다. 그는 1년 이상 동안 계속된 여러 가지 이상한 종류의 감염 증상을 치료받았지만 효과가 없어, 결국 1985년에 우리 병원에서 죽었다. 그가 죽기 직전에 에이즈 혈청 테스트를 할 수 있었는데 우리는 그와 그의 아내 모두가 혈청 양성임을 발견했다. 아마도 에이즈로부터 비롯되었을 반복된 감염으로 인해 그들은 이미 두 명의 아기를 잃었다. 넬리에게는 이제 양육해야 할 세 명의 아이들이 남아 있었는데, 그들은 혈청 검사 상 에이즈 음성 반응이 나왔다. 사무치는 비통으로 넬리의 영혼은 거의 꺾여 버렸고, 1985년이 끝날 무렵에는 이미 감염되어 있던 그녀의 면역 체계가 심각하게 망가져 있었다.

우리 크리스천 어머니들 중 몇 분이 넬리를 돕기 위해 나섰다. 그들은 가난한 호주머니를 열어 그녀를 도왔다. 무엇보다도, 그들은 예수를 그녀에게 소개했고, 넬리는 그리스도에게 그의 심령을 열었다. 그녀의 삶으로 기쁨이 들어왔고, 그녀의 고질적인 감염은 사라졌으며, 그녀의 증상은 완화緩和되었다. 그녀는 세 자녀가 모두 그리스도의 나라로 들어갈 때까지, 그리고 위의 두 아이가 고등학교를 마칠 때까지 살고자 심령 깊이 결심했다. 그녀는 또한 에이즈에 대한 진실을 다른 젊은 사람들에게 어떤 식으로든지 알리기를 원했다. 우리의 콩고 친구들은 끔찍하게 가난했기 때문에 북아메리카와 유럽에서는 구매할 수 있는 항 에이치아이비 바이러스 치료제를 그들 누구에게도 제공할 수 없었다. 넬리가 감염 증상을 보일 때마다 그녀에게 항생제를 주는 것 이외에는 다른 어떤 치료도 할 수 없었다.

넬리와 나의 아내 미리암은 자매 사이 같이 되었다. 어느 날 넬리는 화가 치밀어 소리쳤다. "왜 나의 남편은 나에게 이런 일을 했을까요? 왜 그는 이 치명적인 질병을 나에게 주고 나를 떠났나요?" 그러나 미리암이 어떤 말도 하기 전에 넬리의 영혼은 곧 부드러워지며 빛나는 미소로 말했다. "하지만 내가 에이즈에 걸리지 않았다면 난 절대로 예수님을 만나지 못했을 거예요."

넬리의 세 아이는 예수를 실제 경험으로 알게 되었다. 위의 두 자녀는 1994년에 고등학교를 졸업했다. 그 후 넬리는 미리암에게 이제 집으로 돌아갈 준비가 되었다고 말했다. 1995년 5월, 에이치아이비 감염 진단을 받은 지 십 년이 지난 후에 그녀는 예수의 곁으로 행복하게 갔다. 예수께서 그녀의 심령에 살아계셨고, 그녀가 살아야 할 이유를 주셨기 때문에 그녀의 면역 체계는 이 감염과 씨름하면서 거의 십 년이 지나는 동안 에이치아이비 바이러스를 견뎌낸 것이다.

3. 예수와의 관계성은 두려움으로부터 자유를 준다

우리 모두는 죽음, 암, 버림받는 것, 가난, 폭력 등과 같은 다양한 종류의 두려움을 겪는다. 두려움은 면역 체계를 억제抑制하며 치유를 지연시키는 강력한 감정이다.

예수 그리스도 안의 믿음은 지적 훈련 혹은 심리학적 상태 이상의 것이다. 예수께서 한 인격체의 심령 가운데로 오시면, 그는 정말로 거기에 실재하신다. 예수는 강력한 실재實在이시고 보호의 방패이시다. 마탈라 여사가 이 사실을 1장에 나왔던 결핵에 걸린 젊은 존에게 설명했을 때 그는 두려움에서 치유되었다. 그는 보이지 않지만 단단한 사랑의 벽이 그를 둘러싼 것을 인지했다. 그것은 심술궂은 그의 삼촌의 저주가 꿰뚫을 수 없는 것이었다. 존의 심령이 그 사랑의 벽을 실재하는 것으로 영접하자, 그의 백혈구 세포의 활동은 보다 효과적이 되었고, 그에 따라 그는 회복되기 시작하였다.

우리의 심령 가운데 그리스도가 살아 활동하실 때, 우리는 그의 보호를 확신한다. 어떤 환경에서도 나는 그리스도가 내 안에 계셔서 나를 도와주려 하심을 알고 있다. 따라서 나는 확신 속에 살아가며 평화 속에 잠들 수 있다. 이것이 육체를 강하게 하는 마음의 평화다.

제8장

심령의 청소

심령의 병
두려움과 치유
죄의식과 치유
쓴 뿌리와 치유
분노와 치유
기억과 치유

제8장 **심령의 청소**

'봄맞이 대청소'라는 말은 나에게 즐거운 기억들을 떠올리게 한다. 내게는 아직도 뉴욕 주 북쪽 작은 마을에 있는 당시 이미 백 년이나 된 침례교 목사 사택이 눈에 선하다. 따뜻한 봄의 공기가 6개월 만에 처음 열린 창으로 불어 들어온다. 마당에 있는 빨랫줄에 양탄자가 걸려 있는데, 나는 작은 손으로 막대기를 들고 먼지를 털 준비를 한다. 침대 매트리스는 바람을 쐬기 위해 잔디밭에 누여 있고 어머니가 침대 스프링에 있는 먼지를 청소하는 동안, 나는 침대 스프링 밑에 쌓여 있는 베개 깃털들을 쓸어 내는 일을 책임진다. 봄맞이 대청소는 우리 집의 전통이었는데, 청소 후 실내를 감싸 안듯이 퍼지는 신선한 향기를 맡을 때면 그 힘들고 지루한 일이 보람차게 느껴졌던 것을 기억한다.

5장에서 우리 심령을 많은 것들이 저장되어 있는 여러 방이 있는 집에 비유했다. 얼마나 많은 먼지, 부스러기, 쓰레기가 그 여러 방 안에 쌓여 있을까! 우리 마음의 방에 쌓인 쓰레기들을 어떻게 청소할 수 있을까? 오래된 목사 사택을 청소한 것처럼 마음의 방도 청소할 수 있을까?

심령의 병

예레미야는 말하기를, "만물보다 거짓되고 심히 부패한

것은 마음(심령)이라. 누가 능히 이를 알리요마는"(예레미야 17:9)이라 했다. 우리는 우리 자신을 이해하기가 얼마나 어려운지 고찰考察해 보았다. 우리의 기억 속에 묻혀 있는 그 헤아릴 수 없이 많은 것들을 염두에 둘 때, 우리 심령 속에 있는 모든 것을 다 아는 일은 불가능하다는 것을 안다. 죄악된 자기기만欺瞞의 뿌리가 우리의 생각과 상상력 속에 깊고 깊이 파고들어 있어서 우리는 자신의 상태를 볼 수 없다. 자기기만은 자신에 대한 참된 인식을 불가능하게 한다.

예레미야는 치유를 얻고자 주를 부른다. "여호와여, 주는 나의 찬송이시오니 나를 고치소서 그리하시면 내가 낫겠나이다"(예레미야 17:14). 그는 아무도 자신을 고칠 수 없지만 하나님은 고칠 수 있다고 믿었다. 우리의 심령은 이생에서는 절대 온전히 나음 받을 수 없다. 죄와 혼돈된 것이 우리 모두의 심성心性에 너무 깊이 묻혀 있기 때문이다. 좋은 소식은 많은 부분이 치유 받을 수 있다는 것이다. 우리의 심령은 예수의 우리 안에 계심과 그의 피의 능력에 의해 치유될 수 있다.

8장에서 "심령 청소"하는 전반적全般的 방법론에 관한 논의를 하지는 않을 것이다. 심리학과 정신의학 그리고 다양한 형태의 상담법에는 우리 심령의 갈등을 해결하기 위한 많은 접근 방법이 있다. 심령에 어려운 문제를 가진 사람들에게 이런 종류의 방법들 중 어느 한 가지, 또는 이 방법론 중 모두가 도움이 될 수 있다.

불행하게도 정신의학이라는 과학이 생기게 된 이래로 종교와 과학은 서로를 용납할 수 없게 되었다. 과학적 사고 방법과 신앙적 전통은 서로를 이해하려고 하지 않았다. 이것들은 서로에게서 잘못된 점을 찾는 데 많은 에너지를 소모했다.

기독교 신앙의 많은 표현들이 오류 가운데 표류(漂流)했다는 것과 또 그리스도의 말씀과 반대되는 신앙생활로 사람들을 끌어들였다는 것은 사실이다. 그러나 이런 오도된 기독교 신앙이 예수가 길이요, 진리요, 생명이라는 기독교 신앙의 근본적 선언을 무효화한다는 것은 아니다. 영적인 치료에 대한 우리의 불완전하고 잘못된 이해가 예수께서 우리의 치유자되심을 무력화시킨다는 것은 아니다.

심리학 역시 때로 불완전하고 오류가 있는 심지어는 해롭기까지 한 치료 방식들을 제시하고 행해 왔다. 그러나 우리가 심리적 존재임은 사실이며, 따라서 인간 심리에 관한 과학적인 연구를 계속하는 것은 절대적으로 필요하다.

우리에게 필수적인 이 전문 분야들 간의 불필요한 적대 행위는 비극이다. 인격체인 우리가 누구인가를 이해하는 데 둘 다 불완전한대로 중요한 기여를 한다. 심리학만으로는, 혹은 영적 치유의 이해만으로는 우리가 누구인가를 이해하는 데 불충분하다.[1]

사실, 과학과 믿음은 서로 보완적이다. 그러나 크리스천에게는 성경이 최종적 권위를 가진다. 성경은 하나님의 말씀이다. 하나님은 성경 속에서 하나님 자신에 관해서, 인격을 가진 존재로서의 우리에 관해서, 그리고 우리의 다양한 종류의 관계성들에 관한 진리를 보여주셨다. 성경은 또한 죄와 그로 인한 결과 그리고 하나님이 주신 처방에 관해서 말하고 있다. 치유는 관계성의 회복을 포함한다. 그리고 죄나 질병, 혹은 죄와 질병 모두에 의해 손상된 몸과 영의 회복을 포함한다.

하나님이 의도하신 관계성을 회복하도록 돕는 길이라면 어떤 종류의 심리학적인 방법이라고 할지라도 전적으로 받아들일 수 있다. 그러나 어떤 기술이 하나님의 말씀으로 뒷받침되지 않은 인간 생명 이해에 기초를 두고 있다면, 설사 그것이 아무리 내게 과학적으로 보인들 우리에게 해로울 수 있다.[2]

그리스도의 심령 안의 임재는 종종 심령의 문제의 핵심을 꿰뚫어 우리 심령을 낫게 할 수 있다. 성경적으로 건전한 심리학 및 정신과 치료와 목회자의 상담과 더불어 주어지는 그리스도 중심의 상담은 영과 혼의 깊은 곳에 닿아 이들을 각각 치유하고, 또 그들이 원만하게 잘 아우러져 일할 수 있도록 해주고, 따라서 치유된 심령이 육신을 강건하게 만들도록 도울 수 있다.

두려움과 치유

두려움이란 우리를 위협하는 상황에 대한 정상적인 감정의 반사 작용이다. 신속하고 적절하게 다루어진다면, 두려움이 건강에 나쁜 영향을 일으키는 경우는 드물다. 그러나 우리가 두려움을 적절하게 다루지 못하고 그것에 매어 있으면, 그 두려움은 해를 끼칠 수 있다. 두려움은 동맥 혈관, 기관지, 장관腸管의 근육을 긴장시키고, 만성 두통과 같은 다양한 통증과 수많은 다른 병적 증상을 일으킬 수 있다. 많은 경우에 우리는 두려움의 원인을 기억 속에 묻어버리기 때문에 원인을 찾아내서 병증을 해소하는 일이 어려워진다.

킬렌다는 콩고의 한 대도시에 사는 활동적인 목사의 부인이다. 남편은 에이즈와 싸우는 일에 여러 교회를 참여시키기 위해 일을 열심히 했다. 그들의 결혼 생활은 순조로웠고, 일곱 명의 자녀가 있었는데, 그중 몇은 이미 성인이 되었다. 킬렌다 부인은 복부와 등뼈에 걸쳐 모든 곳이 쑤시고 아픈 증상과 만성 피로 및 수면 장애를 호소하며 방가 병원을 방문했다. 이런 증상들로 그녀는 2년이나 고생했다.

종합 검진 결과 어떤 신체적 징후도 찾을 수 없었기에, 그 부인이 일종의 심리적인 고뇌로 고생하지 않을까 하고 추정했다. 그래서 그녀를 마탈라 여사에게 보내 좀 더 자세히 알아보도록 하고 상담을 받도록 했다.

마탈라 여사는 몇 시간씩 킬렌다와 상담했고, 그녀를 나에게 자주 보내 진료를 다시 받아보도록 했다. 나와 마탈라 여사는 이 부인의 증상에 대한 어떤 원인도 찾을 수가 없었으나 그 부인은 "의사 선생님, 저 아파요"라고 계속 말했다. 네 번째 진료 받으러 왔을 때 나는 좌절감 때문에 "아무 이상을 찾을 수가 없습니다", "이 모든 증상은 당신의 생각 속에 있는 것입니다", "당신은 병든 게 아닙니다" 같이 의사가 절대로 하지 말아야 할, 그러나 종종 하는 실수를 할 뻔 했다. "당신은 병든 게 아닙니다" 같은 말은 백퍼센트 틀린 말이다. 왜냐하면 실제로 그녀는 병들어 있었고 자신이 병든 것을 알고 있었기 때문이다. 그래서 나는 지금까지는 그녀의 증상의 원인을 찾지 못했다고 설명했다. 우리는 가능한 모든 검사를 했었고, 이제 오직 한 가지 남은 검사는 내가 생각하기에 그녀에게는 정말로 필요치 않을 것 같은 에이즈 검사였다. 그러나 그녀는 "의사 선생님, 할 수 있는 모든 검사를 해 주세요"라고 했고 그녀는 검사실로 가서 에이즈 바이러스 검사를 받았다.

그녀는 3일 후 검사 결과를 알기 위해 다시 방문했다. 내가 에이즈 검사 결과가 음성으로 판명되었다고 하자 즉시 그녀는 몸을 앞으로 내밀며 다그쳐 물었다. "정말로 확실한 거죠?" 그녀의 다그침에 나는 답했다. "그럼요! 우리 에이즈 검사는 백퍼센트 믿을 만합니다."

나는 깜짝 놀랐다. 그녀가 의자에 털썩 주저앉으며 긴 한숨을 내어 쉬는 것이 아닌가! 그녀가 치유된 것이다! 이제는 내가 몸을 앞으로 내밀며 그녀에게 물어볼 차례다. "킬렌다 여사! 에이즈에 걸렸을까 봐 걱정했다는 겁니까?"

그녀는 울면서 자신이 2년 전 심한 말라리아에 걸렸다고 말했다. 남편이 병원에 데리고 갔으며 병원에서 정맥 주사를 맞았다. 직원이 정맥 주사를 자기 팔에 꽂는 것을 보면서 그녀는 그것이 에이즈 바이러스에 감염되어 있다고 확신했다. 그래서 그녀는 그 두려움과 그 두려움이 주는 고통 속에 살았고, 그 두려움이 그녀의 모든 증상이었지만, 그녀는 자기가 에이즈에 걸렸을 수 있다는 일이 너무 수치스러운 일이었기에 아무에게도 이야기할 수 없었다. 그녀의 심령이 그토록 듣기 원했던 치유의 말이 바로 선포되었던 것이다. "당신의 에이즈 검사가 음성입니다." 다음날 그녀는 편안한 마음으로 가족이 있는 킬위

트로 돌아갔다.

죄의식과 치유

　　　　　죄의식은 자신이 잘못을 저질렀다는 인식이고 그 잘못이 다른 사람이나 하나님에게 알려졌다는 느낌이다. 그 잘못은 실제 일어난 것일 수도 있고 상상 속에만 존재하는 것일 수도 있는데, 어느 경우라도, 그로 인한 슬픔은 매우 현실적이며 고통스럽다. 우리 안에 깊이 자리한 회한悔恨은 우리 감정이 비탄悲嘆에 빠지게 하고, 심할 경우 신체적 질병을 유발시키기도 한다.

　데이빗 벨검David Belgum은 입원 환자들 중 75퍼센트가 감정적 원인에 기인한 질환을 가지고 있다고 믿는다. 그에 따르면 이런 환자들은 병으로 자신에게 벌을 주고 있는 것이다. 그들의 신체적인 증상과 쇠약은 그들이 죄책감을 무의식적으로 고백하는 것일 수도 있다.[3]

　창세기의 인간 타락에 대한 설명(창세기 3장)을 통해 우리는 죄의 심각성과 그 결과를 분명하게 알 수 있다. 아담과 하와는 자기 자신들을 드러냈기 때문에 하나님 계신 곳에서 달아났다. 그들은 신체적으로뿐만 아니라 영적으로, 심리적으로, 도덕적으로 벌거벗겨져 있었다. 무화과 잎이 아무리 많아도 그것으로 그들의 벌거벗음과 죄의식을 가릴 수 없었다. 그러나 그리스도는 우리의 허물과 죄를 사赦할 수 있기 때문에 죄책감을 치료하실 수 있다.

죄의식을 치료하는 데 필요한 말은 죄사함을 확증하는 말이다. 구약과 신약 성경은 하나님께서 그에게 자신의 죄를 고백하고 자기의 죄에서 돌이키는 사람들을 누구나 용서하신다는 확증을 준다.

우리가 죄의식에서 치유를 받기 위해 배상이 필요한가? 만일 우리의 죄로 손상시킨 것을 회복하는 것이 가능하면 일반적으로 배상이 필요하다. 삭개오는 불법적으로 그가 취한 모든 것을 배상하겠다고 약속했다(누가복음 19:1~10). 이것은 그의 구원의 한 부분이었고 죄의식의 치유였다. 실질적인 보상이 불가능하다면 다른 사람을 섬기는 일에 헌신하는 것이 상징적인 보상의 수단이 될 수 있다.

쓴 뿌리와 치유

하루는 베드로가 예수께 어떤 사람이 자기에게 반복해서 잘못을 범할 때 몇 번이나 용서해야 하는지 물었다. 예수는 한계가 없다고 답하셨다. 우리는 다른 사람을 항상 용서해야 한다. 그 가르침을 주신 후 예수께서는 우리 정신을 번쩍 들게 하는 비유를 말씀하셨는데 그것은 용서와 질병이 서로 연관이 있음을 보여주는 비유였다.

이러므로 천국은 그 종들과 회계하려 하던 어떤 임금과 같으니 회계할 때에 일만 달란트 빚진 자 하나를 데려오매 갚을 것이 없는지라 주인이 명하여 그 몸과 처와 자식들과 모든 소유를 다 팔아 갚게 하라 한대 그 종이 엎드리어 절하며 가로되 내게 참으소서 다 갚으리이다 하거늘 그 종의 주인이 불쌍히 여겨 놓아 보내며 그 빚을 탕감하여 주

었더니

　그 종이 나가서 제게 백 데나리온 빚진 동관 하나를 만나 붙들어 목을 잡고 가로되 빚을 갚으라 하매 그 동관이 엎드리어 간구하여 가로되 나를 참아 주소서 갚으리이다 하되 허락하지 아니하고 이에 가서 저가 빚을 갚도록 옥에 가두거늘 그 동관들이 그것을 보고 심히 민망하여 주인에게 가서 그 일을 다 고하니 이에 주인이 저를 불러다가 말하되 악한 종아 네가 빌기에 내가 네 빚을 전부 탕감하여 주었거늘 내가 너를 불쌍히 여김과 같이 너도 네 동관을 불쌍히 여김이 마땅치 아니하냐 하고 주인이 노하여 그 빚을 다 갚도록 저를 옥졸들에게 붙이니라.

　너희가 각각 중심으로 형제를 용서하지 아니하면 내 천부께서도 너희에게 이와 같이 하시리라. (마태복음 18:23~35)

　우리 모두는 우리의 죄와 불순종으로 말미암아 하나님께 엄청난 빚을 지고 있다. 우리는 그와 같은 빚을 갚을 능력이 없지만, 하나님은 그리스도를 통해 그 빚을 갚아주셨다. 우리가 죄를 고백하고 그리스도를 따르고자 헌신할 때, 우리는 감당할 수 없는 빚으로부터 자유롭게 된다.

　우리는 항상 서로에게 잘못을 한다. 많은 경우에 다른 사람들이 우리에게 잘못을 저지른다. 예수께서는 하나님이 우리를 용서하신 것 같이 우리도 다른 사람을 용서해야 한다고 말씀하신다. 만약 우리가 용서하지 않으면 그에 따르는 심각한 결과가 있게 된다. 예수의 결론은 소름끼치도록 끔찍한 것이며 우리 모두에게 주는 엄중한 경고다. "너희가 각각 중심으로 형제를 용서하지 아니하면 내 천부께서도 너희에게 이와 같이 하시리라"(마태복음 18:35). 하나님께서는 우리의 관계성을 매우 심각하게 여기신다. 그는 우리가 우리의 모든 관계성을 적절하게 유지하길 원하신다. 그렇게 되기 위해서는 다른 사람이 우리에게 잘못할 때 용서하는 것이 요구된다.

우리가 어떤 사람을 용서하지 않는다면 하나님께서는 우리에게 어떻게 하실까? 하나님께서 우리를 집어넣을 "감옥"은 무엇일까? 이 "감옥"은 우리의 구원이나 지옥과는 별개의 것이다. 우리의 구원은 우리 자신이 무엇을 하는가에 달려 있지 않고 그리스도께서 우리를 위해 하신 일을 믿는 믿음에 달려 있다. 만약 우리의 구원이 우리에게 저질러진 모든 잘못을 우리가 용서하는 데 달려 있다면 우리 중 누가 구원을 이룰 수 있을지 의심된다.

나는 예수께서 말씀하시는 감옥은 질병의 감옥이라고 믿는다. 매일 여러 사람들이 여기가 결린다, 저기가 아프다, 기운이 없다, 숨쉬기가 힘들다, 늘 피곤하다 등 온갖 몸의 괴로움을 호소하며 나를 찾아온다. 그러나 우리가 그런 사람의 전체 병력을 점검해 보면, 아무런 신체적 병리를 찾을 수 없는 경우가 많다. 대신, 깨진 관계성, 앙심, 다른 사람에 대한 쓴 뿌리 등이 발견된다. 이런 관계성 문제가 치유될 때 신체적 증상도 종종 사라진다.

리잘라 씨는 고등학교 교장 선생님인데 몇 년 전에 우리 병원에 온 적이 있다. 그는 만성 구토와 설사로 갑자기 체중이 많이 빠졌다. 우리는 그의 체중 저하 외에는 특별한 병의 징후를 발견하지 못했다. 다시 한 번 더 마탈라 여사가 치유자가 되었다. 그녀가 병력을 묻는 과정에 리잘라 씨에게 혹시 직장에서 그를 괴롭히는 사람이 없는지 물었다. 그러자 그는 즉시 매우 방어적인 태도를 보였다. 마탈라 여사는 자신이 리잘라 씨의 근본 문제에 매우 가까이 접근했음을 알고 질문하는 것을 멈추었다. 서두르지 않고 그녀는 대인 관계성에 대한 토론으로 상담을 이끌어갔다.

갑자기 리잘라 씨는 그 학교를 감독하는 교육감과 교목에 대한 신랄한 증오를 토해내기 시작했다. 리잘라 씨에 의하면 그들은 사악한 사람들이었다. 그들은 자신을 계속적으로 모욕하며 자신의 명예를 떨어뜨리기 위해 끔찍한 일을 행해 왔다고 했다. 이런 이야기를 하는 중에 그는 갑자기 마탈라 여사의 옷에 토악질을 했다.

마탈라 여사는 리잘라 씨가 계속해서 상담을 받을 상황이 아니라는 사실을 알고, (물론 그것은 마탈라 여사도 마찬가지였지만!) 그를 집으로 돌려보냈다. 다음날 그녀는 그가 그리스도에 대해 무엇을 알고 있는지 물었다. 그는 소위 '크리스천'이라는 교육감과 목사의 사는 모습을 보고는 예수에 대해 반감을 가지고 있었다. 그럼에도 불구하고 마탈라 여사는 그에게 예수께서 정말로 어떤 분인지 이야기할 수 있었고, 결국 리잘라 씨는 자신의 인생에 그리스도가 필요함을 깨닫게 되었다. 그가 그리스도를 영접했을 때, 마탈라 여사는 그가 자신의 문제를 다룰 수 있도록 도울 수 있음을 알게 되었다.

마탈라 여사는 우리와 다른 사람과의 관계성에 대해서 그리스도께서 하신 여러 말씀을 그에게 읽어 주었다. 그녀는 또한 그에게 마태복음 18장의 비유를 읽어 주며 다른 사람이 우리에게 행한 잘못을 용서해야 할 필요성에 대해 이야기했다. 그때 리잘라 씨는 흥미로운 말을 했다, "나의 진짜 문제는 그 사람들이 아닙니다. 내 문제는 그들에 대한 나의 반응에 있습니다. 그래요, 나는 그들을 용서할 수 있습니다. 이제 그들이 나쁜 사람들이 아니라는 걸 아니까요." 그리스도께서는 이미 그의 심령을 변화시켰던 것이다.

한 차례 기도를 한 후, 마탈라 여사는 그에게 물었다. "이제 당신이 그 사람들에 대해 가졌던 반응들에 대해서 당신 자신을 용서할 수 있습니까?" 그의 심령은 그 질문을 이해했고, 그래서 그는 그 제안을 기꺼이 받아들였다. 그는 자신이 그 사람들을 향해 가졌던 분노와 원한을 주님께 고백했다. 그는 그 파괴적인 감정들에서 자신을 깨끗하게 해주시고 그들을 사랑할 힘을 달라고 주님께 간구했다. 일주일 내에 리잘라 씨는 10파운드의 체중을 회복하고 치유되어 그의 가정과 직장으로 돌아갔다.

용서한다는 것은 무슨 의미인가? 악한 행위나 그 행위자를 너그러이 봐 준다는 뜻인가? 절대 그렇지 않다. 행해진 악과 범한 죄의 무게를 용서가 줄이지는 못한다. 용서란 단순히 내게 잘못한 사람을 예수님에게 맡기고 그를 더 이상 정죄하지 않는 것을 의미한다. 나의 영은 나에게 잘못한 사람들을 더 이상 정죄하지 않는다. 나는 단순히 그리스도의 손에 그들을 맡겨서 그분이 알맞게 보시는 방법대로, 하실 수 있는 대로 그들 가운데 역사하시도록 하는 것이다. 그러면 자유롭게 되는 것이 바로 "나"인 것이다. 만약 용서하지 않으면 괴로움을 받는 사람은 나 자신이 된다. 병이 들게 되는 사람도 나 자신이다. 내가 용서하지 않는다고 해서 잘못한 사람을 병들게 하지는 않는다. 그리고 그 사람은 나의 감정을 전혀 알지 못할 수도 있다. 그러나 나의 감정은 나를 병들게 하기 때문에, 나는 이 쓴 뿌리에서 나음 받아야 한다.

이혼은 인간의 인생에서 가장 많이 질병을 일으키는 요인 중에 하나다. 수백만의 사람들이 자기에게 상처를 준 사람을 용서할 수 없어서 생기는 증오의 아픔으로 고통당하고 있다. 자신에게 상처를 준 배우자를 예수께 넘겨 드리고, 그녀나 그이를 예수가 계신 그곳에 남겨 놓고 떠나는 것은 엄청난 자유와 치유의 경험일 수 있다.

다른 사람이 용서를 구할 때까지 기다려야 하는가? 절대로 그렇지 않다. 만약 다른 사람이 용서를 구하면 화해가 가능하다. 그러나 많은 경우, 가해자는 용서를 구할 의사가 없다. 그는 멀리 떨어져 있거나 이미 오래 전에 죽었을 수도 있다. 그렇다 하더라도 나는 기도를 통해 그리스도께 나아가 이 사람을 그의 사랑과 자비에 넘겨준다고 말할 수 있다. 나는 이 사람을 그리스도의 보살핌과 심판에 넘겨줌으로써 나에게서 정죄하는 영을 떠나가게 할 수 있다. 그러면 그리스도께서 그분의 치유의 사역을 나의 심령 안에 이루실 수 있다.[4]

분노와 치유

바울은 에베소 사람들에게 말했다. "분을 내어도 죄를 짓지 말고 해가 지도록 분을 품지 말고 마귀에게 틈을 주지 말라"(에베소서 4:26~27). 이 두 절의 말씀에는 놀랄 만큼 많은 심리학적 진리가 꽉 차 있다.

분노는 정상적인 인간 현상이다. 분노는 우리에게 상처를 주거나 다른 사람에게 상처를 주는 어떤 것을 볼 때 나타나는 강한 정서적 반응이다. 그러한 분노는 그 자체로는 죄가 아니다. 예수도 화를 내셨으며 여러 경우에 분노의 에너지로 행동하셨다. 예수께서는 선한 일을 하기 위해 이를 사용하셨다.

분노의 도덕적 측면은 분노 자체가 아니라 우리가 그것을 어떻게 다루느냐에 있다. 분노는 큰 파도와 같이 밀려오는 격렬한 감정의 에너지다. 우리는 그것을 어떻게 다스릴 지에 대해 결단하거나, 아니면 감정의 에너지가 우리로 하여금 파괴적이고 죄악된 말이나 행위를 하도록 한다. 예수께서는 성전을 깨끗하게 하실 때나 종교 지도자들을 책망하실 때도 그의 분노를 완전히 통제하셨다. 나는 예수께서 나병과 같은 질병을 보시거나 또는 그 질병이 사람들을 파괴하는 것을 보셨을 때 분노하셨다고 믿는다.

예수께서는 자신이 공격을 받고 모욕을 당하고 위협을 받았을 때 분노하지 않으셨다. 예수께서 마음의 평정을 유지할 수 있었던 것은 자신이 누구이며 무엇을 하고 있는지 잘 알고 계셨기 때문이었다. 예수는 자신 안에 또한 그와 함께 계시며 실재實在하시는 아버지 하나님 안에 흔들림이 없으셨다. 아마도 이것이, 곧 우리가 누구인지 아는 것과 하나님 앞에서 우리가 하는 일에 대해 편안한 마음을 가지는 것이 분노에 대한 가장 중요한 해독제일 것이다. 만약 세상 사람들이 우리를 공격한다면 그것은 그들에게 문제가 있어서 그런 것이다.

사도 바울은 우리가 분노를 품은 채로 잠자리로 가지 말고 화를 품은 채로 해가 지게 하지 말라고 한다(에베소서 4:26). 우리는 오래 묵은 분노는 건강에 치명적인 영향을 미친다는 것을 안다. 만성적인 분노는 위산 분비를 증가시킨다. 동맥 혈관의 근육을 경직시킨다. 장운동에도 영향을 미친다. 호르몬을 변화시켜 다양한 장기에서 만성 염증을 일으킬 수 있다. 오래 지속되는 분노는 건강에 나쁜 소식이다. 그것은 우리를 병들게 할 기회를 마귀에게 준다.

어머니께서 백 살이라는 연세로 축복받은 수를 누리신 후 돌아가셨을 때, 나와 동생은 어머니의 소유를 처분해야 했다. 그중에는 특별한 가보와 값나가는 골동품들이 좀 있었다. 우리는 누가 무엇을 가져야 할지에 대한 가시 돋친 질문에 부딪혔다. 나와 동생 그리고 어머니의 조카들과 질녀들 그리고 어머니와 가까웠던 사람들 사이에 가족 소유물들에 대한 이견異見들로 어수선해졌다.

몇 달 후 나와 아내 미리암은 자매들의 휴양休養 모임에 참석했다. 마지막 행사는 큰 벽난로 주위에서 하는 성찬식이었다. 모임을 인도하는 목사는 나와 미리암이 성찬식 전에 자매들에게 짧게 한마디 해주도록 요청했다.

그날 아침 나는 내 사촌으로부터 어머니의 유물 중에 어떤 것이 자기에게 주어지지 않아서 마음이 상했다는 편지를 받았었다. 나는 그의 편지가 나를 비난하는 것으로 오해했기 때문에 매우 화가 나 있었다. 그는 왜 우리가 감당해야 하는 슬픔의 짐을, 또 그 와중에도 우리가 모두에게 가능한 한 최선을 다하려고 애써온 것을 몰라주는가? 나의 마음은 분노로 끓고 있었다. 나는 그날 저녁 자매들에게 어떤 유익한 이야기를 하려면 내 마음이 평안해야 한다는 것을 알고 있었다. 그러나 나는 분을 삭일 수가 없었으며 내게 필요한 평안을 찾을 수 없었다.

결국 나는 미리암에게 그날 저녁 모임에 참석할 수 없게 되었다고 목사에게 전하라고 말했다. 그 얘기는 미리암 혼자 가게 되었다는 뜻이었다. 미리암은 매우 다정스럽게 그러나 분명하게 물었다. "댄, 당신은 그리스도께서 자신의 심령을 치유하도록 하지 않으면서 어떻게 다른 사람들에게 그리스도께서 심령을 치유해 주신다고 말할 수 있나요?" 아차! 나는 내가 해야 할 일이 무엇인지 즉시 깨달았다.

모임을 시작할 때 목사는 우리 각자에게 마른 막대기를 하나씩 주었다. 그는 성찬식의 떡을 떼고 잔을 나누기 전에 억울함, 분노, 시기심 같이 여러 죄악된 생각과 느낌을 심령 속에 지니고 있는지 검사하도록 했다. 이 막대기는 우리 죄악들의 상징이었고 우리는 성찬식에 참여하기 위한 준비로 한 사람씩 그 막대기를 가지고 와서 난로 속에 던져 넣었다. 그러고 나서 목사는 나에게 자매들에게 한마디 나누도록 머리를 끄떡여 표시했다.

짧게 도움을 구하는 기도를 한 후, 나는 자매들에게 어머니의 유물들에 대해 일어난 일들에 대해 간단히 이야기했다. 나는 내 사촌에 대해 마음 가운데서 소용돌이치던 나의 분노와 쓴 뿌리에 대해 고백을 했다. 나는 나무 막대기를 잡고 분노와 쓴 뿌리를 그 위에 얹어 놓았다고 말했다. 나는 난로로 가서 그것을 그 속에 던져 넣고 그것이 활활 타오르는 것을 보았다. 그렇게 했을 때 분노와 쓴 뿌리는 사라졌으며, 예수의 평안이 대신 채워졌다.

그 불타는 막대기는 내 심령이 필요로 했던 치유의 상징이었다. 미리암과 하나님의 도움으로 내가 이 자매들 앞에서 나의 죄와 치유가 필요함을 고백하는 용기를 가질 수 있었기 때문에 그 불타는 막대기는 내 심령에 치유의 말이 되었다. 결과적으로 나의 분노는 해가 지기 전에 사라졌으며 마귀는 꼬리를 감추고 슬금슬금 도망가야 했다. 내가 성찬식 떡을 떼고 그 잔을 마실 때, 죄 사함의 확신과 심령의 청소가 일어났고, 나는 자유롭게 되었다.

기억과 치유

어떤 종류의 일들에 관한 기억은 비록 아주 어린 시절의 것들이더라도 부정적인 정서를 일으킬 수 있고, 마음을 무겁게 짓누르는 어두운 느낌을 불러일으키거나, 마음에 상처를 주는 생각들에 빠지게 해서 우리의 내면을 고통스럽게 할 수 있다. 우리에게 좋은 소식은 그 아픈 기억들이 그리스도의 능력으로 치유될 수 있다는 것이다.

몇 년 전 나와 아내는 당시 성공회 오클라호마 관구의 주교였던 콕스Cox 주교가 인도하는 치유에 대한 교육 세미나에 참석한 적이 있다. 콕스 주교의 부인과 이야기를 나누는 중에 그녀는 우리에게 충격적인 이야기를 했다. 콕스 부인은 하나님께서 자기에게 분변分辨하는 지식의 은사를 주셨다고 말했다. 남편이 설교를 하거나 가르치고 있을 때, 그녀는 종종 청중 가운데 어떤 사람이 특정 질환이나 허약함으로 고통당하고 있다는 것과 또 하나님께서 그 사람을 치료해 주실 것이라는 강한 내적인 영감을 받곤 했다고 말했다. 그녀는 신속히 쪽지에 그 영감을 기록하여 남편에게 주도록 안내원에게 건네준다. 설교를 마무리할 즈음에 남편은 아내가 적어 준 그런 종류의 질환이나 허약함으로 고통당하는 사람이 있는지 물어 본다. 많은 경우에 아내의 영감은 맞았으며 그런 종류의 질환을 가지고 있던 사람이 앞으로 나와 기도를 받고 나음을 받았다.

한번은 치유 세미나 중 그녀는 옆에 앉은 건강해 보이는 젊은이가 태어날 때 탯줄이 목을 조여 지금도 심각한 호흡 곤란을 겪고 있다는 강한 영감을 받았다. 그녀는 그 젊은이가 낯선 사람이고 너무나 건강해 보여서 자신이 받은 영감을 어떻게 이해해야 할지 몰랐다. 우연찮게도 그 젊은이는 세미나가 열리고 있는 교회의 오르간 연주자였다. 세미나 후에 그녀는 그와 음악에 대해 이야기를 나누는 가운데 서로 친하게 되었다. 서로 편안하게 이야기를 나눌 수 있게 되었을 때 콕스 부인은 혹시 그가 호흡 곤란으로 고통당하고 있는지 물었다.

그가 놀라서 어떻게 그걸 아느냐고 물었을 때, 그녀는 하나님께서 자기에게 그런 은사를 주셨으며 그가 호흡 곤란으로 고생하고 있다는 영감을 받았다고 설명해 주었다. 그 젊은이는 자기가 아주 어릴 적부터 침대에서 평평하게 누워 잠을 잘 수 없었다고 말했다. 그렇게 하려고 하면 호흡곤란으로 질식하곤 했다고 했다. 그는 잠잘 때 항상 베개를 몇 개씩이나 베고 자야 한다고 했다. 그의 부모는 많은 의사에게 그를 데리고 갔으며, 유명한 의료 기관에서 많은 검사를 받았으나 결론은 항상 질병의 징후가 없다는 것이었다. 그는 "그러나 여전히 나는 똑바로 누워 잘 수가 없어요"라고 말했다.

젊은이의 어머니도 그 자리에 함께 있었는데, 그들의 대화에 끼어들어서 아들의 설명이 사실이라고 확인해 주었다. 콕스 여사가 임신과 출산 과정에 대해 물었을 때 그 어머니는 모든 것이 정상적이었다고 확실하게 말했다. 콕스 여사가 아이가 태어나서 바로 잘 울었는지 혹시 호흡 곤란이 없었는지 물었을 때, 그 순간 그 젊은이의 어머니는 잠깐 동안 문제가 있었다는 것을 상기해냈다. 탯줄이 아기의 목에 꼭 감겨 있어 아기가 숨을 쉬지 않고 있었기 때문에 의사들이 달려들어 자기의 갓 태어난 아기에게 무엇인가를 하려고 했다는 것을 기억해냈다. 아이는 곧 우렁차게 울기 시작했으며 완전히 정상인 것 같았으므로 아이의 어머니는 그 사실을 곧 잊어버렸다. 콕스 여사가 영감으로 받은 진단이 사실임이 드러났다.

콕스 여사는 젊은이에게 치유 받고 싶은지 물었다. 그가 치유받기를 적극적으로 원하자, 그녀는 남편인 주교를 불러 상황을 설명해 주었다. 주교는 젊은이에게 몇 가지 질문을 한 후 기도했다. 주교는 그 젊은이의 심령 안에 예수께서 계신 것을 알고 있었기 때문에 그의 기억의 가장 깊은 곳에 치유의 말씀을 해주시도록 예수께 부탁드렸다. 주교는 그 젊은이의 출생 때 함께 예수께서 하셨다는 확신이 젊은이의 심령에 임하도록 예수께 부탁드렸다. 예수께서는 그 어린 아기가 산도를 따라 내려올 때 그 아기를 그의 손으로 친히 붙잡고 계셨다. 그분께서는 아기의 목을 감고 있는 탯줄이 꽉 죄어 아기를 질식시키고 있는 것을 아셨다. 그래서 그분, 예수는 아기의 머리가 제 시간에 바깥으로 나오게 하심으로써, 의사와 간호사가 신속하게 필요한 조치를 취할 수 있게 했으며, 아기를 뇌 손상으로부터 보호하고, 아기의 생명을 구했다. 주교는 그 무서운 경험으로 인한 고통을 그리스도께서 젊은이의 마음으로부터 없애 주시고 이제 평안히 잠잘 수 있게 해주시도록 간구했다. 그 젊은이는 그 순간 나음을 받았으며 그 이후로부터 그는 침대에 평평하게 누워서 잠들 수 있게 되었다.[5]

이 젊은이의 치유에 있어서 '기적적인' 것은 콕스 여사에게 하나님이 주신 영감의 말씀이다. 그녀가 말씀을 좇아 행동하고 주교가 기도로써 치유의 말을 했을 때 그리스도께서는 그 젊은이의 심령을 치유하고 호흡 곤란을 낫게 하셨다.

비록 대부분의 그런 기억들이 의식적으로 돌이켜 볼 수는 없지만, 출생 때부터의 기억들이 여전히 우리의 심령 속에 남아있다. 어쩌면 출생 전 태아 때의 기억조차도 수년이 지난 후에 우리에게 영향을 줄지도 모른다. 그러나 그 어떤 기억도 그리스도의 권세로 찾아낼 수 없거나 치유할 수 없는 것은 없다.

제9장

건강으로
인도하는
자유

중독의 본질

성의 본질

성적 강박증을 치유하는 그리스도의 능력

성적 강박증의 영적인 면

우울증의 실제實際 모습

제9장 건강으로 인도하는 자유

• • • 인간으로서의 우리 존재는 자유를 매우 소중하게 여긴다. 우리 생명 현상에 나타나는 많은 큰 모순矛盾들 중의 하나는 이 본질적 성향에 반反하여 우리의 영에는 우리 자신을 예속隸屬시키려는 엄청나게 거대한 경향이 있다는 사실이다. 자유는 어마어마한 책임을, 곧 의사議事 결정의 책임과 그 결정에 따르는 결과에 대한 책임을 수반隨伴한다. 우리는 의사 결정을 해야 하는 부담과 그 결정에 따르는 책임을 져야 하는 짐을 덜기 위해 우리 자신을 우리 이외의 다른 것들에게 떠맡기려 한다. 유감스럽게도 그같이 할 경우, 우리의 인간으로서의 가치는 떨어지며 우리의 건강 또한 손상된다.

우리가 택하는 이러한 예속은 강박 관념적인 생각이나 행동으로 나타날 수 있다. 이런 버릇은 습관적으로 반복되며 설사 우리가 많은 노력을 기울인다 하더라도 바꿀 수는 없다. 이러한 노예 생활은 우리 몸에 투여하고 의존하게 되는 약물 중독의 모양으로 나타날 수도 있다.

강박 관념적인 행동이나 약물 중독은 우리의 몸과 정신 그리고 영에 영향을 미친다. 이러한 장애들은 치유가 이루어지기 위해 왜 전인적 치료가 필요한가를 보여주는 가장 명백한 예가 된다.

중독의 본질

중독이란 생화학적 물질에 의존하는 상태를 말한다. 어떤 사람이 중독성 물질을 사용하기 시작하면 이 물질은 즉시 뇌의 일정한 종류의 신경 화학 물질 생산 방식을 변경시킨다. 그리고 짧은 시간 내에 우리의 몸과 뇌는 그 중독성 물질이 없이는 제대로 기능할 수 없다고 생각하게 된다. 담배, 술, 마약성 약물, 신경안정제 등이 중독성 약물의 대표적인 예다. 중독성 물질의 사용으로부터 벗어나도록 돕는 과정은 길고도 어려우며 실패하는 경우가 많다.

특정한 습관성 행동 양식에서도 비슷한 중독 증상이 나타난다. 그러나 이 경우 중독성 물질은 우리 자신 내부에서 생산되는 신경 화학 물질 중 하나다. 뇌는 우리의 감정들과 느낌들의 반응으로 생산되는 신경 화학 물질들의 근원이다. 이러한 화학 물질들은 체내를 순환하면서 모든 장기에 영향을 미친다. 강렬한 쾌감으로 인해 생산되는 신경 화학 물질이 바로 아편과 화학적 구조가 비슷한 아편양 물질 opioids이다. 이 물질은 우리 몸을 기분 좋게 할 뿐만 아니라 스트레스와 고통에 덜 예민하게 해 준다. 이것이 바로 우리가 아편과 그 파생 물질에 강하게 끌려드는 이유다. 우리 전신이, 또 우리의 정신도 그 즐거운 느낌의 혜택을 보게 되기 때문이다.

뇌에서 생산되는 아편양 물질이나, 체외에서 흡입하는 아편과 헤로인으로 생기는 기분 좋은 느낌, 스트레스의 경감輕減, 고통이 없는 느낌들은 짧은 시간 지속된다. 그런 느낌들은 그저 몇 시간 정도 계속된다. 그렇게 되면 우리의 몸은 더욱 많은 양의 그런 물질을 원한다. 아편과 헤로인을 두세 번 정도 흡입한 후에는 뇌의 아편양 물질의 생산이 억제되고, 우리 뇌와 몸은 외부로부터 공급되는 약물들에 의지하게 된다. 일정한 양의 약물의 복용이 없으면 여러 날 동안 지속되는 극심한 고통과 괴로움이 발생한다. 그렇기 때문에 약물 중독은 노예가 되는 것과 같다. 약물 중독으로부터의 탈출은 매우 힘들고 고통스러우며 외부의 도움이 없는 한 좀처럼 성공하기 힘들다.

쾌감을 주는 여러 종류의 행위 중 가장 강렬한 것은 성적 쾌감이다. 성적 쾌감은 뇌를 자극하여 아편양 물질을 큰 파도가 몰아치듯 생산하게 하기 때문에 깊은 만족감과 성취감 그리고 우리 온 몸이 완전히 풀리는 느낌을 준다. 만약 특정한 행위가 일련의 쾌감을 일으키는 신경 단백 물질을 큰 파도가 몰아치듯 생산하고, 또 이러한 경험을 자주 반복한 사람은 그 습관을 깨뜨리기 힘들다. 그의 몸은 특정한 행위에 의해 생성되는 그 쾌감을 불러일으키는 신경 단백 물질에 갈급하게 되고 그래서 좀처럼 바꾸기 힘든 강한 습성習性이 형성된다. 특정한 종류의 성행위의 중독증은 바로 이러한 메커니즘의 결과다. 사람은 자신의 행위에 중독되는 것이다.[1]

종교적 회심, 특히 예수 그리스도와의 진정한 만남이 이러한 중독을 끊을 수 있다는 것을 극적인 모양으로 보여 주는 사례가 많이 있다. 다음 이야기를 생각해보기 바란다.

쟉크 케이틀Jacques Katele 박사는 콩고의 방가 병원 원장으로서 수년간 일하고 있다. 그는 직장에서 더할 나위 없이 좋은 동료고, 우수한 의사이고, 좋은 성품의 소유자다. 수년을 그와 같이 일했지만, 미리암이나 나는 그의 심령에 또는 그의 가족 안에 연기를 내며 타고 있는 무엇이 있다는 것을 알지 못했다.

쟈크의 부모님은 신실한 교인이었고 매주 쟈크와 그의 형제자매들을 교회에 데려갔다. 그러나 고등학교 시절부터 쟈크는 교회 출석을 빠지는 데 명수가 되었다. 의과 대학 첫 해, 그는 호노린Honorine과 사랑에 빠지게 되었는데 그녀가 크리스천인 것까지는 좋았지만 불행하게도 그녀는 쟈크의 부모님이 속한 부족과 상종 않는 부족 출신이었다. 그의 부모님은 쟈크가 어떤 경우에도 그녀를 다시 만나지 못하게 했고, 그래서 결혼은 상상조차 할 수 없는 일이 되었다. 쟈크의 불안감이 증폭增幅됨에 따라 그는 만성적인 두통과 집중력 감퇴로 어려움을 겪게 되었다. 그는 학교 공부에 어려움을 겪기 시작했다. 그는 신경정신과 병원을 찾아갔고, 의사는 간단히 바리움Valium; diazepam을 처방해 주었다. 쟈크는 바리움의 도움으로 잠도 더 잘 자고 공부도 잘 감당해 나갈 수 있게 됨을 발견했다. 그러나 그는 얼마 지나지 않아 바리움 없이는 잠도 못 자고 공부도 못하게 되었다는 사실을 깨닫게 되었다. 그는 중독된 것이었다.

호노린과의 결혼을 부모님들이 타협의 여지가 없이 반대했기 때문에 쟈크와 호노린은 자기들끼리 결혼식을 올렸다. 그리고 가정생활을 시작했다. 쟈크가 공부를 마쳤을 때, 그는 우리가 젊은 콩고인 의사를 구한다는 소식을 듣게 되었고, 우리를 찾아와 일반 진료의 과정의 수련의로 일했다. 우리는 그의 의사로서의 재능을 인상 깊게 보았기 때문에 그가 수련의 과정을 마친 후 우리 의료진의 동료로 채용했다. 이러는 동안에 호노린은 미리암의 절친한 친구가 되었다. 그녀는 미리암에게 쟈크에 대한 근심을 털어놓았다. 쟈크는 바리움에 중독되었을 뿐만 아니라 점점 더 많은 양의 술을 마시고 있었다. 얼마 지나지 않아서 우리는 그가 다른 여자들과 교제한다는 사실도 알게 되었다.

쟈크는 바리움과 술과 무분별한 성생활의 중독을 끊기 위해 갖은 노력을 다했지만 별 소용이 없었다. 이러한 쟈크의 문제를 아는 우리의 크리스천 스텝들 중 몇 사람이 시간을 내어 그와 상담하고 기도했다. 몇 차례 그는 술을 끊고 방탕한 생활을 그만두겠다고 약속했지만 하루 또는 이틀 안에 그 파괴적인 해로운 습관으로 돌아갔다. 그의 가족이 어려움을 겪기 시작했다. 나도 바리움 중독에 대한 가능한 치료법에 대해 조사해 보았지만 별 뾰족한 수가 없었다.

몇 년이 그렇게 지난 어느 날 저녁, 쟈크의 두 누나가 그의 연구실에 찾아와 자기들은 가족을 떠나 다른 동네로 이사 가기를 원한다고 밝혔다. 가족을 사랑했던 쟈크는 큰 충격을 받았고 그 이유를 물었다. 그들은 쟈크의 행실 때문에 집안에 행복도 평안도 없다고 했다. 그가 술에 취했을 때 그는 종종 어머니에게 고함高喊을 질러댔고 심지어는 때리기까지 했다. 그래서 누나들이 떠나고 싶어 한 것이었다. 쟈크는 자기가 한 짓을 깊이 사과하고 다시는 술을 마시지 않겠다고 약속했다. 그럼에도 불구하고 다음날 일과 후 오후 그는 또다시 인근 술집에 그의 친구들과 함께 나타났다.

1993년 오순절 주일, 호노린은 쟈크에게 그를 교회에 데려가겠다고 말했다. 그는 병원에서 할 일이 많으므로 병원에서 예배를 드리겠다고 핑계를 댔다. 호노린은 매우 화가 나서 집을 뛰쳐나가 혼자 교회로 향했다. 그러나 놀랍게도, 몇 분 뒤 교회에 갈 때만 입는 제일 좋은 옷으로 차려입은 쟉크가 슬며시 그녀 옆자리에 와 앉았다.

마탈라 여사가 그날 아침 설교를 했는데 로마서 7장을 기초로 말씀을 전하고 있었다. 그녀는 사도 바울이 자신의 내면의 삶과 자신의 행실을 변화시키려는 노력이 헛됨을 괴로워한 것을 묘사한 후, 바울이 부르짖었던 그의 고백을 큰 소리로 읽고 설교를 끝냈다. "오호라 나는 곤고한 사람이로다 이 사망의 몸에 누가 나를 건져내랴"(로마서 7:24). 그러나 그는 이내 예수 그리스도의 은혜와 능력을 확신한다. "우리 주 예수 그리스도로 말미암아 하나님께 감사하리로다"(로마서 7:25).

마탈라 여사가 설교를 마쳤을 때, 그녀는 사도 바울 같은 괴로운 삶을 살고 있고, 또 그 삶으로부터 자유롭고 싶은 누구든지 강단 앞으로 나아오라고 청중들을 초대했다. 많은 사람들이 앞으로 나왔는데 쟉크가 그들 중 첫 번째였다. 그를 잘 아는 수많은 병원 스텝들이 서로 눈길을 마주쳤다. ("저 친구, 또 시작하는구먼!") 마탈라 여사가 그 그룹 안에서 모두를 위한 기도를 마쳤을 때, 쟉크는 회중으로 몸을 돌려 그리스도가 그의 심중 깊은 곳까지 찾아오셨고, 따라서 자기는 술과 부도덕의 삶과 결별되었다고 엄숙하게 선언했다. 이렇게 함으로써 그는 앞으로 자신의 행실에 대한 책임을 질 것을 모든 회중에게 약속한 것이었다.

그 다음날 진정한 변화가 쟉크에게 일어났음이 명백해졌다. 쟉크는 평소에도 친절하고 유쾌했지만 이제 그는 마치 밝은 빛을 뿜어내는 것 같았다. 시간이 지날수록 그의 공언이 진실이었음이 밝혀졌다. 6년 이상 금주와 도덕적인 삶이 계속되었다. 평안이 회복된 그의 가족은 보람찬 삶을 살게 되었다.

그러면 바리움 중독 문제는 어떻게 되었던가? 쟉크가 치유된 후 둘째 주에, 브라자빌Brazzaville에서 병원 크리스천 모임이 큰 집회를 열었다. 우리 병원은 쟉크와 마탈라 여사를 포함한 열 명의 대표를 파견했다. 어느 날 밤, 서아프리카에서 온 한 분이 설교를 하고 있었는데 그가 설교를 잠시 멈추고는, 얼토당토않게 자기도 왜 그러는지 모르겠다면서 청중 속에 바리움에 중독된 사람이 있다고 말했다. 만약 그 사람이 그 중독에서 해방되기를 원한다면 그리스도께서 그 남성 혹은 여성을 해방시켜 주실 수 있다고 선언했다.

설교가 끝난 후, 쟉크는 강단으로 올라가 설교자를 끌어안은 후에, 자신이 바로 바리움에 중독된 사람이라고 말했다. 쟉크는 그에게 기도해 달라고 청했다. 일단 방가 병원에서 온 사람들이 그들이 묵고 있는 숙소로 돌아갔다. 설교자와 방가 대표단들이 쟉크를 둘러싸고 설교자가 쟉크에게 치유받기를 원하는지 물었다. 그 대답으로 쟉크는 열네 알이 남아있는 바리움 병을 그에게 넘겨주었고, 그들은 함께 그것을 화장실 변기 속으로 흘려보냈다. 그 후 모두 함께 쟉크가 17년 동안 바리움의 노예로 살게 만든 그의 심령의 병에서 완전히 구출될 수 있도록 기도했다. 쟉크는 그 순간 완전히 자유로워졌다.

이 외에도 다른 수 없이 많은 예화들이 있지만, 이 예화가 가르치는 것은 한 사람의 마음 깊은 곳에 계신 예수 그리스도께서는 그 사람이 자신의 의지적인 결단과 믿음의 행동이 따를 때, 뇌의 생리 작용 및 신경 단백 물질 생산에 변화를 있게 해 주실 수 있다는 것을 알려 준다. 쟈크를 치유한 것은 이 말씀이었다. "우리 주 예수 그리스도로 말미암아 하나님께 감사하리로다"(로마서 7:24~25). 그는 공개적인 고백의 행위를 통해 이 말씀과 믿음을 결합시켰다. 그리스도는 쟈크를 세 가지의 어려운 중독으로부터 해방시켰다. 문란紊亂한 성생활, 알코올 중독, 바리움 중독이 그것이다. 쟈크는 육체적, 정신적, 영적으로 자유를 얻었다. 그리스도는 우리의 해방자가 되신다.

성의 본질

성sexuality은 우리의 인격personality에서 가장 심층에 위치한 부분 중의 하나다. 우리는 이것을 심령의 도식에서 묘사하지 않았는데, 그 이유는 성이 생각과 기억에서부터 본능에 이르기까지 우리 심령 전체에 널리 퍼져 있기 때문이다. 성은 몸뿐 아니라 정신, 감정, 욕구, 기억의 영역을 총망라總網羅하여 서로 관여한다. 마찬가지로 성은 영적인 영역도 관여한다. 성별gender과 성sexuality은 우리가 개체로서 어떤 존재인가를 구성하는 중요한 부분이기 때문이다.

창세기의 천지 창조에 대한 설명은 남성성masculinity과 여성성femininity이 하나님으로부터 왔으며, 따라서 그들이 선하다는 것을, 곧 좋은 것임을 명백히 밝히고 있다. 우리의 성에 대한 육적인 측면은 호르몬, 신경 단백 물질, 생식기, 다른 장기와의 연결 등을 포함하며, 이 모든 것은 하나님께서 창조하시고 설계 건조하신 것이다.

심리학적으로 성은 확증과 친밀 그리고 안정에 대한 욕구를 포괄包括한다. 그리고 그것은 쾌감, 성적 만족, 창조성, 그리고 어떤 다른 측면에서 볼 때 어느 정도는 다른 사람에 대한 지배욕까지도 포함한다. 영적인 수준에서 보면, 성은 우리 본연의 자아와 삶의 의미와 목적을 이해하는 데 기여한다. 나의 성별과 그에 따르는 나의 남성성이나 여성성은 내가 한 개체로서 누구인가를 나타내는 데 결정적으로 기여한다. 더 나아가 성경은 성적 관계에서 나타나는 비밀스러운 개인적 친밀함을 하나님께서 우리와 갖기 원하시는 관계의 비유로 표현한다.

성적 욕망은 강력한 내적 에너지를 생성하며, 이러한 에너지는 제어하기 힘들다. 그러나 하나님은 우리에게 이러한 에너지를 제어하고 관리할 수 있는 길들을 허락하셨다.

1. 우리 안에 계신 그리스도의 존재는 우리에게 감정과 느낌과 욕구를 절제할 수 있는 힘을 준다. 이것이 바로 쟉크를 그의 문란한 성생활의 습관에서 자유롭게 한 힘이다.

2. 성경에 하나님은 우리의 성을 충족시킬 그의 계획을 개괄적으로 보여주시고, 어떻게 행하는 것이 건전하고 건설적인 모양인지 알려 주신다. 하나님께서는 우리가 건강하기를 원하기 때문에, 우리 삶의 모든 면에 관해 그가 주신 율법과 명령들은 우리의 건강을 증진시키고 어떻게 바른 관계를 가질 수 있는지를 보여준다.

3. 부모들의 사랑과 보호, 모범, 성경에 기초한 교육은 값을 따질 수

없을 만큼 중요하다.

4. 마지막으로, 견고한 크리스천 공동체의 격려는 매우 중요하다. 내 부친의 교회에서는 24명의 여자 분들이 정기적으로 모여 선교 사역과 선교사들을 위해 기도했다. 그들은 내가 선교사로 살기 위한 준비를 하는 것을 알았으므로 나를 위해서도 기도해 주었다. 그들은 내게 편지를 자주 씀으로써 나를 격려하고 나에게 그들이 기도하고 있다는 것을 확신시켜 주었다. 그리고 이러한 도움은 내가 사춘기와 청년기를 지나는 과정 동안 많은 유혹을 견뎌낼 수 있도록 도왔다. 나는 이 신실한 여인들을 실망시키고 싶지 않았다.

성과 관련된 강력한 심적 에너지는 매우 어린 시절부터 우리에게 영향을 미치기 시작하며, 그것을 불에 비유할 수 있다. 불은 우리의 삶과 안락을 위해 필요하다. 불은 창조적일 수도 있고 한편으로는 파괴적일 수도 있다. 창조적이기 위해 불은 반드시 알맞은 자리에 있어야 하며 적절히 관리되어야 한다. 그렇지 않으면 해가 되거나 치명적이 될 수도 있다. 안정된 결혼은 성적 욕구를 충족시키기 위해 하나님이 만드신 "아궁이"다(창세기 2:24~25). 결혼을 통한 이성 간의 결합은 선하며 하나님께서 축복하신 것이다. 그것은 성적 결합을 위한 안전하고도 건전한 유일한 장소다.

성sexuality은 우리 인격의 한 부분이다. 하나님께서는 우리가 성적 욕구를 갖도록 창조하셨다. 성의 도덕적인 관점은 우리 안의 성적 욕망이 불러일으키는 에너지를 어떻게 관리하는가에 있다. 이러한 에너지가 나를 지배하고 나의 행동을 결정하도록 허용하고 있는가? 아니면 나의 의지로 이러한 에너지를 내가 옳다고 생각하는 방향으로 이끌어 갈 수 있는가? 바꾸어 말하자면, 나의 몸이 나의 영을 지배하는가, 아니면 나의 영이 나의 몸을 지배하는가? 성적 욕망이 우리가 옳지 않다고 생각하는 방향으로 우리를 충동질할 때 우리 마음 가운데 갈등이 일어난다. 또한 사회적으로 인정되지 않는 성적 행위에 관여할 때, 우리를 둘러싸고 있는 세상 가운데도 갈등이 일어난다.

성적 강박증을 치유하는 그리스도의 능력

성에 관련된 문제들은 우리의 건강에 육체적, 정신적, 영적으로 영향을 미친다. 아프리카의 대부분의 지역에서 가장 큰 문제점은 한 사람이 성관계를 갖는 대상이 여럿이라는 점이다. 이러한 행태行態의 성행위는 종종 사춘기부터 시작된다. 이러한 성행위의 유행이 바로 많은 아프리카 나라에서 에이즈가 급속도로 확산되는 이유 중 하나다.

콩고와 다른 중앙아프리카의 많은 젊은이들이 크리스천이 되었고 그리스도에 대한 진정한 헌신을 다짐했다. 그러나 그들 중 일부분은 이미 난잡한 이성 간의 성행위에 관계되어 있었다. 그들 중 많은 사람이 깨달은 것은 그들이 크리스천이 되었어도 이미 길들여진 난잡한 성생활의 습관적 행태를 그들 스스로 깨고 나올 수 없다는 것이었다.

소피라는 이름의 19살 소녀가 병원으로 나를 찾아왔다. 그녀는 복통과 불규칙적인 생리 주기 그리고 학교 공부에 집중하기 힘든 상태를 호소했다. 나는 그런 증상을 일으킬만한 어떠한 신체적 원인도 그녀에게서 발견하지 못했다. 내가 그녀의 사생활에 대해 질문했을 때, 아무런 문제도 없다고 대답했다. 그녀는 2년 전에 예수님을 영접했고 지역 교회에서 청소년을 위한 성경 공부 단체에서 열심히 활동하고 있었다. 나는 그녀에게 마탈라 여사를 만나 이야기할 것을 권했고 그녀는 마탈라 여사와 상담을 시작했다. 2주 후 그녀와 마탈라 여사는 내게 상담 기간 동안에 어떤 일들이 일어났는지 설명했다.

마탈라 여사는 소피의 몸 상태가 어떤지 물었다. 그 다음으로 그녀는 상냥하고 친절한 태도로 소피의 삶의 다른 측면들에 대해 질문했다. 소피는 갑자기 허물어져서 고뇌와 고통으로 점철된 장황張皇한 이야기를 쏟아 붓기 시작했다. 그녀에게는 수많은 남자 친구가 있었다. 그녀 스스로 그들과 함께 잠자리를 같이 하는 것이 옳지 않다는 것을 알았음에도 그녀는 거절할 용기도 혹은 그러고 싶은 마음도 없었다. 무엇보다도 문제가 되는 것은 그들 중 몇 명은 성경 공부 그룹에 참여하는 사람들이라는 점이었다. 그녀는 마탈라 여사에게 도와줄 것을 간청했다.

마탈라 여사는 이러한 종류의 행위가 어떻게 일어나는지 잘 이해하고 있었다. 이러한 문란함이 귀신 들린 일은 아니지만, 죄악된 행동의 노예가 된 상태라는 것은 맞다. 소피도 심령으로는 이것을 잘 알고 있었다. 그러나 그녀는 거기에서 벗어날 수 없었다. 마탈라 여사는 소피에게 그녀가 진정으로 벗어나고 싶은지 물었다. 소피가 그렇다고 단언하자, 마탈라 여사는 그 모든 내용을 예수께 말씀드리고, 그런 행위에 동조 참여했던 그녀 자신의 죄들을 고백한 후, 죄사함과 깨끗케 하는 그 분의 권세를 간구하라고 조언했다. 연이어서 마탈라 여사는 소피에게 그녀의 죄악된 성생활의 습관에서 손을 씻고, 그녀의 심령에서 또 행동에서 남자 친구들과의 관계를 완전히 끊어 버리라고 가르쳤다. 소피는 이 모든 일을 해냈다.

계속된 상담 기간 중에, 마탈라 여사는 소피에게 이 속박의 굴레에서 자유롭게 되기 위해 목회 임원들과 함께 기도해 보지 않겠느냐고 물었다. 소피는 그렇게 하는 것이 좋다고 했다. 그 다음날 목회 임원들이 그녀를 만나 그녀의 이야기를 들었다. 그들은 그녀의 구원의 사실을, 곧 그리스도께서 그녀의 죄를 사하셨다는 것, 따라서 그의 권능이 그녀를 강하게 하고 부도덕으로부터 지켜줄 것이라는 것을 재차 확신시켜 주었다. 그들이 그녀와 기도할 때 그들은 부도덕의 영을 대적하여 기도했다. 그들은 소피의 감정과 느낌과 욕망을 치유해 주시는 그리스도의 역사를 완전하게 끝마쳐 주시도록 그리스도에게 간구했다.

이 모든 일을 끝낸 후 마탈라 여사는 부도덕의 속박에서 계속해서 자유롭기 위해서 소피가 반드시 지켜야할 것과 생각을 어떻게 해야 하는지를 그녀에게 개괄적으로 설명했다. 그 후 우리가 확인한 바에 의하면 소피도 케이틀 박사처럼 완전히 자유로워졌다. 그녀는 지금 결혼 생활과 곧 낳을 아기를 기를 어머니로서의 책임을 질 준비를 하는 중이다.

소피는 부도덕한 삶의 속박으로부터 벗어난 수백 명의 남녀 중 한 예다. 그리스도의 권세와 능력이 목회자 및 의료인들의 기도와 자애慈愛로운 상담과 함께 역사하면 죄악된 행동의 사슬에 묶여 있는 이들을 그 굴레에서 풀어 주고 치유할 수 있다. 우연찮게도 소피의 몸에 나타났던 온갖 증상이 치료도 하기 전에 사라져 버렸다. 다행히 그녀의 에이즈 혈청 검사 결과도 음성이었다. 소피의 경우와 달리, 비슷한 이야기를 가진 셀 수 없이 많은 젊은이들은 이미 바이러스에 감염되어 있고, 그에 대한 치료는 현재까지 없다. 이것은 우리가 안고 있는 현실의 비극이다.

성적 강박증의 영적인 면

케이틀 박사나 소피처럼, 한 사람의 심령 속에 계신 그리스도의 능력은 성적 강박증에서 그 사람을 치유하고 그들이 건전한 성생활을 할 수 있도록 회복시킬 수 있다. 그렇다면 예방도 가능할까? 사람들을 불건전하고 충동적인 성적 행동으로 끌어들이는 강한 영향력들과 어떻게 맞서 싸울 수 있을까?

사도 바울은 우리의 진정한 싸움의 대상은 사람들이 아니라 "정사와 권세와 이 어두움의 세상 주관자들과 하늘에 있는 악의 영들에게 대한 것"(에베소서 6:12)임을 말해 주고 있다. 현대의 합리주의적 문화의 영향 아래 있는 우리는 위의 말씀을 잘 이해하지 못한다. 이 권세들은 무엇을 말하는가? 하늘은 어디를 말하는가? 이러한 세력들은 우리에게 어떻게 역사하는가?

'하늘heavenly world'은 우리를 둘러싸고 있는 보이지 않는 영적인 세계를 말하는데, 그 안에서 우리는 일상의 삶을 살아간다. 권세와 어두움의 세상 주관자들과 하늘에 있는 악의 영들은 인간이 만든 체제體制, 곧 단체, 기관, 정부, 미디어를 통해 우리 삶에 일어나는 모든 일에 작용하여 우리를 속이고, 부패시키고, 우리 삶을 자기들이 원하는 대로 조작造作하는 영적인 세력을 말한다. 나치 정부를 통해 역사하는 미움의 영이 유대인 대학살을 일으켰다. 많은 인종들 사이에 역사하는 갈등의 영이 전 세계에 인종 청소라고 표현되는 집단 학살을 부추기고 있다. 부도덕의 영은 성생활을 자유화시킨 소위 성의 혁명을 이룩함으로써 수백만 명의 사람들의 삶과 건강을 파괴시키는 육체적 질병과 심리적 질병으로 가는 문을 열어놓았다. 다음의 이야기는 이 영적 전쟁의 진실을 잘 보여주는 예화들 중 하나다.

1994년 나는 다른 선교 병원들을 방문하고 의학 학회에 참여하기 위해 케냐에 갔다. 기독교인이자 정형외과 의사인 콩고인 동료가 나와 함께 동반했다. 어느 날 저녁 나는 그에게 콩고(전, 자이레)에는 왜 그렇게 많은 사람들이 부도덕하고 문란하게 살고 있는지 물었다. 그가 킨샤사에서 의대생으로 대학에서 공부하는 동안 본 바를 내게 얘기해 주었을 때 나는 경악을 금치 못했다.

이 의사는 의대를 졸업한 후 정형외과 전문의 자격을 얻기 위한 수련 과정을 이수하기 위해 그의 부인과 함께 벨기에에 가서 살았다. 그는 벨기에의 도덕적 문란은 킨샤사의 상황보다 훨씬 심했다고 말했다. 그가 수련한 병원의 외과 의료진 중에서 그는 아내에게 충실한 유일한 의사였다. 다른 의사들과 간호사들은 이것으로 인해 종종 그를 조롱했다.

    콩고에 있는 큰 선교 병원의 원장으로 근무하는 동안 그는 병원 행정 문제로 킨샤사에 자주 여행을 했다. 모부투 대통령 정부의 고위층에 친구들이 있어서 그는 그들의 집에 두어 차례 방문했다. 그는 이 고위층 친구들의 집에서 횡행橫行하는 부당한 권력의 남용에 대해 묘사했다. 그들의 집에는 가족이나 친구들이 성적 노리개로 쓰는 수많은 매력적인 젊은 여성들이 있었다.

    나는 그에게 어떻게 대통령 자신은 에이즈 바이러스에 감염되지 않을 수 있었는지를 물어보았다. 그는 대통령의 측근들이 대통령을 감염에서 보호하기 위해 엄청난 노력을 하고 있다고 말했다. 그날 밤, 이러한 심란한 이야기들로 인해 머리가 어지러워져서 잠을 제대로 잘 수 없었다.

    일주일 후, 나는 케냐의 고지대에서 열린 의학 학회에 참여하고 있었다. 어느 토요일 밤, 나의 영이 심히 불안하여 별 아래서 기도하기 위해 밖으로 나갔다. 고뇌 속에서 자이레 전역에 악한 압제자들의 손에서 자신의 나라가 해방되기를 기도하고 있는 수백 개 중보기도 그룹에 속한 수천 명의 사람들에 관해 주께 말씀드렸다. 분노와 좌절감에 뒤죽박죽이 되어 주께 큰 소리로 외쳤다. "그러나 당신은 침묵하고 계십니다!"

    그리고 나서 에이즈에 대해 하나님께 간구했다. "주님, 당신은 우리에게 에이즈 감염자들의 심령과 혼과 영에 치유를 가져다주는 사역을 맡기셨습니다. 그러나 당신은 그들의 몸은 고치고 있지 않으십니다. 왜 그런 겁니까? 우리는 그들을 고쳐주시도록 간구해 왔지만 당신은 침묵하고 계십니다. 당신은 무능하십니까? 아무 잘못도 하지 않은 너무나 많은 아기들과 젊은 엄마들이 죽어가고 있습니다. 비록 그들이 천국에 갔다 해도, 누가 그들의 아기와 딸이 천국에 있다는 사실로 당신을 찬양하겠습니까? 오히려 세상은 그들이 가버렸기 때문에 울고 있습니다. 어떻게 이것이 당신에게 영광이 될 수 있습니까?" 나는 담장에 기대어 통곡했다. 그러나 아무 응답이 없었다.

다음날 오후, 나는 성경을 가지고 아름다운 녹차 밭으로 산책을 갔다. "아버지, 저는 이 책을 가져왔습니다. 저는 당신이 이 책에 써 놓은 것들, 당신이 한 약속들, 그러나 지키지 않고 있는 그 약속들을 당신께 읽어드릴 것입니다." 갑자기 내린 소나기로 인해 우리의 대화는 거기서 중단되었고, 나는 뛰어서 숙소로 돌아갈 수밖에 없었다.

거기서 나는 전략적 기도에 대한 책을 한 권 읽었다. 저자는 요한계시록 17장을 인용하고 있었다. 이것이 내가 읽은 부분이다.

> 그때 일곱 접시를 가진 천사 중 하나가 나에게 와서 말하기를, 와 보라 내가 어떻게 유명한 창녀와 많은 강 옆에 지어진 거대한 도시가 벌을 받는지 보여주겠다. 이 땅의 임금들이 그녀와 함께 성적인 부도덕을 행했고, 이 세상 사람들이 부도덕의 포도주를 마시고 취했도다. (요한계시록 17:1~2)

나의 영은 신음했고 그때 세 단어가 나의 마음에 떠올랐다. 모부투,

자이레 그리고 에이즈. 나의 깊은 곳에서 조용한 음성이 이렇게 말했다. "이것이 너의 질문에 대한 답이다. 나는 전능한 하나님이지만 세상과 그 지도자들이 부도덕의 영을 택하는 한, 나는 자이레도 구원할 수 없고 에이즈도 막을 수 없다."

몇 분 후 나는 말했다. "그러면 주여, 우리가 하는 일들이 무슨 소용이 있습니까? 우리도 포기하는 게 낫겠습니다."

나는 주께서 계속 읽으라고 촉구하시는 것을 느꼈다.

요한계시록 17장에서 요한은 일곱 개의 머리와 열 개의 뿔을 가진 괴상한 상징적인 야수를 묘사하고 있다. 나는 이것이 전 세계의 많은 부분을 지배하고 있는 부패한 제도권 세력들, 곧 정치 세력들, 산업, 금융, 상업의 거대한 제국적 세력들, 많은 교육 기관들과 현대의 대중 전달 매체媒體들, 바울이 에베소서 6장 12절에서 언급하고 있는 악의 영들이 현실적으로 드러나 있는 모습을 상징한다고 생각했다. 요한은 요한계시록 17장 14절에서 "저희가 어린 양으로 더불어 싸우려니와 어린 양은 만주의 주시요 만왕의 왕이시므로 저희를 이기실 터이요 또 그와 함께 있는 자들, 곧 부르심을 입고 빼내심을 얻고 진실한 자들은 이기리로다"라고 말하고 있다. 나는 마치 주께서 이렇게 말씀하시는 것 같았다. "나는 이 세력들을 혼자서 이기려고 하지 않는다. 너희 모두와 함께 일할 것이다. 만약 너희들이 계속 충성하고 강하고 나의 힘을 담을만한 그릇이 된다면 '우리'는 그들을 이길 수 있다."

나는 사람들의 성적인 건강을 지키기 위한 전쟁에는 물리적 과학 기술, 사회 활동, 계몽 교육 이상의 것이 필요하다는 사실을 새롭게 깨달았다. 이 전쟁에는 전 세계의 모든 지역과 사회의 모든 영역에 영향을 미치고 있는 사악한 부도덕의 영에 대한 전투가 절대적으로 포함되어야 한다. 우리는 긴밀한 협동 하에 운영되는 기도에 참여해야 하고, 또한 사람들에게 치유가 주어졌다는 기쁜 소식을 전하고, 건강하고 충만한 삶을 어떻게 살 수 있는가를 그들에게 가르칠 때 하나님의 진리를 분명하게 선포해야 한다.

우울증의 실제實際 모습

우울증은 자아의 핵심을 공격하는 또 다른 심각한 질병이다. 자기 확신이 줄어들고 자신감이 흔들린다. 주도성과 창의력이 짓눌리고, 우울증이 진행할수록 집중하기에 더 많은 힘이 들고, 삶의 기쁨이 사라진다. 피로감이 증가하며, 식욕이 감소하고, 병에 자주 걸리고, 쉽게 감염된다. 적절한 도움을 받지 못하면, 우울증에 걸린 사람은 절망에 빠져 자살 충동에 시달릴 수 있다.

우울증의 원인은 여러 가지다. 어떤 원인은 내재적이라서 유전적인 성향이나 미네랄과 호르몬의 불균형과 관련되어 있다. 외부적인 요인들에도 여러 가지가 있다. 배우자나 자녀의 사망, 이혼, 가까운 친구와 동료의 죽음과 같이 가까운 이들을 잃는 경우가 있다. 직장을 잃는다거나 물질의 손해를 본다거나 하는 개인이 어찌할 수 없는 상황들로 인해 삶이 엉망이 되면서 무기력의 감정에 빠졌을 경우도 있다. 실패 의식도 우리의 기를 꺾어 놓을 수 있다. 만성적인 병이나 사랑하는 사람과의 장기간 이별도 우울증을 유발할 수 있다.

우울증의 원인들과 수많은 종류의 치료법에 관해 쓴 책들이 많이 있다. 이 책에서는 그런 자료들을 반복하거나 분석하지 않는다. 그러나 보편타당한 관점에서 우울증이 심각한 심령 문제라고 말할 수 있다. 우울증에서 회복되려면 상담 전문가나 전문의의 도움이 필요하다.

우리 모두는 우울증으로 진행될 수도 있는 실망이나 낙담의 경험을 헤쳐 나가면서 살아간다. 경미하고 짧은 기간의 우울증은 전문가의 도움을 필요로 하지 않는다. 그리스도는 우리의 기운을 회복하고 심령에 평화를 새롭게 하는 데 필요한 힘을 주신다.

어떤 한 사람의 우울증을 치유하신 예수의 방법

어떤 면에서, 시몬 베드로는 자기 이미지에 욕을 뒤집어씌우는 짓을 하기에 꼭 좋은 성격을 가졌다. 마구 뽐내고 말 많은 그는 스스로를 곤란한 입장에 자주 빠뜨리곤 했다. 그는 물 위에서 걷고자 하다가 거의 물에 빠져 죽을 뻔했다(마태복음 14:22~33). 그는 변화산에서 한마디 했기 때문에 하나님이 직접 그에게 입 다물고 조용히 하라고 말씀하셨다(마가복음 9:2~8). 그가 예수의 진정한 실체에 대한 놀라운 인식과 고백을 한 몇 분 만에 그리스도께서는 하나님보다 사단의 말을 들은 그를 책망하셔야 했다(마태복음 16:13~23).

세상의 세력이 예수를 해하기 위해 가까이 다가오기 시작할 무렵, 베드로 자신을 중심으로 한 세계도 박살搏殺이 났다. 예수께서 십자가에 달리시기 바로 전날, 베드로는 거짓된 겸손으로 예수께서 자신의 발을 씻는 것을 거절하다가 자기는 몸 전체를 씻을 필요가 있다고 불쑥 말했다. 예수께서는 두 발언 모두에 대해 그를 책망하셨다(요한복음 13:2~11). 베드로는 자신이 예수께 죽기까지 충성하겠노라고 큰소리쳤지만(마가복음 14:27~31) 그의 장담은 그가 곧 예수를 많은 사람 앞에서 공개적으로 부인할 것이라고 예수께서 말해 주는 것으로 끝난다. 베드로는 무리가 예수를 체포하러 왔을 때 자신의 스승을 보호하기 위해 무기를 들고 대항했지만 예수는 그럴 필요가 없다고 말한다(요한복음 18:10~11). 그리고 몇 시간 후, 연약한 아이처럼 베드로는 어린 여종을 포함한 세 사람 앞에서 자기는 예수를 안 적이 없다고 예수를 부인한다(마가복음 14:66~72). 그 순간 베드로의 안에 있는 무언가가 죽었다. 그는 더 이상 베드로, 반석이 아니었다. 그는 다시 일개 어부 시몬이 된 것이다. 그는 크게 통곡했다.

오늘날, 사람들은 아마 베드로가 깊은 우울증에 빠졌다고 말할 수 있을 것이다. 베드로는 예수께서 남은 심문을 받으실 때, 십자가에 달리셨을 때, 돌아가셨을 때 내내 숨어 있었다. 아마 그의 가장 심각한 실패는 예수께서 무덤에 안치될 때 나타나지 않은 것이었을 것이다. 동양과 아프리카 문화에서 가족이나 친한 친구나 사랑하는 사람의 장례식이 치러지거나 매장埋葬될 때 불참하는 것은 생각할 수 없는 일이다. 그러나 예수께서 가장 신뢰하시던 제자 베드로는 예수의 몸이 무덤에 눕힐 때 그 자리에 없었다.

그 대신 베드로는 그의 동료 제자들과 함께 있으면서 그들과 함께 혼돈, 두려움, 우울증 속에 빠져 있었다. 그와 다른 제자들은 부활하신 예수를 분명히 보았지만 그들 중 누구도 자기들이 본 것이 얼마나 엄청난 일인지 완전히 이해하지 못했다. 우울증에 빠진 사람들은 새로운 정보를 이해하는 데 어려움을 겪는다.

궁지에 몰릴 대로 몰린 베드로는 마지막 수단으로 그가 유일하게 잘 할 수 있는 일로 돌아갔다. 그는 갈릴리에서 성공적인 어부였다. 그래서 베드로는 다른 어부 출신 제자들을 데리고 고기 잡는 일로 돌아갔다. 그 지역에서의 고기잡이는 밤이 최적이었고, 베드로는 많은 고기를 잡을 수 있는 곳으로 동료들을 데리고 갔다. 그들은 밤새 고기를 잡고자 했지만 한 마리도 잡지 못했다. 자기가 잘 할 수 있는 일을 했지만 베드로는 실패했다.

베드로의 이 이야기에는 많은 우울증의 요소들이 직물織物처럼 가로세로로 촘촘히 짜여 있다. 예수는 베드로의 삶의 중심에 삼 년 동안 있었다. 베드로는 예수를 따르기 위해 모든 것을 버렸다. 그래서 세상이 예수를 베드로에게서 빼앗아 갈 때, 베드로를 붙잡아 안정되게 정박시켜 주었던 닻이 휩쓸려 사라졌고, 그의 영은 와르르 무너져 버렸다. 베드로는 본인이 조종할 수 없는 거대한 영적, 정치적 폭풍에 휘말려 들어간 듯했다. 그의 자아에 퍼부어진 강력한 공격은 그의 영에도 퍼부어졌다. 결국 그는 자기가 늘 잘 할 수 있다고 생각한 일에도 실패했다.

나는 이른 아침의 안개 속 뱃머리에 완전히 기가 푹 죽어서 벌거벗은 채로 무너져 앉아 있는 베드로의 모습을 그려볼 수 있다. 욱신욱신 쑤시는 관자놀이를 두 손으로 감싸 쥐고 앉아 있던 그는 해변에서 그를 부르는 익숙한 누군가의 목소리도 알아차릴 수 없었다. 그의 무의식은 그 목소리나 지시 속에 담긴 친숙한 무언가에 반응할 수도 있었지만 그 느낌이 그의 의식까지는 도달하지 못했다. 그러나 "주님이시다" 하는 기쁨에 들뜬 요한의 목소리를 들었을 때, 그는 겉옷을 움켜쥐고 배 난간에서 용수철처럼 물로 뛰어들어 미친 듯이 해변으로 헤엄쳐 갔다. 그는 예수의 발 앞에 엎드려져 속에 응어리져 있던 것을 이렇게 토해 냈을지도 모른다. "주님, 제가 당신을 가장 필요로 할 때 당신은 도대체 어디 가 계셨습니까?"

그것은 아마 그 상황에 딱 들어맞는 질문이었을 것이다. 그렇다. 베드로가 점점 깊은 절망에 빠져갈 때, 예수는 도대체 어디에 계셨는가? 그는 자신이 가장 신뢰하는 제자가 깊은 고통과 절망에 빠져 있는 것을 모르고 계셨는가?

물론 예수께서는 알고 계셨고, 그는 하나님의 때를 기다리고 계셨다. 기다리는 동안, 또한 세상 죄를 자신의 몸으로 담당하시는 순간에도, 예수께서는 베드로를 위해 기도하고 계셨다(누가복음 22:31~32). 예수께서는 베드로를 좇아 갈릴리까지 오셨다. 예수께서는 베드로가 어디에 있는지, 그가 무슨 일을 겪고 있는지 알고 계셨고, 그래서 때가 되자 그를 찾아오셨다.

이 갈릴리 해변에서 예수는 베드로에게 돌아오셔서 다시 그의 삶의 핵심이 되셨다. 예수께서는 베드로를 다른 이들에게서 따로 떼어 내어 한 쪽으로 부르셨다. 자기를 부인한 것을 꾸짖기 위해서가 아니라 그를 치유하기 위해서였다. 예수께서는 그를 하나님께서 지으신 바대로의 온전하며 존귀한 베드로라는 인격체로 다시 세우셨다. 예수께서는 세 번에 걸쳐 그가 주님을 사랑하는지 베드로에게 물으셨고, 베드로는 세 번에 걸쳐 그렇다고 선언했다. 이런 식으로 예수께서는 베드로가 스스로의 심령 속 깊은 곳을 향하여 예수께서 다시금 그의 첫사랑이자 그의 삶의 중심이 되셨다고 말하도록 도와주셨다. 그리고 베드로는 그 말을 예수가 계시는 앞에서 자기 스스로에게 했다.

상한 심령 깊은 곳에 오시는 영원히 사시는 예수의 존재보다 우울증에 대한 강력한 치료는 없다. 우울증에 빠진 사람이 그의 마음 깊은 곳에서, "예수여, 당신을 사랑합니다"라고 말할 수 있을 때 치유는 시작될 수 있다. 이 고백이 다른 치료 방법들을 대체代替한다는 것은 아니지만, 이 고백은 심령 속에 오시는 예수의 전능하신 존재에 의지하여 자아상自我像을 스스로 새로이 정립하는 과정의 시작이다. 예수께서 우울증에 걸린 이의 심령에 오실 때, 자기 확신이 따르고 치유가 이루어진다.

예수께서는 치료뿐만 아니라 한 가지 일을 더하셨다. 베드로에게 주셨던 사명, 곧 그분의 교회를 세우고 믿음의 자녀들을 돌보는 엄청난 책임을 재확인시켜 주시며 베드로가 그 일을 하도록 하셨다. 이 사명은 베드로가 계속 살아가야 할 이유가 되었다. 이 사명은 그의 책임감을 새롭게 하고 그가 예수께 여전히 유용한 존재임을 다시 확신시켜 주었다.

베드로의 재활의 마지막 단계는 며칠 후에 일어났다. 예수께서는 이제 베드로의 현세적인 삶에서는 사라지셨지만, 성령께서 오순절 날 베드로의 존재를 다 감싸 안으심으로 그에게 임하셨다. 그리하여 베드로는 치유되고 힘을 공급받았다. 어쩌면 그가 구하였을지도 모를 권력과 지위 대신, 베드로는 박해와 희생, 궁극적으로는 순교를 경험할 것이다. 베드로는 이제 예수께서 성령을 통해 베드로라는 유일무이의 단독자의 전 존재를 채우셨기 때문에, 이 모든 것을 감당할 준비가 되었다.

우울증을 위한 영적인 도움

비기독교인 뿐만 아니라 기독교인도 우울증으로 고통당하고 있다. 나 자신이 우울증에 빠진 적이 있었기 때문에, 이를 잘 알고 있다. 하나님께서 우리에게 주신 일을 파괴하고자 위협하는 일은 나의 의료 봉사 생활에서 끊임없이 계속되었다. 나는 어떻게 뚫고 나가야 할지 알지 못해 고통 중에 여러 번 울부짖었다. "나의 하나님, 어찌하여 나를 버리시나이까?" 나는 나의 유머 감각이 사라지고 식욕이 없어지고 더 이상 삶의 기쁨이 없어 졌을 때, 내가 우울증에 빠져있다는 것을 알았다.

이럴 때 나는 시편을 보곤 했다.

> 여호와는 나의 빛이요 나의 구원이시니 내가 누구를 두려워하리요? 여호와는 내 생명의 능력이시니 내가 누구를 무서워하리요?(시편 27:1)

> 나의 도움이 천지를 지으신 여호와에게서로다. (시편 121:2)

내가 여호와를 항상 송축함이여, 내 입술로 항상 주를 찬양하리이다. (시편 34:1)

그러나 당신이 우울할 때 어떻게 하나님을 찬양할 수 있는가?

때로, 나는 말 그대로 나 자신에게 하나님을 찬양하도록 강요해야 했다. 이것은 나의 의지와 나의 모든 느낌과 감정의 연합군과의 싸움이었다. 의식적인 결단으로 내가 하나님께 찬양의 말을 했을 때, 주의 임재가 나의 영혼의 깊은 곳으로 들어왔다. 종종 이러한 투쟁은 며칠 혹은 몇 주 동안 계속되기도 했지만 내가 하나님을 찬양하고 그분을 구하는 것에 신실했을 때, 예수께서는 내게 찬양의 옷을 입히시고 억눌린 영을 없애주셨다(이사야 61:3). 나의 힘, 식욕, 유머 감각이 돌아오고, 나는 주의 힘에 의지하여 계속 일할 수 있었다. 예수와 하나님의 말씀은 우울증 치료와 사람을 창조적인 삶으로 다시 되돌리는 데 큰 도움이 될 수 있다.

치유자가 우울증에 주는 도움

낙담의 때나, 초기 우울증의 경우에도, 주님께서는 우리의 필요를 채워 주시면서 항상 함께하는 도움이시다. 그러나 우울증이 진행되면 이러한 상태에 있는 사람들을 돕도록 훈련된 사람들을 믿고 그들의 도움을 구해야 한다. 하나님의 영께서 우리와 함께하여 우리를 도우시는 것과 같이 치유의 과정에 주님을 모셔올 수 있는 치유자들도 우리를 도울 수 있다. 사망의 음침한 골짜기를 아무 도움 없이 걷는 것은 위험할 수 있다. 안내와 지혜와 격려를 구하여 치유자를 찾을 때 어두움에 빛을 가져올 수 있다. 그렇게 할 때 마음과 영을 새롭게 하는 길

을 볼 수 있다.[2)]

도움을 구하는 것은 연약함의 표시가 아니라 성숙함의 표시이다. 하나님께서는 우리가 다른 사람과 상호 의존하는 관계에서 살도록 우리를 창조하셨다. 하나님이 원하시는 대로 다른 사람을 섬기고자 하면 나 또한 다른 사람의 도움을 받을 줄 알아야 할 뿐만 아니라 필요할 때는 그러한 도움을 청해야 한다.

우리가 기가 죽었을 때는 우리 능력의 한계가 드러난다. 우리는 하고 싶은 일이나 해야 할 것 같은 일을 할 수 없게 된다. 이런 경우 우리는 중요한 질문들을 해야 한다. 나의 목표들이 현실적인가? 그것들이 실현 가능한 목표들인가? 아니면 그것들은 재검토될 필요가 있는가?

그러한 경험의 때는 우리가 우리의 창조주이신 하나님과 좀 더 긴밀한 관계를 맺어야 한다는 것을 우리에게 가르쳐 준다. 우울증은 우리로 하여금 하나님을 좀 더 진지하게 찾게 하고 더 진실하게 그분을 신뢰하도록 이끌 수 있다. 또한 우울증은 우리가 절박切迫하게 도움을 구해 부르짖도록 해준다. 이사야는 외쳤다. "너희는 여호와를 만날 만한 때에 찾으라. 가까이 계실 때에 그를 부르라"(이사야 55:6).

제10장

죄사함의 능력

예수와 중풍병자

죄사함과 치유

예수만이 죄를 사할 수 있다

B형 간염, 고백 그리고 치유

치유의 과정

광야의 뱀

마음의 청소 적용하기

제10장 죄사함의 능력

그리스도께서 우리 심령의 문제들을 어떻게 도와주실 수 있는지, 그리고 이러한 도움이 육체적 질병에 더 잘 대처하도록 돕는다는 것을 알게 되었다. 이제, 좀 더 근본적인 문제로 나아가서, 이러한 문제 속에 잠재하고 있는 죄에 대해서 알아보기로 한다.

예수와 중풍병자

마가복음 2장에는 죄사함과 신체적 불구의 치유에 대한 흥미로운 이야기가 있다.

며칠 후 예수께서 가버나움으로 돌아갔으며 그가 집에 계시다는 소식이 퍼졌다. 매우 많은 사람들이 모여들어 문 밖에서도 발 디딜 틈이 없었다. 네 사람이 중풍병자를 메고 왔을 때 예수께서는 설교하고 계셨다. 무리들로 인해 그들은 예수께 나아갈 수 없었다. 그래서 그들은 예수께서 서 계신 곳 위의 지붕에 구멍을 내었다. 그리고 그들은 중풍병자를 침대 채로 달아 내렸다. 예수께서는 그들의 믿음을 보시고 말씀하셨다. "아들아, 네 죄 사함을 받았느니라."

몇몇 율법 선생들이 앉아 있다가 속으로 생각하였다. "하나님만이 죄를 사하여 줄 수 있는데, 어떻게 이 사람이 감히 이런 말을 할 수 있논가? 이것은 신성을 모독하는 죄이다."

예수께서는 즉시 그들의 생각을 아시고 그들에게 말씀하셨다. "왜 그런 생각을 하느냐? 이 사람에게 네 죄 사함을 받았느니라는 말과 일어나 네 자리를 들고 걸어가라 하는 말 중 어느 것이 더 쉽겠느냐? 인자가 세상에서 죄를 사하는 권세가 있음을 보여 주려고 하노라." 그리고 중풍병자에게 말씀하셨다. "내가 네게 말하노니 일어나 네 자리를 들고 집으로 걸어가라." 그들 모두가 보는 앞에서 그는 일어나 침상을 들고 급히 가버렸다. 그들은 모두 놀라 하나님을 찬양하며 말하였다. "우리가 이런 일을 본 적이 없다!"(마가복음 2:1~12)

예수께서 병든 사람을 낫게 할 때 죄 문제를 다룬 적이 몇 번 있다. 그러나 마가복음의 이 사건은 예수께서 병자의 신체적 문제를 치료하기 전에 죄를 먼저 사하여 주신 유일한 이야기다. 이 이야기를 통해서 우리는 무엇을 배울 수 있는가?

눈에 띄는 한 가지 사실은 예수께서 그의 사역의 다양한 면들을 조화로운 하나로 만드시는 편안함이다. 예수께서는 한참 말씀을 전하고 계신 중, 치유가 필요한 이 사람을 갑자기 맞닥뜨리셨다. 말씀을 전하다가 즉시 치유로 옮기는 것은 예수에게 자연스러운 일이었다. 그러나 이것은 갑작스러운 그리고 거의 난폭한 수준의 훼방이었다. 그 사람의 친구들이 지붕의 타일을 벗겨 낼 때 예수의 머리 위쪽에서 갑자기 떨거덕거리는 소리가 들렸다. 그러더니 예수와 그의 주위에 있던 사람들에게 먼지가 폭포처럼 쏟아져 내렸다. 이것은 난장판이었! 내가 만약 이와 같은 상황에 처했다면, 나는 불같이 화가 났겠지만 예수께서는 조금도 마음이 동요되지 않으셨다. 그는 이것을 방해로 보지 않으시고 오히려 도와주고 가르칠 수 있는 기회로 생각하셨다. 예수께서는 그의 삶과 사역을 분리된 영역으로 가르지 않으시고 그것들을 조화로운 하나로 만드셨다.

예수께서는 도움이 필요한 한 사람을 자기 앞에 데려 온 그들 모두를 눈여겨보셨다. 그들은 아픈 사람의 가족이었을 수도 있다. 예수께서는 딴 사람을 배려配慮하는 그들의 마음씨, 진취적 정신, 장애물에 좌절하지 않는 꾸준함, 그리고 자신들의 친구(그 병자가 가족이었다면 친척)를 도와줄 예수의 능력에 대한 믿음을 보셨다. 예수는 그들을 좋게 여기셨으며, 그들을 측은惻隱히 여기셨다. 예수는 가족 전체를 치유해 주었다. 다른 이를 돌볼 때 우리도 같은 모양으로 일을 해야 한다. 우리는 병자와 그를 보살펴 주는 사람들을 분리해서 보면 안 된다.

그 고통당하는 사람에게 예수께서 하신 첫 말씀은 그 사람을 든든하게 세워주는 영접迎接의 말이었다. 그 사람을 "내 아들아"라고 부르셨다. 이것은 가부장적 태도가 아니라 측은지심이었고, 은혜를 베푸는 것 같은 외식이 아니라 감싸 안는 사랑이었다. 예수께서는 의도적으로 그와 같이 말씀하셨다. 예수께서는 아마 이 중풍병자에게서 배척과 소외로 인한 상처들을 보셨을 것이다. 이 인사말은 그 사람에 대한 치유의 시작이었다.

예수께서 이 사람이 지은 죄 때문에 중풍병이 왔다고 의심하셨던 것일까? 그가 죄를 범했으리라는 것은 있을 수 있는 일이고, 그러므로 그런 연관성이 충분히 있을 수 있다. 심각한 종류의 죄나 갈등이나 심리적인 상처로 인한 발작적 마비의 일종일 수도 있다. 또는 심령 깊은 곳에 자리 잡은 문제가 신체적 증상으로 나타나 걸을 수 없게 되었을 수도 있다.

나는 예수께서 이 젊은이의 심령 속에 깊이 자리 잡은 문제를 감지하셨다고 믿는다. 그 문제는 그의 인생에서 저질렀던 어떤 특정한 죄와 관련이 있었으며, 그 죄는 켜켜이 침전沈澱된 결과 걷는 능력의 상실이라는 신체적 장애로 이어졌을 것이다. 예수께서는 지체 없이 그의 심령에 구덩이를 파고 그 속에 웅크리고 숨어 있는 억울함, 수치, 두려움을 낫게 하심으로써 그 사람이 안고 있는 문제의 근본 원인에 접근하셨다. 그러나 성경은 예수님이 무엇을 감지하셨는지 말해 주지 않고 있다. 우리는 다만 예수께서 이 특정한 인물의 첫 치료 방법으로 죄사함을 선택했음을 알 수 있다. 이것을 통해 우리는 무슨 결론을 내릴 수 있는가?

죄와 병은 직접적이건 간접적이건 서로 밀접한 관계가 있다. 예수께서는 이것을 알고 있었다. 예수께서는 신체적 문제, 사회적 관계성, 심리적이고 영적인 것들 하나하나가 어떻게 전체 그림을 이루는지, 또 그것들 하나하나가 서로 그물눈처럼 어떻게 긴밀하게 짜여 있는지 알고 계셨다. 그는 여기서 죄사함이 강력한 신체적 치유 효과를 가지고 있다는 것을 보여 주신다. 예수께서는 이 사람에게, 또 그 곳에 있던 모든 관중에게, 그리고 우리 모두에게 죄사함의 치료 능력을 보여 주길 원하셨다.

죄사함과 치유

　　　　　　죄를 고백할 때, 우리는 개인적인 죄의 실체를 확인하는 것이고, 그에 대한 책임을 받아들이는 것이며, 죄에서 떠나고자 결심하고 있는 것이다. 죄사함의 확신이 오면, 그 확신은 죄의식, 두려움, 죄에 대한 수치심을 없애고, 그런 것들로 인해 생긴 긴장과 스트레스를 완화시킨다. 그렇게 되면 우리 몸의 면역 시스템이 이런 부정적인 느낌과 감정에 의해 짓눌렸던 데서 풀려나고, 따라서 치유가 이루어질 수 있다.

　중풍병자의 경우에 이 모든 것이 어떻게 함께 일어났는지 우리는 알 수 없다. 우리는 모든 상세한 설명을 가지고 있지 않다. 그의 신체적 치유가 우리가 현재까지 알고 있는 과학 이론의 한계를 뛰어넘는 기적의 현상이었을 수도 있다. 아니면, 그 사람이 자신의 인생에 있던 심각한 심리적 내지 영적인 문제에 대한 과단성 있는 결단의 결과로, 그때까지 신체장애를 일으키던 요인들이 사라진 경우였을 수도 있다. 실제로 일어난 치유 과정이 무엇이었든지, 이 이야기에서 우리가 분명히 알 수 있는 사실은 예수께서 죄사함을 치유와 연관시키셨다는 것이다.

　죄를 사하는 예수의 권위를 의문시한 율법 선생들은 옳았다. 유대인의 신앙에 의하면 죄사함은 예루살렘 성전에서 율법에 맞게 행해진 지정된 피의 희생 제물을 통해서만 가능하다. 제사장 자신도 죄를 사하지는 못한다. 제사장은 회개하는 사람들이 적합한 희생 제물을 가져왔을 때, 하나님께서 그들의 죄를 사하셨다는 것을 그들에게 확인시켜 줄 수 있을 뿐이다.

그렇긴 하지만 율법 선생들이 예수를 신성 모독으로 비난한 것은 틀렸다. 그들은 무엇인가 새로운 일이 그들 안에 일어났다는 사실은 알지 못했다. 하나님이 예수 그리스도를 통해 그들 가운데 와 계셨었다. 예수는 성육신하신 하나님이기 때문에 예수에게는 죄를 사하는 권세가 있었다. 그보다도 더 중요한 것은 율법 선생들은 더 이상의 희생이 필요 없다는 것을 알지 못했다. 얼마 후, 예수께서는 스스로를 최후의 완전한 희생 제물로 바치실 예정이었다.

예수만이 죄를 사할 수 있다

나는 다른 사람의 죄를 사할 수 없다. 물론, 나는 다른 사람이 나에게 잘못한 것을 용서할 수는 있다. 그 외에는 내가 의사라고 해서, 상담자라고 해서, 크리스천이라고 해서 죄를 사할 수 있는 권위가 나에게 없다. 우리는 병든 사람이 죄 때문에 그렇게 되었다고 단정해도 안 된다. 그러나 우리가 죄 문제에 관해 할 수 있는 일이 있는데, 그것은 그 사람이 예수께 고백해야 할 죄를 그 자신이 식별識別하도록 돕는 일이다. 이 일을 하기 위해서는 깊은 온유함과 상황 변화에 빠르게 대처할 수 있는 슬기 그리고 아픔을 함께 나눌 줄 아는 마음씨가 필요하다. 이 일이 최선의 결과에 이르려면 사려 깊은 질문과 성경 말씀을 사용해야 하며, 이때 유념留念해야 할 것은 병든 당사자만이 고백할 수 있으며 예수만이 죄를 사할 수 있다는 사실이다.

예수께서는 그 스스로 아무도 정죄하지 않으셨다. 그는 부패에 깊이 연루되고 많은 백성에게서 돈을 강탈한 삭개오와 함께 식사하셨지만 그를 정죄하지 않으셨다. 단지, 예수님 앞에 있게 된 이유로 삭개오는 자신의 죄악됨과 회개의 필요성을 깨닫는 도움을 얻었다(누가복음 19:1~10). 예수는 성전에 있던 세리를 정죄하지 않으시고, 오히려 그가 간구하던 자비를 받았음을 분명히 하셨다(누가복음 18:9~14).

우리에게 사람들의 죄를 사赦할 권위는 없지만 우리는 하나님의 용서를 사람들에게 확신시킬 수 있는 권위와 놀라운 특권을 가지고 있다. 이 권위는 소위 말하는, 죄 사함의 선언 the word of absolution을 할 수 있는 권위를 말하며, 이는 예수의 권위에 근거하여 어떤 사람의 죄가 이미 사함 받았다고 선언하는 것을 말한다. 이 선언의 말씀에는 엄청난 치유의 능력이 있다. 죄사함을 선언하는 우리의 권위는 예수께서 중풍병자와 이를 목격한 율법 선생들에게 주신 말씀에 기초한다. 이것은 또한 사도 요한이 선포宣布한 말씀에 기초한다. "만일 우리가 우리 죄를 하나님께 고백하면 그는 그의 약속을 지키어 의를 행할 것이다. 그는 우리의 죄를 사할 것이며, 우리를 우리가 행한 모든 잘못으로부터 정결케 하여 주실 것이다"(요한일서 1:9).

예수만이 죄를 사할 수 있다. 의학, 심리학, 심지어 교회에도 죄를 사할 권위가 없기 때문에 그리스도 안에 있는 믿음이 중요하다. 즉, 죄로 인한 상처, 저질러진 잘못에 대한 회한悔恨으로 부서진 영혼, 통회하는 심령에서 치유 받으려면 그리스도 안에 있는 믿음을 가져야 한다.

B형 간염, 고백 그리고 치유

6장에서 내가 B형 간염으로 고생한 것을 설명했다. 나는 그 질병을 키운 것에 기여한 내 역할, 곧 지나치게 일을 많이 함으로써 나의 몸을 혹사했다는 것을 알고 있었다. 나는 단순히 B형 간염의 "희생자"였던 것이 아니라 그 질병의 진행을 적극적으로 이끈 요인 중의 하나였다. 나의 개인적인 태도와 행동이 나의 질병을 더욱 악화시키고 있었다. 하나님께서 우리에게 일로 인한 압박으로부터 매주 쉼을 주시기 위해 거룩하게 하사 정하신 안식일의 계명을 배척하는 죄를 행하며 살았다. 의사로서 나는 일요일에 일을 하지 않는 것이 거의 불가능했다. 그러한 나의 사정이 휴식, 육체적 회복, 영적 회복을 위해 안식일을 지켜야 한다는 계명으로부터 나를 사면하는 것은 아니었다. 나는 하나님과 나 자신과 내 가족 및 동료들에게 죄를 짓고 있었다. 나는 죄사함을 받을 필요가 있었다.

내가 나의 죄악된 태도를 깨달았을 때, 나는 즉시 이것을 하나님께 고백했으며, 죄사함에 대한 확신을 가질 수 있었다. 또한, 나는 더 이상 죄를 짓지 말라는 절대 명령도 받았다. 이는 바꿔 말하면, 내 버릇을 고쳐야 했다는 말이다. 아내와 동료들의 도움을 받아가면서 나는 그렇게 할 수 있도록 진심으로 노력을 했다. 그래서 나는 휴식을 위한 시간을 가졌을 뿐 아니라, 내 삶을 성찰省察할 수 있는 시간을 가졌고, 또 다른 사람들뿐만 아니라, 하나님 그분과 대화하는 시간을 가질 수 있었다. 이것은 나의 치유의 시작이었다.

나는 지난날을 돌아보면서 내 인생의 다른 측면들, 즉 나의 관계성과 나의 일에 관련된 것들을 짚어보기 시작했다. 해결해야 할 다른 문제는 없는가? 나의 삶과 생각들 중에 회복이 필요한 다른 영역은 없는가?

이 과정을 통해 나는 어떤 성격의 질병이든 그 질병이 인생에 대해서, 나 자신에 대해서, 그리고 세상에 대해서 새로운 것들을 배울 수 있는 놀라울 만큼 멋진 학교이며 좋은 기회라는 사실을 배웠다. 이 과정을 통해 나는 위의 예들 외에도 내 삶에 있는 고백해야 할 일들, 회개할 것들(버려야 할 것들), 그리고 용서받아야 할 다른 많은 것들도 발견했다. 나는 그런 것들을 주께 들고 나갔으며, 그것들을 온전히 그리고 영원히 주의 손에 맡겼다. 나와 미리암은 우리 사이에 있는 문제들을 치유하기 위해 우리의 결혼 생활의 여러 측면에 대해 긴 시간 동안 이야기를 나누었다. 영적으로 성숙한 사람들의 지혜로운 조언은 매우 귀중하기 때문에 나는 다른 사람들의 조언을 구했다.

이런 자기 성찰과 배움의 과정에 있던 1987년 여름, 나는 간의 조직 검사를 받았다. 검사 결과는 초기 간 경화증으로 판명되었고, 나의 간세포는 B형 간염 세포의 DNA로 가득 차 있었다. 나는 나의 삶에 관한 성찰을 계속했으며, 균형 잡힌 식사를 하기 위해 노력하고, 기도를 많이 했다. 많은 사람들이 나를 위해 기도했고, 나와 함께 기도했다. 1988년 초, 나는 아직 검증되지 않은 새로운 B형 간염 치료법의 생체 임상 치료 실험의 후보로 등록했다. 임상 실험 팀은 감염에 나타나는 다양한 특성들을 검사하기 위해 나의 혈액을 뽑아갔다. 2주 후 책임을 맡은 의사가 전화를 걸어 나는 자격 미달로 그 임상 실험에 참여할 수 없다고 알려왔다. 그들은 내 혈액에서 어떤 B형 간염의 증거도 찾을 수 없었다고 했다!

　이 믿음 없는 자는 그들이 실수를 한 것으로 여기고 피 검사를 다시 해야 한다고 우겨댔다. 두 번째 검사가 첫 검사의 결과를 다시 확인해 주었을 때 내 심령에 뚜렷이 떠오르는 것이 있었다. 하나님이 정말 나를 치유하셨으며 B형 간염이 사라진 것이었다. 그 깨달음이 왔을 때 나는 그분께 향하여 돌아서서 내게 이루신 일을 감사드렸다. 또, 나를 위해 기도해 준 많은 사람들과 상담과 지원을 통해 나로 하여금 이 치유 과정에 함께 참여하도록 격려한 분들에 대해 하나님께 감사드렸다. 나의 죄의 인식과 고백, 그리스도의 죄사함, 또한 나의 죄악되고 건강치 못한 습관들을 바꾸는 행위가 B형 간염 바이러스의 제거와 나의 간이 치유되는 데 공헌했다. 또한 가족과 친구들의 기도, 관심 그리고 격려가 치유에 기여했다. 병든 이의 고난의 짐을 같이 지고 보살펴 주는 공동체는 큰 치료의 능력을 가진다.

　우리는 우리가 겪는 질병이나, 심지어 우리에게 우발적偶發的으로 생기는 사고에서도 단순한 의미에서의 희생자가 아니다. 그런 것들이 우리에게 일어나는 것은 사실이다. 그러나 일단 그런 일이 일어나면 우리는 그 과정의 참여자가 된다. 거기서 우리는 능동적인 참여자가 될 수도 있고 수동적인 피해자로 참여할 수도 있다. 자기 점검은 능동적인 참여자가 되기 위해 해야 하는 일의 일부다. 그런 자기 점검은 우리가 해결해야 하는 문제나, 바꿀 필요가 있는 생각과 행동이나, 반드시 고백해야 할 죄들을 드러낼 수 있는 기회가 된다. 드러난 것들에 대해 우리가 해야 할 일을 할 때, 우리는 우리 자신의 치유 과정에 동참한다. 죄사함에 대한 확신, 관계성 회복에 대한 확신, 내면의 상처로부터 깨끗케 된 확신은 우리의 회복 능력을 억제하고 있는 심령의 문제를 제거한다. 이것이 바로 죄사함이 어떻게 그토록 강력한 치유 효과를 가지는 이유다.

치유의 과정

장려壯麗한 시편들의 저자이며 성악가였던 이스라엘의 왕 다윗은 이 치유의 과정에 대해 하나님이 주신 놀라운 통찰력을 가지고 있었다. 시편 103편에서 그는 질병의 어두움과 절망에서 영광스러운 건강으로 전환되는 환상적인 발전 과정의 개요를 보여 준다. 그는 이렇게 말하고 있다.

> 내 영혼아 주 여호와를 찬양하라, 전심으로 그의 거룩한 이름을 찬양하라!
> 내 영혼아 주를 찬양하라, 그의 인자를 잊지 말지라!
> 그는 나의 모든 죄를 사하시고 나의 모든 질병을 낫게 하신다.
> 그는 나를 무덤으로부터 보호하시고 나를 사랑과 자비로 축복하신다.
> 그는 나의 인생에 좋은 것으로 채우시므로 나의 인생이 독수리와 같이 젊고 힘차다(시편 103:1~5)

이 찬송에 나타난 발전 과정을 살펴보자.

다윗은 하나님을 찬양하는 것으로 시작했다

시편 다른 곳에서 그는 이렇게 말한다. "주를 앙망하는 모든 얼굴은 광채를 입었으니"(시편 34:5). 하나님을 찬양하면 우리의 시선이 우리 자신, 우리의 어려움, 간염, 만성 피로 증후군, 암, 고혈압 등에서부터 하나님께로 돌아간다. 찬양 가운데 우리는 하나님의 선하심과 그가 하신 일에 집중한다. 이것은 우리의 생각과 느낌과 정서 안에 기쁨을 가져다 줄 수 있으며, 이 기쁨은 면역 체계를 강화시킬 수 있다. 찬양은 우리 건강에 좋다!

다윗은 하나님이 그를 위해 행하신 것들을 깊이 회상했다

우리가 가장 끔찍한 상황 가운데 있을 때에도 (다윗 스스로도 무서운 혼돈에 많이 말려들었던 것처럼) 우리는 하나님의 선하심을 보여주는 어떤 것을 항상 확인할 수 있다. 그것이 아무리 작더라도 우리가 우리 생각을 그것에 집중하는 행동은 우리의 영을 절망의 어두움으로부터 한 작은 점으로 나타나는 빛과 희망의 처소로 들어 올려준다. 이것은 또 다시 우리의 회복 능력을 강화한다.

다윗은 죄사함이 질병으로부터의 치유로 인도하는 것을 알고 있었다

자신의 경험을 통해 다윗은 죄사함이 어떻게 새로운 생명을 가져다 주며 신체적 힘을 새롭게 해주는지 깊이 인식하고 있었다. 그는 이에 대해 두 개의 시, 시편 32편과 51편을 썼다. 나는 질병과 전혀 상관이 없는 죄의 고백도 역시 치료라는 것을 배웠다. 고백은 우리의 심령의 "방들"을 "위대한 심령 청소부"이신 예수께 열어 그분이 그의 평강과 기쁨으로 가득 차게 만들 기회를 그분에게 드리는 것이다.

다윗은 절망과 죽음에 대한 두려움이 건강과 회복 능력에 영향을 미치는 것을 본다

절망과 죽음에 대한 두려움으로부터의 구원은 하나님으로부터 오는데, 위에 이야기한 과정을 통해 하나님께서 우리를 인도하시도록 허용하고, 그 과정 중에 하나님께서 우리에게 자기를 나타내시는 바에 우리가 반응할 때 우리에게 온다. 하나님은 우리를 육체적 죽음으로부터 면제시키지는 않을 것이며, 우리 모두는 결국 죽을 것이다. 그러나 하나님은 죽음의 두려움이 짓누르는 무거운 무게를 제거하심으로 우리가 사는 동안 우리를 충만한 생명으로 자유롭게 하신다.

다윗은 하나님으로부터 축복과 자비를 받는다

축복이란 말의 의미는 행복을 뜻한다. 우리의 마음이 하나님께 향할 때, 우리가 하나님이 행하신 것을 기억하게 되고, 그리하여 우리가 죄사함을 받고 심령과 마음 그리고 영이 치유함을 받고 죽음의 두려움으로부터 구원을 받을 때, 모든 좋은 일들과 행복한 일들이 일어날 수 있다. 우리는 꽃의 한가운데 꽃술이 있는 부분의 섬세하고 복잡한 디자인, 금방 깎은 잔디에서 나는 놀랍도록 싱그러운 향기, 기분을 고취시키는 음악의 힘, 그리고 가족과 친구들의 미소를 인식하기 시작한다. 우리가 절망의 어둠에서 자유롭게 될 때 우리 심령의 눈과 귀가 삶의 아름다움과 기쁨을 향해 열린다.

다윗은 하나님이 주시는 건강과 힘을 받아들인다

이와 같은 고백의 노래와 찬양은 마음과 심령과 영에 건강을 준다. 이와 같은 행위는 몸의 회복 능력을 강화함으로 기운을 북돋워 주는 경우가 많다. 많은 경우에 (모든 경우는 아니지만) 완전한 육체적 치유에 이르게 할 수도 있다. 우리는 다시 한번 '독수리와 같이 젊고 강하게' 된 것을 느낄 수 있다.

광야의 뱀

구약 성경을 볼 때마다 나를 불편하게 만드는 말씀이 있다. 민수기 21장 말씀이다. 이스라엘 자손들은 약속의 땅으로 가는 긴 여행과 그들이 경험했던 어려움들로 인해 초조해지고 조바심에 빠지게 되었다. 그들은 투덜거리며 불평하기 시작했다. 그래서 하나님은 그들의 진영에 독사를 보내어 많은 사람이 물려 죽게 하셨다. 이스라엘 자손들은 자신의 태도와 행동이 잘못된 것을 깨닫고 하나님께서 그들을 용서하고 독사를 제거해 주시도록 모세에게 기도해 달라고 부탁했다. 하나님은 모세에게 청동으로 뱀을 만들어 모든 사람이 볼 수 있도록 진영 중앙 장대 위에 매달도록 했다. 누구든지 독사에 물렸을 때 이 청동 뱀을 바라보면 죽지 않았다.

미리암과 나는 아프리카에서 수년을 섬기고 있다. 아프리카의 문화에서 미신적 주물呪物, 부적, 우상은 높이 숭상을 받는다. 그곳 사람들의 생각에는 그것들이 마술적인 힘을 가지고 있다고 여겨지기 때문이다. 그것들은 사람을 질병으로부터 보호할 수 있으며, 질병을 치료하고, 악한 영들을 쫓아낼 수 있다고 믿어진다. 우리는 사람들로 하여금 우리의 진정한 도움은 하나님에게서 온다는 것과 그래서 부적이나 마술에 더 이상 의존할 필요가 없다는 사실을 깨닫게 하려고 노력해 왔다.

그런데 민수기 21장 이야기에 나오는 청동 뱀은 그것을 눈여겨 볼 때 우리에게 치유의 능력을 주는 주물처럼 느껴져 나는 매우 혼란스러웠다. 그러나 이제는 이 이야기의 진정한 의미를 깨닫게 되었다. 이것의 의미가 그토록 중요하기 때문에 요한복음 3장에서 예수께서는 니고데모와의 저녁 대화 시간에 민수기의 이 사건을 자신이 십자가 위에서 이루실 일에 비유하셨다.

이스라엘 백성들은 투덜거리며 불평함으로써 하나님께 죄를 범했다. 그 죄의 결과는 독사의 형태로 나타났고 그들은 그 죄의 결과로 인해서 고통을 당하고 있었다. 모세는 청동 뱀을 마술적인 힘을 가진 주물로서가 아니라 사람들의 죄의 상징으로서 장대 위에 달았다. 그들이 나음 받기 위해서는 그들의 불평의 죄를 상징하는 그 청동 뱀을 바라보아야 했고, 그 불평의 죄를 하나님께 향한 죄로 인정하고, 그 죄에 대한 책임을 받아들여야 했다. 청동 뱀 자체에는 아무런 마술적 능력이 없었다. 뱀에 물린 사람의 마음과 심령에 일어난 그 무엇인가가 치유를 이룬 것이다.

그렇다면 진정한 고백이 다음과 같은 것임을 알 수 있다.

고백은 우리 자신의 죄를 바라보는 것이며, 그 죄를 하나님을 거스르는 반역으로 여기는 것이다

나의 B형 간염은 내가 나 자신의 능력을 의지하고 하나님을 의지하지 않는다는 사실을 보여 주었다. 그 질병을 일어나게 한 모든 결정을 나 자신이 내렸으며 나는 그것이 사실이었음을 인정해야 했다. 그 사실 속에 숨겨진 나의 진짜 문제는 '내 일은 내가 알아서 한다'는 독립적인 태도였으며, 그것은 건강에 해를 끼치는 나의 행동으로 드러났다. 내가 자청해서 무리하게 강행한 나의 과중한 업무業務로 나는 하나님께서 내게 맡기신 몸을 혹사했고, 나는 하나님과 나 자신에게 그것이 잘못한 것임을 인정해야 했다. 나의 '뱀' 은 '다른 사람을 도움으로써 하나님을 섬긴다' 고 합리화한 일 중독증이었다.

고백은 나의 반역과 나의 잘못을 예수님께 들고 나오는 것이며, 그에게 우리가 행한 잘못을 말하고 죄송하다고 말하는 것이다

우리는 우리가 하나님을 하나님으로 존중하지 않은 잘못을 저지른 것, 그를 불순종한 것, 그의 마음에 깊은 아픔을 드린 것을 가슴 아파해야 한다. 우리는 우리의 삶에 생명과 활기를 주는, 그래서 우리의 삶에 없어서는 안 될 하나님을 우리의 삶에서 빼버렸다. 우리는 단순히 자신의 잘못으로 인해 받는 고통만을 슬퍼하면 안 된다. 나는 내가 간에 염증이 있기 때문에만 슬펐던 것이 아니라, 내가 예수께 묻지 않았던 것이 마음 아팠다. 나는 예수를 무시하고 내가 원하는 일을 내 멋대로 했던 것이다.

고백은 죄사함을 간구하는 것이다

우리는 반드시 우리가 지은 죄의 사함을 간구해야 하며, 우리가 그렇게 할 때 그것은 결코 거부되지 않는다. 이것은 물어 볼 이유도 없는 진실이다. 하나님은 용서하신다. 그것이 하나님이 하시는 일이다.

우리는 주어진 죄사함과 그리고 하나님의 정결케 하시는 능력을 심령에 받아들여야 한다

우리가 죄사함을 간구할 때 하나님께서는 그 특정한 악행을 행하도록 이끈 우리 심령의 "성향"을 반드시 깨끗케 하신다. 그 정결케 하심은 즉시 일어날 수 있으며, 시간이 걸릴 수도 있지만 반드시 일어난다.

우리는 그 특정한 죄를 철저히 배척하고 새로운 길을 기꺼이 맞아들임으로써 그 죄에서 돌이켜야 한다

이것이 회개라는 말의 의미다. 만약 내가 의식적인 결단으로 새로운 모양의 삶을 택하지 않았다면, 나의 일 중독증 생활 습관의 죄를 사하신 하나님의 죄사함은 내게 별로 유익이 되지 않았을 것이다.

사도 요한은 이렇게 쓰고 있다. "모세가 광야에서 뱀을 든 것 같이 인자도 들려야 하리니 나를 믿는 자는 누구나 영생을 얻게 하려 하심이라"(요한복음 3:14~15). 예수께서 우리의 죄를 자신의 것으로 받아들이셨을 때 나무 십자가 위에 들리셨다. 내가 십자가에 달리신 예수를 볼 때, 나의 일 중독증, 합리화, 교만을 예수님이 자신의 몸에 지신 것을 보았다. 나는 나의 죄들이 그를 십자가에 달리게 했던 인간의 죄 가운데 한 부분임을 깨닫고 그것을 시인했다. 나는 그에게 나의 죄를 고백하였으며 그의 죄사함을 구했다. 그리고 나서 나는 나의 죄들에서 돌아서겠다고 결단했다. 나는 그가 나의 죄를 이미 사하셨으며 나를 죄악됨에서 치유하심을 알고 있었다. 나는 또한 그가 죽음에서 부활하심으로 우리를 노예화하는 나의 이 모든 죄의 힘을 이기셨다는 것을 알고 있었다. 그래서 나의 심령은 내가 자유롭게 된 것을 깨달았다.

마음의 청소 적용하기

그리스도의 '심령의 청소'를 그토록 강력하고 독특하게 하는 것은 바로, '우리가 그리스도께 말씀을 드리려고 하면 그는 언제든지 들어 주신다'는 것이다. 그리스도가 이미 당신 심령에 계시다면, 당신은 그와 자유롭게 또 진솔眞率하게 그리고 밤이고 낮이고 어느 때나 대화할 수 있다. 그는 따로 근무 시간도 없고 수수료手數料도 받지 않으신다. 만약 당신이 그리스도를 당신의 심령에 오시도록 초대하지 않았었다면, 그에 관계없이 그분은 당신이 도움을, 치유를, 또 해방을 요청하는 연락을 기다리고 계신다. 당신이 그분에게 당신 안에 오셔서 당신의 영과 함께 거하시도록 요청하면, 그분은 그렇게 하실 것이며 그의 치유의 자원들을 당신이 사용할 수 있도록 하실 것이다.

영의 깊은 아픔, 고통, 가슴 아픈 경험은 우리 모두의 삶의 한 부분이다. 우리는 그 몇 가지 예에 관해 토론해 왔다. 이제 그리스도께서 당신 앞에 서 계신 모습을 상상해보기 바란다. 그는 한 손에 엄청나게 큰 쓰레기통을 들고 있는데 그 뚜껑은 열려 있다. 그의 다른 한 손에는 큼직한 병이 들려 있는데 그 속에는 치유에 쓰이는 향기로운 기름이 담겨 있다.

만약 당신의 심령의 문제가 두려움이면 그 두려움의 내용을 그분께 말씀드린다. 당신의 두려움과 그 두려움을 당신의 삶에 들어오게 만든 사건에 대한 모든 이야기를 그의 쓰레기통에 쏟아 붓는다. 그리고 그분이 쓰레기통의 뚜껑을 닫음으로 당신은 더 이상 그 쓰레기를 볼 수 없다고 생각해 보라. 이제는 그 쓰레기 같은 사건과 그로 인해 생긴 두려움으로 상처받은 당신의 심령을 드러내 예수의 손에 든 치유하는 향기로운 기름을 그 위에 부어 주시도록 예수께 간구하라. 당신에게 두려움을 준 그 사건에 대한 기억은 사라지지 않을지 모르지만, 그것으로 인한 고통은 사라질 것이다. 그 고통스러운 기억이 당신 마음속에 되돌아올 가능성이 있고, 또 실제로 되돌아오더라도 당신의 영은 예수께서 그러한 때에 당신과 함께 서 계신 것을 알게 된다. 그래서 "우리 주 예수 그리스도를 통한 하나님의 사랑으로부터 우리를 분리시킬 수 있는 것은 모든 피조물 중에서 아무 것도 없다"(로마서 8:39)는 사실을 알게 된다.

만약 당신의 마음 아픈 것이 깨어진 관계성, 분노, 죄의식, 마음을 괴롭히는 성 경험, 담배 중독이나 알코올 중독, 우울증, 그 모든 것이 다 뒤섞여 있는 상황, 또는 그 외의 다른 어떤 것일지라도, 그리스도의 쓰레기통은 그 모든 것을 담고도 남을 만큼 크며, 그의 치유의 향기로운 기름이 담긴 병은 결코 마르지 않는다.

그리스도는 상한 심령과 상처받은 영을 치유하실 수 있지만, 그 나음은 우리가 우리의 깨어지고 상한 것을 그에게 들고 나올 때만 가능하다. 당신은 이 일을 당신 혼자 조용한 방 안에서 혹은 교회에서 혹은 아름다운 자연의 한적한 곳에서 할 수 있다. 당신의 눈물이 흘러넘치도록 내버려 두라. 눈물에는 치유의 효과가 있다. 그리스도께서 우리의 눈물을 위해 죽으셨다는 것을 기억하라(이사야 53:4).

고백은 또한 치유 모임의 한 부분으로도 할 수 있다. 많은 사람들 앞에서 고백을 한다는 것이 두려운 일이지만 사실 이것은 큰 도움을 준다. 신약 성경에서 야고보는 이렇게 말하고 있다. "당신의 죄를 서로 고백하라 그리고 서로를 위해 기도하라. 그러면 너희가 나음을 받을 것이다. 선한 사람의 기도는 강력한 효력이 있다"(야고보서 5:16). 이런 치유 모임에서 문제들, 상처들, 죄들을 함께 드러내고 함께 나눌 때, 우리는 자신의 문제들이 자기에게만 있는 것이 아님을 깨닫는다. 비슷한 문제들과 싸운 다른 사람들이 나눠주는 그들의 식견과 통찰력을 통해서 우리는 새로운 지혜를 얻을 수 있다. 집단 구성원들 사이의 치유의 말은 치유 모임 안의 기도의 효력을 여러 배로 증폭시킨다.

심령 안에 있는 깊은 아픔을 분변分辨하여 가려내고, 그 아픔을 조리條理있고 체계적으로 갈피를 잡아내는 일은 어려울 수 있다. 우리는 우리 심령의 문제를 깊이 있게 이해하도록 도와주고 그것들을 "그리스도의 쓰레기통에 버리도록" 격려하는 지혜로운 격려자가 필요할지도 모른다. 혼자 하든, 치유 모임을 통해서 하든, 또는 지혜로운 상담자와 함께하든, 그들 중 어떤 방법으로든 우리가 보기에 최선이라고 생각되는 방법을 통해 우리의 상처들, 염려들, 죄들을 절대 치유자이신 그리스도께 안심하고 들고 나갈 수 있다. 왜냐하면 그분이 우리를 보살펴 주시는 것을 알기 때문이다.

제11장

질병:
비극인가,
도전인가?

신체적 자원들

심리적 자원들

영적 자원

제11장 질병: 비극인가, 도전인가?

● ● ●　우리는 종종 질병, 재난, 사고를 비극적인 것으로 간주한다. 그것들은 우리에게 선택의 여지를 주지 않고, 우리를 위협하며, 우리가 원치 않는 뒤바뀐 삶을 살아가게 하며, 우리 내면의 평정을 흐트러 놓기 때문이다. 그러나 그러한 질병, 재난, 사고의 때에 우리가 어떻게 대처하느냐 하는 문제는 또 다른 문제일 수 있다. 우리는 선택을 할 수 있다. 우리는 이런 시련을 비극으로 생각하고 우리 자신을 희생자로 생각할 수 있다. 이와 같은 생각이 드는 것이 당연當然하기는 하지만, 그런 생각이 우리 심령에 전달해 주는 메시지는 우리에게 도움이 되지 않는다. 우리 심령이 우리를 희생자로 분류하면, 우리 심령은 우리 몸의 방어 체제에 기가 푹 죽은 명령을 보낸다. 그에 따라 우리 몸의 방어 체제는 최선의 경우에 현상유지만 한다.

그러나 만일 우리 심령이 스스로에게 이렇게 말한다면 이야기는 달라진다. "나는 이런 일이 일어나지 않길 바랐지만, 어쨌든 이렇게 됐다. 이제 내가 무엇을 하면 이 상황을 무엇인가 좋은 것으로 만들 수 있을까?" 이런 생각은 우리 몸의 방어 체제에 다른 메시지를 보낸다. 전군 출동 준비!

전투 병력을 효율적으로 운용하려면 병참兵站이 필수 요건이다. 우리가 운용 가능한 병참 자원은 무엇이며, 병이 왔을 때 우리가 그것을 어떻게 쓸 수 있는지 알아보자. 이런 자원은 우리가 치명적인 병에 걸렸거나 기력을 떨어뜨리는 질환에 걸려 있을 때에도 매우 유용하다.

신체적 자원들

의학적 치료

의학과 의료의 전반적全般的 현황現況을 살펴볼 때 우리는 끊임없이 우리 눈앞에 펼쳐지는 진단과 치료 기술의 방대한 서사시적 조망照望을 본다. 이런 기술들은 하나님의 선물이다. 그분께서 우리에게 주신 창의적 능력을 현실화시킨 것이다. 그것들은 또한 생명을 연구하고 하나님과 함께 자연의 공동 관리자가 되라는 하나님의 명령에 대한 우리의 반응으로써, 이 반응에는 한계가 있지만 계속 발전하고 있다.

우리가 하나님께서 주신 것을 사용하는 일은 하나님을 의지하는 믿음을 거부하는 것이 아니다. 필요한 치료약의 투여를 거부하는 것이 오히려 하나님께서 우리로 하여금 발견하고 개발토록 하신 것을 받지 않으려고 거부하는 것이다. 우리가 인간의 지혜와 창의력을 통해 그분께서 이미 공급해 주신 도움을 거부할 때, 과연 하나님이 우리를 도와주실 수 있을까?

병의 초기에 의사나 의료 전문가에게 상담을 받는 것은 매우 중요하다. 임시변통으로 우물쭈물 시간을 보내면 아무 득이 없다. 질병의 원인에 초점을 맞추기 위해서는 적절한 진단과 검사가 필요하다.

그러나 최상의 의학적 치료라고 할지라도 단지 치유 과정의 일부분일 뿐이라는 사실을 기억할 필요가 있다. 의학은 도움이 되며, 많은 경우 필수적이지만, 우리를 건강하게 하는 것은 우리 자신의 회복 능력이다.

면역 체계

우리 몸에는 내장內藏된 면역 체계가 있으며 이것에 대해 4장에서 언급했다. 우리는 우리 안의 이 면역 체계가 우리 몸에 침입한 질환에 잘 대처할 수 있도록 강화시켜 주기 위해서 우리가 할 수 있는 몇 가지가 있다는 것을 알게 되었다.

영양. 영양 결핍은 많은 질환이 우리 몸에 침입할 수 있는 빌미를 제공한다. 충분한 영양은 우리 몸이 백혈구와 항체 그리고 질병과 싸우기 위해 우리가 필요로 하는 복잡한 단백질들과 화학 물질을 만들 수 있는 기본 재료를 제공함으로써 면역 체계를 강화시킨다.

섬유질과 비타민이 풍부하고 적당한 탄수화물 및 단백질과 더불어 동물성 지방이 적은 음식으로 하루 세 번 식사하는 것은 좋은 건강 상태를 유지할 수 있게 해 준다. 세상에서 제일 좋은 약은 태초부터 의사의 처방이 없이도 언제나 구할 수 있는 약인 '물'이다. 몸에 적당한 양의 물이 계속 흐르도록 하는 것이 건강에 유익하다. 그러나 우리 중 대부분은 물을 너무 적게 마시고 있다. 신체적 활동 정도에 따라서 하루에 여섯 컵에서 열 컵의 물을 마시는 것이 건강한 몸 내부의 평형을 유지하는 데 필요한 최소의 양이다. 적당한 양의 수분을 섭취하는 것이 많은 질환을 극복하는 데 큰 도움을 준다.

불행하게도 간염이나 여러 종류의 신열이나 에이치아이비 바이러스 및 에이즈 등을 포함한 감염 상태나 악성 질환이 걸린 상태에서는 우리 몸이 적절한 영양 섭취나 적당한 수분 섭취를 유지하는 것이 어려워진다. 그런 시기에는 환자 자신의 노력과 자제自制가 필요하며, 돌보는 사람은 창의력을 발휘하여 구미가 당기고 균형 잡힌 식단을 준비할 필요가 있다. 영양 보조제들이 특별한 질환에서는 약간의 도움이 될 수 있다. 하지만, 일반적으로 다양한 음식으로 이루어진 잘 차려진 식단이 우리 몸이 필요로 하는 것들을 제공하는 최상의 공급원이다.

예방. 우리는 어떤 중독성 물질들, 예를 들면 담배, 몇몇 마약들, 지나친 양의 카페인, 술, 염분, 그리고 과다한 칼로리 섭취가 우리 몸에 해롭다는 것을 잘 알고 있다. 해로운 중독성 물질들을 피하고 절제해서 먹는 것이 건강의 상식이다.

가능한 한 감염되지 않도록 피하는 것이 당연當然하다. 특히 이미 질병을 앓고 있는 사람에게는 더욱 그렇다. 모든 감염은 면역 체계에 대한 도전이며 감염이 면역 체계를 약화시킬 수 있다. 예방 접종은 다양한 감염으로부터 우리를 보호하므로 이것을 최대한 이용해야 한다. 위험균들과의 접촉을 되도록 피하면 면역 체계가 불필요한 도전에 덜 시달릴 수 있게 할 수 있다. 어떤 감염이든, 생겼을 때 초기의 효과적인 치료가 중요하다.

심리적 자원들

성경 잠언의 놀라운 구절로 돌아가 보자. "마음의 평화가 몸을 건강하게 한다"(잠언 14:30). 마음의 평화가 우리의 모든 문제를 해결하지는 못하며 모든 신체적인 질병을 낫게 하는 것은 아니다. 그러나 마음의 평화는 우리 안에 우호적인 환경을 만들어 줌으로써 우리의 몸이 모든 질병에 대해 최대한 효율적으로 대처하도록 해준다. 몸을 강화시켜 주는 내면의 평화를 어떻게 찾을 수 있는가?

당신은 당신의 병든 그 부분 이상이라는 것을 기억하라

나는 병든 사람들을 진찰할 때 그들 중 많은 사람들이 그들의 질병과 회복 능력에 영향을 미치는 스트레스와 근심 그리고 내적 갈등을 안고 있는 것을 감지한다. 내가 상담 전문가와 이야기하면 도움이 되리라고 제안하면 어떤 사람들은 몹시 화를 내며 말한다. "내 병이 모두 내 머리 속에 있다고 말하는 겁니까?"

그런 경우에 나는 그들에게 이렇게 지적해 준다. "당신이라는 '사람'이 병들어 있습니다. 몸뿐만 아니라 당신의 머리와 마음과 생각과 영도 병들어 있습니다. 그래서 당신의 그 모든 부분들이 힘을 합쳐서 서로를 지원하고 병이 깊어지게 합니다. '몸의 의사' 뿐만 아니라 '마음의 의사'(전문 상담가)와 함께 의논하면 당신이 좀 더 빠른 시간 내에 전인격적으로, 다시 말해서 안팎으로 또한 온전하게 회복될 수 있도록 도울 수 있습니다." 우리는 우리가 단지 병들고 아픈 몸 그 이상이라는 것을 잊어서는 안 된다.

적극적으로 참여하라

치유 과정에는 병든 사람 자신의 참여가 필요하다. 의사인 나는 당신이 병들어 있을 때 당신을 치유할 수 없고 단지 당신을 도와줄 수 있다. 하나님도 우리의 동의 없이 치료하지 않으신다. 하나님은 자신의 뜻을 우리에게 강요하지 않기로 정하셨기 때문이다. 같은 맥락에서 당신이 적극적으로 참여하지 않는다면 하나님과 내가 함께 노력하더라도 당신을 치유할 수 없다. 이에 대한 좋은 예가 성경에 있다.

나아만이라는 한 부유한 시리아의 군대 장관이 나병에 걸렸다. 그는 이스라엘의 엘리사라는 선지자가 나병을 치료할 수 있다는 소식을 들었다. 그래서 그는 엘리사의 도움을 얻고자 다메섹에서 이스라엘에 있는 사마리아로 멀고 힘든 여행을 해서 그 선지자를 찾아갔다. 그런데 실망스럽게도, 엘리사는 그를 치료하기 위해 집 밖으로도 나오지 않았다. 엘리사는 그저 종을 내보내 나아만에게 또 다른 힘든 여행을 하도록 지시했다. 그는 60킬로미터에 가까운, 또 고도가 1200미터 이상이나 급격하게 하강하는 험난한 계곡 길을 무려 이틀에 걸쳐 내려가서 요단강의 진흙탕 물에 7번 몸을 씻어야 했다. 나아만은 엘리사가 나와서 자기를 보기조차 거절할 정도로 무례한 태도에 펄펄 뛰며 화를 냈다. 그래서 그는 죽기보다 싫기는 했지만 결국은 치유 과정에서 자신이 책임지고 해야 할 일들을 인정하고 엘리사가 지시한 대로 했다. 만약 그가 그렇게 하지 않았다면 나병을 치료받지 못했을 것이다(열왕기하 5:1~14).

우리의 치유를 위해 결정적으로 중요한 사항은 우리가 낫기 위해 우리가 행해야 할 것을, 그것이 어떠한 것이든 책임진다는 것이다. 우리 중 많은 사람들이 치유의 모든 책임을 의사나, 병구완을 하는 사람이나, 또는 의료 체계에 떠맡기는 경향이 강하다. 나아만은 엘리사가 나와서 주의 이름을 부르며 자신의 나병 환부 위에 손을 흔들어 치료하기를 원했다. 많은 병든 이들이 나에게 간청한다. "의사 선생님, 당신의 수술 칼로 이것을 떼어내 주세요. 당신만이 나를 치료할 수 있습니다."

버니 시겔Bernie Siegel 박사는 자신의 치료 방법 결정 과정에 참여한 암 환자들이 놀라울 정도로 좋은 결과를 보이는 경우가 많다고 보고한다. 실제로 더 '까다로운' 환자들일수록, 즉 더 많은 질문을 하고 더 많이 따질수록 경과가 더 좋다. 그들은 '전사戰士'들이다. 그들 중 많은 이들이 예상보다 더 오래 살거나, 그들 중 어떤 이들은 자기들의 질병을 정복하기도 한다. 반대로 "의사 선생님, 당신이 가장 잘 알고 있으니 말씀대로 따르겠습니다"라고 단순히 말하는 이들은 예상대로 자신의 암에 굴복하는 경우가 많다.[1]

우리의 현재 문화는 의학 기술과 외과적 수술 기술을 치켜세우고 떠받든다. 그래서 건강과 치유에 의학이 필수적이라는 환상을 조장한다. 제약 회사들은 특정한 종류의 통증에 듣는 특별한 알약, 특히 그들 상표의 약이, 또 특정한 증상을 없애 주는 특별한 약품이 있다는 선전으로 텔레비전 화면과 잡지를 도배질한다. 그에 따라, 우리는 질병의 깊은 도덕적 사실과 영적인 사실에 눈을 돌려 자세히 살펴보는 대신에, 무엇이든 즉시 구할 수 있는 기술적인 치료 방법과 약물적인 치료 방법에 매달린다. 통증, 불안, 고혈압 등을 일어나게 한 개인적인 원인들을 찾아내고 원인 치료를 하기보다 그 증상들을 억누르기 위해 알약들을 삼킨다. 우리는 스스로 질병의 원인을 다루려 하지 않고 의료 기술로 하여금 질병을 일으키는 요소들을 공격토록 기대한다.

물론 의사와 치료인들을 신뢰하는 것은 핵심적인 요소다. 그러나 치유에 대한 모든 책임을 사람, 알약, 치료 방법, 의약 제품에게 떠넘기는 것은 우리에게 도움이 되지 않는다. 아울러, 우리가 회복을 위한 치료 계획에서 인간의 책임을 받아들이기 거부하면서 하나님께서 기적적으로 치료해 주시도록 고집해서도 안 된다.

질병과 그것을 치유할 수 있는 가능한 방법들을 아는 것은 환자가 질병의 치료와 회복에 참여하는 데 도움이 된다. 질병에 대한 책과 논문들을 읽어보라. 당신의 치료를 담당하는 사람에게 질문하는 것을 망설이지 말라. 그들은 질병의 신체적인 면과 치료에 대해 매우 많이 알고 있다. 그러나 당신만이 당신의 삶에 대해 알고 있다. 그러므로 기술적인 면과 당신 개인적인 생각들을 모두 고려한 치료 계획을 세우면 더 나은 결과와 더 신속한 회복을 이룰 수 있다.

치유는 삼각형적 과정임을 인식하라

치유는 세 가지 측면을 가지고 있다. 세 가지 측면은 우리 자신과 모든 전문 분야의 치료자들 그리고 하나님이다.

1. 내가 병들었을 때 나는 나의 치유에 반드시 참여해야 한다.

치유에 참여하기 위해서는 다음 세 가지가 필요하다.
— 살고자 하는 의지

— 해야 할 필요가 있는 일을 하는 결정
— 행동하고 지속할 수 있는 용기

　나아만이 요단강에서 몸을 여섯 번 씻은 후에도 여전히 나병이 있었다. 그가 자신이 해야 할 모든 과정, 즉 일곱 번을 씻는 것을 마칠 때까지 포기하지 않고 지속했을 때 질병으로부터 나을 수 있었다.

　2. 치료자들은 우리의 치유에 많은 도움을 줄 수 있다.

　가족 구성원들과 친구, 치료사, 목사나 신부, 치료인들이 제공하는 진단과 치료는 더할 나위 없이 소중한 도움이다. 의약품과 기술적인 시술도 마찬가지다. 어떤 것은 질병을 직접적으로 공격하고 다른 것은 몸의 회복 능력을 강화시켜 준다.

　3. 하나님은 항상, 직접적이든 혹은 간접적으로든 우리의 치유에
　　간여하신다.

　치유의 일은 하나님께서 우리 안에 지어 놓으신 방어와 회복의 힘으로 이루어진다. 외과 의사는 절개하여 열고, 잘라내고, 다시 꿰맬 수는 있지만 절개 부위를 안팎으로 아물게 하는 것은 하나님께서 우리에게 주신 세포와 조직의 회복 기능이다. 그보다 더 나아가서 볼 때, 내가 나의 치유의 여정에 하나님이 함께 하시도록 원하여 간구하면, 하나님은 보통의 경우보다 훨씬 더 많이 간여干與하실 수도 있다. 그렇게 되면 그의 능력이 나의 생각과 느낌과 영에 역사役事하여 치유와 평강을 가져다 줄 수 있다. 그의 능력은 같은 모양으로 나의 몸

에도 작용한다. 어떤 경우에는 우리가 기적이라고 생각할 만큼 즉시 작용하기도 한다. 대부분의 경우, 그의 능력은 정상적인 생리적 과정에 맞춰 서서히 작용하여 그 과정을 보완시켜 줌으로써 치유 속도를 촉진시킨다.

이 세 가지 중 어느 하나라도 제외한 치유 시도는 부적절하며 성공하지 못할 수도 있다. 하나님만 믿고 회복해 보겠다고 작정하고 의학과 치료자의 도움을 거절하는 경우 자주 실패를 맛본다. 많은 사람들이 의료 치료의 자원들을 이용하여 매우 적극적으로 대처함으로써 하나님에 대한 믿음이 특별히 없이도 회복되는 것이 사실이고 또 회복될 수 있다. 그러나 그런 이들이 자주 빠지는 오류는 그들의 경험 속에도 실제로 하나님이 관련되어 계시다는 사실이다. 이는 궁극적으로 우리의 개인적인 영적인 취향에 관계없는 진실, 곧 치유자는 하나님이시기 때문이다. 한걸음 더 나아가서 생각해 보면, 영적인 사실을 치유 과정에 도입하지 못할 때 영이 회복되지 않기 때문에 결과적으로 불완전한 회복을 하게 된다. 자기 자신의 영이 주는 도움이나 하나님의 치유의 자원들이 공급하는 혜택을 받지 않고, 단지 자신의 혼과 육신을 좇아 자기 홀로 질병에 대처하는 것이 문제다.

자신의 삶을 재평가해 보라

질병은 삶에 대한 위협이다. 그 위협에 대처하기 위해서 우리 자신의 현실을 저울질해 봐야 한다. 다시 말해서 내가 가진 자산과 내가 갚아야 할 빚을 계산해 봐야 한다. 내가 이 질병과 싸우기 위해 동원할 수 있는 자원이 무엇인가? 내가 진 어떤 빚이 나의 건강 회복에 걸림돌이 되는가? 질병은 우리가 재고 조사를 하도록 만든다.

몇 년 전 나는 픽업트럭을 타고 울퉁불퉁한 진흙탕 길을 서둘러 지나서 한 지역구의 수도를 향해 여행을 간 적이 있었다. 나는 지역 의료 책임자에게 우리 병원에 와서 긴급한 행정 문제를 도와 달라고 요청하러 갔었다. 우리는 폭우 속을 운전해서 돌아왔다. 나는 차 안에서 정부 의사와 차 문 사이에 끼어 있었는데 우리 두 사람 다 무릎에 아이를 하나씩 안고 있었다. 이튿날 아침 깨어났을 때, 나는 왼쪽 다리 전체에 불이 떨어진 것 같은 느낌을 받았다. 척추 디스크가 깨져 나와서 좌골신경을 뜨거운 부지깽이처럼 누르고 있었던 것이다. 어떤 방법으로도 통증을 가라앉힐 수 없었다. 2주 동안 통증과 싸우다가 결국은 처방된 치료를 받아들이기로 했다. 3주간 침대의 발쪽을 올려서 견인한 채로 누워 있어야 했다. 이것은 비극이었을까? 아니면 도전이었을까? 불편하고 쪽 팔리는 자세였지만 나는 이것을 도전으로 만들기로 작정했다.

아프리카에서 보낸 수년 동안 우리 집은 장관壯觀의 퀼루Kwilu강 둑에 있었다. 수영을 하거나 가족과 함께 소풍을 가거나 수상 스키를 타면 힘겨운 일과 후 지친 나의 영은 회복되곤 했다. 침대에 묶여 누워 있는 동안 나는 묵상했다. 나는 내 인생이 퀼루강 같은 강물의 흐름처럼 여겨졌다. 인생을 다시 돌아볼 때 나 자신에 대해 많은 것을 배울 수 있었다.

모든 강은 샘에서 기원하는 작은 개울에서 시작된다. 개울이 계곡을 휘돌아 내려올 때에 다른 작은 시내들이 합쳐지며 물의 양을 불린다. 시내가 커져 강이 되고 더 많은 개울들과 강들이 지류로서 합쳐져서 큰 줄기가 되어 물을 큰 강으로 보낸다. 이 물 중에 어떤 것은 깨끗하며 어떤 지류들은 흙탕물이거나 오염되어 있을 수 있다.

나는 내 인생으로 흘러 들어온 많은 개울들에 대해 생각해 보았다. 그 근원은 나의 부모님이다. 그분들은 어떤 종류의 물을 나의 유산으로서 그리고 나의 모든 어린 시절을 통해서 나에게 공급하셨을까? 어린 시절의 친구들, 학교와 학우들, 교회와 지역 공동 사회 모두 나에게 중요한 영향을 미쳤다. 대부분 좋은 영향을 주었지만 다 그렇지는 않았다. 대학과 의과대학 그리고 계속된 수련의 과정은 내 인생에 더 많은 "물"을 가져다주었다. 결혼과 아이들, 새로운 나라, 일과 봉사들은 더욱 더 많은 양의 물을 내 인생에 부어 넣었다.

어떤 불쾌한 경험들이 있었고, 그로써 더러운 물이 나의 인생에 흘러들어 왔다. 나는 그중에서 얼마나 많은 오물이 아직도 나의 영혼의 물에 여전히 섞여 있을까, 또 그 더러운 것이 현재 나에게 얼마나 영향을 미치고 있을까 생각해 보았다. 내가 지금 와서 그것들에 대해 무엇을 할 수 있을까?

그중 어떤 문제들은 나 스스로 대처할 수 있었다. 다른 것들에 관해서는 미리암과 의논했고 또는 다른 친한 친구들과 이야기를 나누었다. 또 다른 것들은 주님께 들고 나왔다. 나는 예수께서 상한 심령과 상처 받은 영을 치유해 주시며, 그래서 나의 인생의 아픈 곳들을 감당할 수 있도록 도와줄 수 있다는 것을 이미 알고 있었다.

내 인생의 이야기들 중 몇 가지, 내가 감당하기 힘든 것들을 종이 위에 적었다. 그것들을 주님께 내 놓고 그 아픈 부위들을 치유해 주시도록 간구했다. 나는 겟세마네 동산과 십자가에서 그분이 하신 일을 마음속에 그리며, 내 인생의 아프고 더러운 그 부위들에 그의 피를 발라 주시도록 간구했다. 성경은 그리스도의 피가 우리의 심령을 깨끗하게 한다고 했으므로 나는 내가 적은 것들 위에 십자가를 그렸다. 이것은 예수께서 그 힘든 경험들에 들어 있는 나의 죄와 죄책감과 고통들을 그가 지신 십자가의 무거운 짐 속에 포함시키셨다는 것을 내 심령에 말해 주었다. 문제들을 하나씩 예수께 모두 말씀드리고 나서, 나는 그 종이를 찢었다. 나의 심령이 "이제 그 문제가 치유되었다"라고 깨달았음을 보여 주는 상징적 행위였다.

시편의 저자인 다윗은 이 과정의 한 예를 제공한다. 시편 139편에서 그는 긴 자기 반성을 한다. 그리고 그는 선포한다. "하나님이여 나를 살피사 내 마음을 아시며 나를 시험하사 내 뜻을 아옵소서 내게 무슨 악한 행위가 있나 보시고 나를 영원한 길로 인도하소서"(시편 139:23~24).

3주 동안 침대에 누워 절대 안정과 견인 요법의 치료를 받은 결과, 나의 요통은 사라졌다. 그 기간 동안 또한 나의 영이 성장했다. 그 경험을 통해 나는 질병이 우리에게 인생의 새로운 사실을 배우게 해주는 숙제를 주는 학교 선생님 노릇을 할 수 있다는 것을 다시 확인할 수 있었다. 나는 파열되었던 척추 디스크의 회복이 나의 영적 성장과 관계가 있었다고 말할 수는 없다. 그러나 그것은 영적인 성장이 일어날 수 있는 시간과 환경을 제공했다.

자기반성은 고통스러울 수 있다. 또 위험할 수도 있다. 지난 세월에 많은 상처와 학대가 있었다면 그 심령의 상처를 낫게 하기 위해서는 이러한 심각한 문제들을 하나씩 짚고 넘어갈 수 있도록 도울 줄 아는 전문적으로 훈련된 치료자의 도움이 필요하다. 감기를 앓거나 독감에 걸렸을 때 의사의 도움이 거의 필요하지 않다. 대개는 회복에 꼭 필요한 모든 것을 우리 스스로 할 수 있다. 그러나 맹장염이 생겼을 때는 아무도 자신의 맹장을 스스로 떼어내려고 생각하지 않을 것이다. 같은 이유로, 심령에 있는 깊은 문제는 외부의 도움을 필요로 할 경우가 많다. 다른 이의 고통을 배려할 줄 알고 그 짐을 나눠질 줄 아는 치료자는, 특히 하나님의 전능하심을 잘 아는 이는 우리가 '심령의 수술'을 행하는 데 절실하게 필요로 하는 도움을 줄 수 있다.

즐거운 심령을 가지라

유머, 곧 해학諧謔 또는 재치 있는 농담은 인생의 모순을 받아들이고 즐길 줄 아는 능력이다. 인생은 모순들로 가득 차 있다. 우리는 그 모순들로 인해 불안해질 수 있다. 또한 모순되는 것들을 즐길 수도 있다. 우리가 어떤 상황에 처하게 되더라도 기지機知를 잘 발휘하면 거의 모든 경우에 우리를 즐겁게 해 주는 어떤 재미있는 부조화를 발견할 수 있다. 그렇게 되어서 소리 내어 웃게 되면 인생의 모순들로 인한 스트레스가 덜어진다. 옛 지혜나 현대의 과학은 같은 결론에 도달한다. "즐거운 마음은 양약과 같다"(잠언 17:22). 현대식 용어로, 웃음과 즐거움은 면역 체계를 강화시킨다.

4장에서 나는 노만 커즌이 웃기 위해서 우스운 영화나 농담, 재미있는 이야기들을 어떻게 사용했는지 언급했다. 그로 인해 그의 뇌에서 생산된 즐거움을 주는 아편양 물질이 최대한 두 시간 정도 그를 고통에서 풀어 주었다. 그것은 분명히 그의 면역 체계를 강화시켰다고 생각된다. 그는 회복되었기 때문이다. 심지어 우리에게 주어진 상황에 웃을 일이 하나도 없을 경우에도, 책이나 잡지 비디오 등에서 풍부한 웃을 거리들을 얻을 수 있다. 우리가 찾아서 도움을 얻고자 마음먹기만 하면 된다.

많은 유머가 좀 더 개인적이다. 주변에서 재미있는 일들을 보면 그것에 대해 한마디 한다. 이것이 '촌철 농담'이나 동음이의同音異義의 어구를 쓴 재담才談이 만들어지는 근거다. 겨우 50달러의 월급을 받던 레지던트 시절에, 미리암에게 줄 발렌타인 카드를 사러 간 적이 있었다. 우리는 아직 약혼하지 않은 상태였다. 나는 아주 웃기는 카드 하나를 발견했는데, 그것은 무려 25센트나 되었다. 이런 비싼 카드를 사 줄 만큼 나와 미리암이 가까울까 하는 생각이 들었다. 그래서 나는 카드를 내려놓고 가게를 떠났다. 그런데 두 블록을 지나도록 나는 여전히 웃고 있었다. 그래서 나는 그 카드에 있는 유머가 우리에게 꼭 필요하다고 단정斷定할 수 있었다. 그 카드 앞면에는 번쩍거리는 주방용 알루미늄 음식찌꺼기 분쇄 처리기kitchen garbage disposal가 그려져 있고, 그 곁에는 꼬리를 신나게 흔들면서 멍청하게 히죽거리고 있는 개가 그려져 있었다. 그리고 카드 안에는 이런 말이 적혀 있었다. "당신의 처분에 절 맡깁니다I'm at your disposal." 그렇게 해서 미리암의 처분에 나를 맡기게 되었고 오늘날까지 쥐여지내고 있다. 우리 두 사람이 그 카드를 다시 꺼내 볼 때마다 우리의 면역 체계가 조금 더 강해진다고 나는 믿는다.

의료인으로서 일하면서 겪어야 하는, 사람을 지치게 만들고 진을 빠지게 하는 셀 수 없이 많은 상황에서 유머는 나를 구해 주었다. 서로 의견이 맞지 않아 격앙된 회의에서 사람들을 웃게 만드는 한 마디가 감정적인 갈등으로 생긴 사람들 간의 노여움을 풀어 주고 사리를 분변分辨하게 돕는다. 우리 수술실에서는 웃음소리가 자주 울려 퍼지곤 했는데, 이는 주의를 산만하게 하려는 의도보다 긴장되고 경직되기 쉬운 수술 과정에 마음을 차분하게 하기 위해서였다. 웃음은 틀림없이 명약이다. 정신적인 도움 뿐 아니라 생리적으로도 혜택을 준다.

즐거운 경험들을 강조하라

가족이나 친구와의 즐거운 시간은 심령을 강하게 한다. 숲 속을 걷거나, 호숫가를 거닐거나, 개울이나 해변처럼 하나님의 아름다움을 볼 수 있는 어느 곳에서든 자연 속에서의 조용한 산책은 우리를 활기차게 한다.

좋은 책이나 예술 작품 그리고 아름다운 꽃은 창조적인 생각을 북돋아 줌으로써 스트레스를 줄여준다. 그것들은 잠시 동안이긴 하지만 새로운 세계의 진실을 알게 하며, 현재의 어려움으로부터 오는 피로에서 임시로나마 쉼을 준다. 즐거움, 창조적 상상력, 내적 평화를 가져다주는 것은 그것이 무엇이든 간에 우리의 뇌를 도와 질병에 대한 신체적인 대응을 강화시키는 신경 화학 물질을 생산케 한다.

음악은 긴장을 풀어 줄 수 있다. 사실 음악은 긴장을 풀어 주는 이상의 효과를 줄 수 있다. 음악은 우리의 마음 깊은 곳에 말해 주며, 긍정적인 기억들을 우리 마음 앞에 불러내고, 건설적인 성찰력을 생기게 해준다. 음악 치료에는 긍정적인 생리적 효과가 있다. 베토벤의 6

번 교향곡, 드보르작의 신세계 교향곡, 바하의 토카타와 푸가는 나의 면역력을 증진시킨다. 헨델의 수상 음악과 필립 소사의 행진곡은 나의 백혈구가 춤을 추게 한다.[2]

근심의 목록을 만들어라

근심은 우리 마음의 평화를 앗아가는데 탁월한 능력이 있다. 근심은 인간 조건의 한 면이며, 생기는 즉시 기쁨과 평화 그리고 문제에 적응하는 능력에 장애가 된다. 병이 진행되면 근심이 더욱 깊어지는데, 특히 우리에게 일어나고 있는 질병의 상태를 우리가 통제할 수 없다고 느낄 때 더욱 깊어진다. 이 근심의 고리를 어떻게 끊을 수 있을까?

내가 퀼루 강을 내려다보며 척추 디스크로 누워 지낼 때 힘든 생각들이 계속 몰려왔다. 특히 내가 내 척추 문제에 아무 것도 할 수 없다는 생각에 힘이 들었다. 하루는 하나님께서 간단한 질문으로 내 마음을 두드렸다. "이것은 누구의 척추냐?" 물론 나의 것이고 내가 쓰기 위해 있다. 그러나 하나님이 내 척추를 만드셨고, 하나님이 그것을 자기 뜻대로 관리하시며, 하나님께서는 또한 자기가 만드신 나 자신을 자기 뜻대로 관리하기를 원하신다. 일어난 일에 대한 근심은 내 척추에 아무런 도움이 되지 않는다. 실상, 회복을 지연시키기만 할 뿐이다. 그래서 나는 나의 척추를 하나님께 맡겼다.

맡기는 기도는 강력한 기도다. 나는 하나님께 말했다. "이제 당신 책임입니다. 혹시 제가 할 일이 있으면 그것이 무엇인지 말씀해 주십시오. 하여간 이 상황을 당신 손에 맡깁니다. 제가 지금은 이해할 수 없지만 제가 선한 계획이라고 믿는 당신의 계획을 당신에게 맡깁니다."

맡기는 것은 내 마음을 자유롭게 할 뿐 아니라, 면역 체계를 약화시키고 회복 능력을 저하시키는 신경 화학 물질을 나의 뇌가 더 이상 생산하지 않게 한다. 이제 더 이상, 내가 생각하기에 필요한 것을 하시도록 하나님을 꼬드기려고 하지도 않는다. 그분이 나의 허리를 만드셨으니 나의 허리를 어떻게 고치는지 알고 계실 것이다.

하나님은 정말로 내가 무엇을 해야 할지 말씀하셨다. 하나님은 나의 담당 의사를 통해서 다음과 같이 명령하셨다.

1. 한 달 동안 앉지 말 것. 나는 일어서거나 누울 수는 있었으나 앉는 것은 허락되지 않았다. 그래서 나는 한 달간 서서 밥을 먹었다.
2. 규칙적인 운동. 나는 수영, 자전거 타기, 허리 굽히기 운동으로 근육을 강화시켜야 했다.
3. 물건을 들거나 진흙에 빠진 트럭을 밀거나 다른 필요한 어떤 것들을 할 때 "적절한 방법"으로 할 수 있도록 신체 역학을 배워야 했다.
4. 나의 체중을 조절해야 했다. 내 허리에 절대적으로 필요한 수준 이상의 하중을 주는 것은 금지되었다.

삼각형적 치유 과정이 적용되고 있었다. 나는 내가 해야 할 일을 해야 했다. 담당 의사는 나에게 계속하여 필요한 지시를 했다. 하나님은 전체 지휘를 하고 계셨다. 그는 항상 내 인생에 대한 계획을 가지고 계신다. 나는 종종 그 계획을 방해해 왔는데, 아마도 척추 디스크 파열을 통해 하나님께로 돌아올 시간을 주시고, 그분의 계획으로 돌이키게 하시는 것 같았다.

나는 근심의 목록目錄들을 조목조목 적어 보는 것이 유익하다는 것을 발견했다. 이 행위는 문제들을 의식 세계로 옮겨오기 때문에, 그 문제가 가족에 관한 것이든, 직장 문제든, 먼저 해결해야 할 일들이 중첩된 경우든, 다른 어떤 것이든지 내가 그것들을 다룰 수 있게 된다. 나는 자주 미리암과 다른 사람들의 도움을 구해서 그런 걱정들을 해결한다. 그들의 지혜와 격려와 기도는 매우 소중하다. 나는 사도 베드로의 말을 따라 많은 문제를 하나님께 가지고 갔다. "당신의 모든 염려를 (근심을) 주님께 쏟아 부어라. 그분은 당신을 아끼신다"(베드로전서 5:7).

근심을 한번에 하나씩 다루며, 하나씩 해결하는 것이 중요하다. 근심을 일으키는 문제가 해결되지 않을 수도 있다. 그렇더라도, 내가 그 문제를 다른 사람과 나누고 또 그들이 나와 함께 그 문제를 해결하기 위해 일한다는 것을 알게 되면, 스스로도 더 힘을 쓸 수 있을 뿐만 아니라 다른 사람들의 힘으로 인해 기운을 더 얻는다. 하나님께 의논드리고, 그분이 나와 함께 문제에 대처하고 있으시다는 확신이 생기면 나는 자유를 얻는다. 문제를 해결해야 하는 책임에서 자유로워진다는 뜻이 아니라, 문제에 대한 걱정에서 해방된다는 말이다. 이것은 내 마음을 고뇌에서 자유케 하며, 따라서 나의 몸을 약화시킬 수 있는 신경화학 물질의 생산을 중단시킨다.

책임을 받아들이고 잘못된 것을 해결하라

우리가 병들었을 때 자신에게 반드시 해야 하는 중요하면서 힘든 질문들이 있다. 나의 질병에 대해 어떤 모양으로든, 최소한 일부라도 내게 책임이 있을 수 있는가? 더 나아가서, 나의 회복 과정에 내가 장애물을 놓고 있지는 않는가?

내가 B형 간염에 걸렸을 때 나는 그런 질문들을 해야 했다. 나는 병에 걸린 데 대해 내가 책임이 있다고 느끼지 않았다. 그 병은 내가 외과 의사로서 맡겨진 사명을 수행하는 과정에서 생겼기 때문이었다. 그러나 나는 일중독의 버릇과 적절하지 못한 스트레스 관리로 나의 병을 더 심각하게 만들고 있는 것이 사실이었다. 나는 하나님의 계명을 지키고 하나님께서 나를 만드신 자신의 뜻을 따라 나를 관리하기보다 내 인생을 내가 원하는 대로 쓰고자 했다. 나는 그 사실을 바로 쳐다보고 그것을 고쳐야 했다.

우리가 스스로에게 자신의 병의 책임 소재에 대한 이런 질문을 할 때 균형을 잃기가 쉽다. 한쪽 방향으로 너무 치우치면 그것이 사실에 근거한 것이든 상상에 근거한 것이든 죄의식에 빠질 수 있다. 이런 강박 관념은 우리 건강에 좋지 않은 후회의 감정을 불러일으켜서 이미 과중한 부담을 받고 있는 면역 체계에 짐을 더 주게 된다. 다른 쪽으로 치우친 태도는 앞의 태도와 정반대로 일체의 책임을 완강히 부정하는 경우인데, 그렇게 되면 우리는 질병에서 낫기 위해 고쳐야 할 문제들을 외면한다. 때로는 다른 사람을 개입시켜 주어진 상황에서 우리 스스로 책임지고 해야 할 일이 무엇인가를 찾도록 하는 것도 좋은 생각이다. 우리는 자신에 대해 너무 엄격하게 대하여 하나님께서는 주시지도 않을 죄의식을 떠맡을 수도 있다. 또 우리는 스스로가 사려분별을 못한다는 사실에 대해서도 깜깜할 수 있다. 이런 우리에게 기쁜 소식은 우리가 실제로 죄악된 일에 책임이 있더라도 하나님께서는 우리 죄를 사하여 주신다는 것이다. 하나님께서 운영하시는 것은 죄사함 사업이다. 그는 우리를 죄에서 풀어 주어 자유롭게 해 주는 일을 즐기신다. 그러므로 하나님께 죄사함을 받기 위해 우리가 해야 할 일은 없다. 그저 달라고 말씀드리면 된다.

영적 자원

기도

건강과 치유에 미치는 기도의 효과에 대한 많은 보고서報告書들이 의학 문헌에 계속 나오고 있다. 대부분의 자료들은 기도가 치유와 우리 몸의 회복 능력에 도움이 되는 좋은 영향을 미치는 것을 보여준다.

그렇다. 기도의 많은 부분이 심리적인 현상이라고, 어떤 이들이 소위 말하는 '암시'라고 인정할 수 있다. 기도의 어떤 결과들은 자기 암시의 힘과 관련이 있을 수도 있다. 그러나 기도해 주는 이가 있는 환자가 기도해 주는 이가 없는 환자보다 훨씬 더 빠른 회복을 보여 준다는 연구 보고도 있다. 이 연구 결과는 기도해 주는 이가 있는 환자가 그런 기도 지원이 이루어지고 있다는 사실을 알지 못할 때도 동일한 것으로 나왔다. 이러한 연구 결과들은 기도에 인간 정신 그 이상의 능력이 있는 것을 시사示唆한다. 기도는 실재實在하는 하나님의 권능의 물꼬를 트는 일이며, 우리의 삶에 간섭하시도록 하나님께 요청하는

것이다.[3]

　기도를 어떻게 해야 하나? 필요한 것을 구하기 위해 하나님께 나아갈 때, 우리는 어떤 문제가 있는지, 또 어떤 도움을 원하는지 구체적으로 말씀드릴 수 있어야 한다. 나는 B형 간염에 걸렸을 때 나의 간을 위해 또 나의 간세포들을 위해 기도했다. 나는 식욕을 위해 기도했으며 내 몸의 지구력을 위해 기도했다. 나는 에이즈 환자들에게 자신들의 백혈구를 위해 기도하도록 권한다. 그들은 자신들이 가진 백혈구들을 보태고 채워서 더 튼튼하게 해 주시도록, 또 더 많은 백혈구를 주시도록 하나님께 요청할 수 있다. 나는 그들에게 그리스도께서 그분의 치유의 권세를 자신들의 혈관 속에 출동시켜 바이러스들을 구석구석 뒤져 사냥하고 상한 조직을 회복시켜서 신경 조직, 내분비선, 결합 조직, 그 외에도 도움을 필요로 하는 모든 조직을 새로 살려 내주시도록 요청하라고 권한다. 내가 환자를 위해 기도할 때도 그들 각자의 구체적인 문제를 하나님께 들고 나가 도움을 요청한다.

　만약 당신에게 관절염이 있으면 관절을 덮고 있는 얇은 껍질을 위해 기도하라. 피부에 이상이 있으면 피부를 위해, 또 그 피부에 연결된 혈관과 그 피부를 지지하는 망가진 결합 조직을 위해 기도하라. 병균에 자주 감염되면 면역 체계를 위해 기도하라. 문제가 암이라면 소위, "살세포殺細胞"라고 불리는 우리 몸 안에 있는 특별한 백혈구를 위해 기도하라. 그 "살세포", 즉 킬러 세포라고도 불리는 그 백혈구 세포는 우리 몸 안에서 비정상적이 된 세포, 즉 암세포처럼 해로운 세포를 찾아내서 파괴하는 일을 한다. 그 특공대 세포들이 자기들의 일을 잘하게 도와주시도록 하나님께 기도하라.

우리의 치유자들을 위해 기도할 수 있다. 그들이 우리를 돕고자 할 때 하나님의 능력이 필요하다. 하나님께서 그들의 생각을 지도하시고, 의사, 간호사, 상담자와 우리를 도우려고 애쓰는 모든 사람에게 분석 기술과 전문 기술을 주시도록 간구할 수 있다. 그들이 치유를 위해 해야 할 일들을 찾아내고 또 그 일들을 아주 잘 해낼 수 있기 위해 필요한 모든 분야의 정보를 "하나도 빠뜨리지 않고 확인 점검"할 수 있도록 하나님께서 도와주시도록 기도할 수 있다.[4]

가까운 곳에 있는 미국인 흑인 목사의 부인이 희귀한 종류의 폐렴으로 위독했다. 급성환자 병동에 입원시켜서 다량의 진정제를 투여했다. 우리가 바란 것은 그녀의 신체 기능을 최소한으로 감소시킴으로써 그녀의 몸의 회복 능력이 힘을 얻어 폐렴을 다스리게 되는 것이었다. 크리스천인 두 명의 의사가 그녀의 치료를 맡고 있었다. 그들은 목사에게 이 상태로 한 달을 지속해야 하며, 회복이 되려면 최소한 6개월이 걸릴 것이라고 설명했다. 그 후 그들은 함께 기도했으며, 의사들은 하나님께서 그의 권능으로 그녀의 면역 체계를 강화시켜서 그녀를 건강하게 회복해 주시도록 기도했다. 그들은 매일 회진할 때마다 목사와 가족과 함께 기도했다.

치료 팀은 5일 후에 대부분의 감염 증세가 사라진 것을 보고 매우 놀랐다. 그들은 진정제 다량 투여를 중단했고, 그녀를 중환자실로 옮겨 이틀 동안 더 치료한 후 그녀를 개인 병실로 옮겼다. 일주일 안에 그녀는 퇴원했으며 3주가 더 지난 후부터 그녀는 정상 활동을 다시 시작할 수 있었다. 하나님과 가까운 사람들의 열렬한 기도는 하나님께서 효과적인 방법으로 일하시도록 하는 경로 역할을 한다.

성찬식

당신이 예수 그리스도와 인격적인 관계를 맺고 있다면 성찬식(성례전聖禮典) 기회가 주어지는데, 이 예식은 강력한 상징적 능력을 발휘한다. 그것은 성만찬이다. 성체배령聖體拜領이라고 부르기도 한다. 이 예식은 그리스도께서 그의 삶과 죽음과 부활을 통해서 우리를 위해 하신 일을 상징한다. 그는 우리를 죄로부터 구원하셨다. 그리고 하나님과 영원히 분리되지 않게 하셨다. 그는 우리를 치유하셨으며, 우리 생명을 깨끗하게 하시고 우리를 하나님께서 받아들일 수 있을만하게 만들어 주셨다. 불행하게도 많은 교회에서 성찬식이 단지 여러 행사 중의 하나가 되어 버렸다. 주일 예배를 마무리하는 이 성찬식을 예배 후에 해야 할 일들에 쫓겨 시계를 흘깃거리며 서둘러 부랴부랴 치른다. 이것이 얼마나 큰 비극인지 모른다. 왜냐하면 주일 예배를 통해 찬양으로 하나님을 존중한 일을 다 망쳐 버리고, 그분께서 우리를 위해 하신 일을 우리가 누리지 못하게 만들기 때문이다.

성찬식의 빵은 그것이 어떤 종류의 빵이든, 즉 유교병이든, 무교병이든, 와플이든, 둥그런 모양의 덩어리 빵이든, 소형 식빵이든 모두 그리스도의 몸을 상징한다. 내가 빵을 떼어 먹을 때 나는 그분의 생명 주시는 능력을 나의 전 존재 안에 받아들인다고 그리스도께 말씀드리는 것이고, 이 축복을 주신 것을 그분께 감사드리는 셈이다. 내 심령이 나의 고백을 듣고 그리스도의 능력이 나의 몸과 영과 혼 안에 있다는 것을 다시금 기억하게 된다. 그의 능력은 나에게 힘을 주며 내가 당면한 문제들에 대처할 수 있도록 돕고 나의 몸의 체계와 기능을 강화할 수 있게 된다.

내가 성찬의 잔을 받아 마실 때 그것이 포도주든 주스든, 나는 그리스도께서 나를 위해 흘리신 피의 상징을 마신다. 그때 나는 나의 죄를 사하시며, 내 심령을 치유하시고, 나의 부서진 영을 회복시키고, 내 몸의 원기를 회복시키시는 그분의 권세를 나의 전 존재에 받아들이는 것이다. 내가 질병으로 힘들게 싸우고 있던 때, 성만찬은 내게 용기를 불어넣어 그리스도의 임재 앞으로 나오게 해 주고, 내 심령이 그리스도께서 내 안에 실재實在하심과 그분의 권세를 깨달아 알도록 하는 데 큰 도움이 되었다. 때때로 이 깨달음은 내 방의 적요寂寥함 속에서 주님의 종에 의해 행해진 성만찬을 통해 이루어졌다. 건강하여 활발하게 일하고 있던 시기에는 다른 사람들과 함께 성찬식에 참여하는 일이 나의 기쁨을, 주님과의 친교를, 또 내 온 생명의 기운을 신선하고 새롭게 해주었다.

내 심령에 문제가 생기면 나는 먼저 하나님께 그 문제를 고백한다. 그리고 그리스도의 피의 상징을 마시며 내 심령의 모든 죄악된, 순수하지 않은, 앞뒤가 맞지 않는 것들을 깨끗하게 해 주시도록 간구한다. 내면의 평화와 기쁨이 돌아오며, 그것들은 나의 몸을 강하게 한다. 성만찬은 우리가 마음과 혼과 영으로 참여할 때 큰 치유의 능력을 준다.

치유의 임재하심

다윗 왕은 시편에서 말한다. "주께서 생명의 길로 내게 보이시리니 주의 앞에서는 기쁨이 충만하고 주의 우편에는 영원한 즐거움이 있나이다" (시편 16:11).

우리가 전능하신 하나님의 임재를 인식할 때 실제로 치유의 능력이

임한다. 그 인식은 모든 것이 합력合力하여, 그것이 어떻게 이루어지는지 내가 이해하지 못하지만, 잘 되어 간다는 느낌을 내게 준다. 그 인식은 나보다 더 위대하신 그분이 이 모든 일을 주관主管하시며, 그분은 나를 사랑하시는 분이며, 그분은 항상 신뢰할 수 있는 분이라는 확신을 준다. 내가 전능자이신 하나님 손에 맡겨져 있다는 것을 내 심령이 알 때, 그 확신은 내 존재의 중심中心에 평안을 가져다준다. 이 평안은 그곳으로부터 나의 전 존재로 퍼져 나갈 수 있다.

내가 하나님께 간구하지만 아무런 일도 일어나지 않는 경우가 있다. "내가 주님을 필요로 하는데 그는 어디 계시는가?" 온유한 깨우침이 온다. "나는 항상 너와 함께 있다. 내가 너와 함께하지 않는 곳이 어디에 있느냐?" 그때 나는 하나님께 문제가 있는 것이 아니고 그의 임재를 깨닫는 능력이 나에게 없음이 문제라는 것을 알게 된다. 설사 내가 아무 것도 느낄 수 없을 때도 하나님은 나와 함께 하고 계신다. 내 마음이 이 사실을 깨달을 때 하나님의 능력이 나를 치유하실 수 있게 된다.

예수님의 비유 말씀들은 다차원의 신비로운 이야기들이다. 우리는 선한 사마리아 사람에 대한 비유를 잘 알고 있다(누가복음 10:25~37). 우리는 이 이야기를 통해서 도움을 필요로 하는 모든 자가 우리의 이웃이라는 사실과 하나님께서는 우리가 그들을 돕기를 원하신다는 사실을 알게 된다.

나는 나 자신이 강도에게 상처를 입고 길가에 누워 있는 그 "어떤 사람"과 같다고 느낀 적이 여러 번 있었다. 우리 가운데 상처를 한번도 받은 적이 없는 사람이 어디 있겠는가? 우리 가운데 도움이 한번도 필요하지 않았던 사람이 어디 있겠는가? 내가 상처 입고 누군가의 도움을 절실하게 기다릴 때, 교회에 나가며 십일조 헌금을 하고 규례를 지키는 나의 종교적인 자아가 내 곁을 지나간다. 나는 나의 종교로부터 치유를 구하나 그것에게서는 치유를 찾을 수 없다. 그러한 종교적인 활동에는 치유의 힘이 거의 없다. 다음으로 나의 지적인 자아가 온다. 그것은 나의 상태에 관하여 심사숙고한다. 내 상태를 분석하여 그 상태가 일어나게 만든 원인을 규명하고 내가 할 수 있는 것이 무엇인지 찾아내려고 시도하며, 나의 자아 속에 나의 고통을 완화시키고 치유할 수 있는 어떤 것이 있는지를 찾아본다. 그러나 나의 지적인 자아는 나를 치유하지 못한다.

나 자신의 모든 자원이 바닥나고, 그래서 도움이 필요하다는 사실을 깨달을 때 나귀를 타고 한 "낯선 나그네"가 다가온다. 처음에는 그를 알아보지 못할 수도 있다. 왜냐하면 그는 피부 색깔이 좀 달라 보이고 외국어를 쓰는 것 같기도 한, 하여간 이상한 사람이다. 그런데 그가 멈추어 나귀에서 내려와 내 상처에 기름과 포도주를 붓고 상처를 싸매 줄 때 나는 그가 그리스도요, 생명의 주인이요, 나의 치유자가 되시는 예수이신 것을 깨닫는다. 그 후에 그는 내가 온전히 치유될 때까지 나를 보살펴 줄 다른 사람들이 있는 곳으로 나를 데리고 간다. 나의 깊은 상처를 치유하는 것은 바로 이 "낯선 나그네", 주 그리스도의 임재다.

기도를 통해 사랑하는 사람을 하나님의 치유의 임재하심으로 데리고 올 수 있다. 심지어 수천 마일이 떨어져 있어도 우리는 이렇게 할 수 있다. 조엘은 아프리카의 선교사 가정의 넷째 아들이었다. 그가 4개월이었을 때 선교사 간호사 한 분이 걱정스러운 표정으로 조엘의 머리가 너무 크다고 언급했다. 가까이 있던 두 소아과 의사가 옆에 있었는데 그들이 그녀의 의구심疑懼心이 타당함을 확인했다. 조엘은 뇌에 있는 액체가 척수로 흘러 들어가는 흐름이 막혀 머리에 너무나 많은 액체液體가 고이는 급성 수두증을 앓고 있었다.

삼 일 후, 그는 어머니와 함께 캐나다의 토론토 시로 와서 다음날인 일요일에 한 소아 병원에 입원했다. 의사들은 며칠 전 내려진 진단이 옳았음을 확인했다.

같은 날, 6천마일 떨어진 아프리카 킨샤사에서 30명이 조엘을 위해 기도하기 위해 모였다. 내가 이 모임을 인도하도록 부탁받았다. 모임은 교제와 경배의 시간으로 시작되었는데 이 시간을 통해 모든 사람이 마음과 영으로 함께 하게 되었다. 조엘의 아버지가 자기가 알고 있는 대로 조엘의 문제를 설명하고 나서 우리는 기도하기 시작했다. 우리는 조엘을 위해, 조엘의 어머니와 토론토의 치료 팀을 위해 기도했다. 그리고 하나님께서 조엘의 머리에 있는 액체의 흐름이 막힌 것을 낫게 해 주시도록 기도했다.

우리가 몇 분을 기도한 후, 나는 우리 모임 가운데 서 계신 예수님을 각자의 마음에 그려보라고 제안했다. 다음에 나는 말했다. "자, 이제 예수께서 조엘을 붙잡을 수 있도록 그를 예수의 손에 맡깁시다. 예수님께서 함께 하시면 큰 치유의 능력이 생깁니다." 우리는 우리 가운데 계신 주 그리스도를 느낄 수 있었으며 송영頌榮을 부른 후 집으로 갔다.

다음 날 아침, 토론토에서는 조엘의 척수액을 뽑아 검사한 결과 그의 뇌척수액에 핏빛이 섞여 있는 것을 확인했다. 의사들은 방사선 조영제를 주사하였으며 그 조영제가 막힘없이 뇌실로 흘러 들어가 다시 척수로 잘 돌아오는 것을 확인했다. 다음날 아침, 의사들이 조엘의 어머니에게 조엘의 뇌척수액의 흐름이 막혔었으나 그것이 어떤 이유인지 터져서 이제 깨끗해졌다고 알려 주었다. 척수액에 혈흔이 있다는 것은 터지고 나서 얼마 되지 않았다는 것을 의미한다. 아마 일요일에 일어났을 것으로 여겨진다. 그날 중앙아프리카에서 우리는 기도 가운데 조엘을 예수의 손에 맡겼었다. 그리고 그 시간쯤에 토론토에서는 조엘의 막혀 있던 척수액의 흐름이 터졌다. 이 두 사건은 서로 관련이 있었을까? 나는 그렇다고 믿는다.

"낯선 나그네", 예수 그리스도의 임재에는 큰 치유의 능력이 있다. 그는 우리가 병든 자신을 그분 앞으로 들고 나와 그분께서 우리의 몸과 영을 치유하실 수 있도록 함으로써 그분과 함께 일하기를 원하신다.

필요한 도움을 받으라

병들었을 때 우리 중 대부분은 도움을 필요로 한다. 우리 자신이 할 수 있는 것에는 한계가 있다. 우리는 진단 기술의 도움, 온갖 약품의 도움, 이런 저런 종류의 기술적인 도움을 필요로 한다. 종종 며칠, 몇 달 또는 몇 년을 병으로 인한 감당하기 힘든 혹은 고통스러운 시간들을 지나 가야할 때, 우리의 고통을 깊이 이해하고 함께 나누어 질 줄 아는 그런 치유자의 도움이 우리에게 필요하다. 병은 우리에게서 육체적 힘뿐만 아니라 감정적 에너지와 영적 에너지도 물이 새듯 빠져나가게 한다. 많은 경우에 우리는 이 책에서 논의한 것들을 깊이 있게 실행하는 데 필요한 의지나 심리적 에너지를 불러낼 수조차 없는 것을 깨닫는다. 우리는 도움이 필요하다. 그렇기 때문에 여러 사람이 팀을 이루어 함께 일하는 것이 그토록 중요하다. 가족, 친구, 믿음의 공동체, 여러 종류의 치유자들, 이들 모두가 함께 일할 때 우리가 온전함으로 향한 여행을 하는 데 필요한 여러 가지 많은 것을 공급할 수 있는 팀이 된다.

그러나 결정적 요소는 질병, 재해, 사고 등에 대한 우리의 반응이다. 그것을 비극으로 받아들일 것인가, 아니면 도전으로 받아들일 것인가? 우리가 그것을 도전으로 받아들인다면 우리는 희망의 길을 선택한 것이다. 그때 우리를 치유하는 이들은 그 희망을 강화해 줄 수 있고 우리의 희망이 그들에게 격려가 된다. 그러나 여전히 다루기 힘든 과제가 남아있는데, 이것은 다음 장에서 다룰 것이다.

제12장

어두움 속에서 희망 찾기

진실과 희망

두려움을 정면으로 만나기

희망과 살아야 할 이유

질병의 한 가운데 있을 때 목적 찾기

관계성의 회복

고칠 수 있는 것을 고치기

내가 필요로 할 때 하나님은 어디에 계신가?

죽음을 당당하게 직면하기

왜 참새가 땅에 떨어지는가?

죽음, 새로운 삶으로 들어가기

제12장 어두움 속에서 희망 찾기

의료 과학 기술과 믿음을 통해 우리가 쓸 수 있는 모든 치유 자원에도 불구하고 우리에게는 여전히 많은 지혜와 인내와 용기가 필요한 감당하기 어려운 상황들이 남아 있다. 그래서 우리 대부분은 한번 또는 다른 때에 어둠 속을, 심지어는 죽음의 음침한 골짜기도 지나가야 한다. 이 어두움은 불치의 질환, 장기간 계속되며 우리의 기력을 소모시키는 질병, 영구적인 불구 혹은 기형, 그리고 가장 심각한 것으로 가까운 사람들의 죽음 같이 여러 모양으로 나타난다.

큰 어려움에 처했을 때 우리에게 가장 절실한 것은 희망이다. 그 특성상, 나쁜 소식은 희망을 깨어 버리는 경향이 있다. 일단 희망이 파괴되면 그 자리에 절망이 자리 잡고 앉아 우리를 낙담시키는 온갖 일을 한다. 우리는 외적인 일상생활에서 절망의 짐에 짓눌려 버둥거릴 뿐만 아니라 내적 생명 활동, 즉 면역 체계, 감정, 영이 약화된다. 이와 같이 모든 것을 소모시키는 절망을 이기는 유일한 길은 희망을 새롭게 하는 것이다. 그러나 어디서 희망을 찾을 수 있는가?

진실과 희망

좀 이상하게 들릴 수도 있지만 진실과 진정한 희망에는 매우 밀접한 관계가 있다. 무지, 추측, 거짓 등에 기초한 희망은 시험의 때에 견디지 못한다. 우리가 진정한 희망을 갖기 위해서는 진실을 알아야 한다.

콩고에 있는 병원에서 병든 이에게 나쁜 소식을 알려야 할 때 나는 진실이 얼마나 중요한지 잘 보여주는 이야기를 병든 이에게 해 준다. 이야기의 줄거리는 다음과 같다. 여러 해 전, 퀼루Kwilu 지역 우리 병원 근처에서 반란이 일어났다. 젊은 반군들이 숲에 숨어 있다가 정부 핵심 지역들을 공격했다. 정부는 그들이 누구며, 얼마나 많은 사람들이 가담했는지, 그들이 어디에 숨어 있는지 알지 못했다. 정부의 무지로 인해 반란은 많은 지역으로 번져 나갔으며 나라 전체가 위협을 받기에 이르렀다.

콩고 정부는 영리해졌으며, 사태 파악을 위해 정보원들을 풀었다. 그렇게 해서 광범위한 정보를 알아냈다. 정부가 상황의 진상을 알았을 때 반란을 진압하고 나라를 구할 수 있는 효과적인 작전을 수행할 수 있었다. 다른 말로 바꿔 말하면, 콩고 정부가 적절히 대응하여 해결할 수 있게 만든 주된 요인은 진실 파악이었다.

심각한 질환은 병든 사람 안에서 진행되고 있는 반란에 비유될 수 있다. 반란군은 세균이나 바이러스나 암세포나 다른 것들일 수 있다. 앞에서 보았듯이, 우리에게는 이미 이러한 침입자들에 대한 조직적 방어 체계가 있다. 그러나 우리의 자연적 방어 체계는 종종 현대 의학과 전문적인 상담과 믿음의 자원의 도움을 필요로 한다. 그런 도움들을 활용하기 위해 문제가 된 질환을 최대한 많이 모아야 하며, 이를 얻기 위해 광범위한 검사를 한다.

환자로부터 얻은 정보를 통해 실제로 나쁜 소식이 발견될 때, 나는 환자가 이해할 수 있는 범위 내에서 그 나쁜 소식에 관해 가능한 한 많은 설명을 환자에게 한다. 동시에 나는 좋은 소식을 강조해서 말해 주는데, 그것은 우리 안에 여러 방어 체계가 있기 때문에 그 환자와 우리 치유팀이 힘을 합쳐 그 방어기제機制들을 함께 활용할 것이라고 말한다. 진실에 희망을 합치는 것은 매우 유익한 짝 맞추기라는 것을 나는 오래 전에 발견했다.

나는 진실은 숨길 수 없다는 것도 깨달았다. 사람들의 영의 깊은 곳에는 사실의 어렴풋한 윤곽을 느낄 수 있는 그 무엇인가가 있다. 자세히는 모르더라도 우리의 직관은 우리에게 무엇인가 매우 심각한 문제가 있다는 사실을 알려 준다. 그러나 그때 직관된 사실의 자세한 내용이 분명하게 드러나지 않으면, 혼돈이 오며 두려움이 생긴다. 그러므로 적당한 시간에 적절한 방법으로 진실을 알게 될 때 혼돈과 두려움을 치워 없앨 수 있다. 진실은 그것이 힘든 것일지라도 심령의 평안을 회복시키기 때문에, 면역 체계를 강화하고 회복 과정을 돕는다. 심지어, 환자의 회복이 가능할 것 같지 않을 때도 그렇게 한다.

두려움을 정면으로 만나기

나쁜 소식은 두려움을 불러일으키고, 두려움은 면역 체계 기능을 떨어뜨리거나 손상시킨다. 그러나 무엇이 잘못되었는지 알고 그 어려운 문제를 정면으로 대응하고자 결심하면 두려움을 몰아낼 수 있다. 우리 대부분은 도전에 맞선다. 진실이 희망과 함께 주어지면 우리 안에 있는 방어 기능들이 동원되며, 가족과 우리를 치료하는 이들이 더욱 효과적으로 일하게 한다.

오래 전 외과 수련의 시절, 나는 악성 피부암(흑색종)이 얼굴과 목의 임파선까지 퍼진 19살의 군인을 돌본 적이 있었다. 내가 그와 의기투합意氣投合된 친밀한 사이였기 때문에 외과 의국장醫局長은 나에게 진단 결과와 어떤 치료 방법들이 있는지 그 어린 군인에게 이야기해 주도록 지시를 내렸다. 우리는 먼저 그의 군대 생활과 적들에 대해 어떻게 대처하도록 훈련을 받았는지에 대해 이야기했다. 전투 계획과 다양한 전략의 개발 등에 대한 것들이었다.

그리고 나는 그에게 그의 얼굴에 있는 갈색의 종양은 만만치 않은 적이지만 이겨낼 수 있는 것이라고 설명했다. 나는 그가 선택할 수 있는 가능한 치료 방법들의 개요를 설명했다. 얼굴과 목 부위를 포함하는 극단적인 근치수술根治手術을 하거나 사람을 끔찍한 모양으로 만드는 방사선 치료가 있었다. 나는 그 젊은이와 그의 아버지가 그들 스스로 그 어려운 결정을 정면으로 맞닥뜨리도록 도왔다. 나는 그가 그 힘든 결정들을 정면으로 부딪쳐서 해결할 수 있도록 훈련을 통해 그의 안에 심어진 군인 정신과 그 자신 안에 있는 지혜와 용기에 호소했다. 그는 진단의 진실을 받아들였고, 극단적 근치수술의 방법을 선택했으며, 정말 훌륭하게 해냈다. 그가 생각하기에, 그의 목에 있는 보기 싫은 흉터들은 건강을 회복하고 오래 살 수 있기 위해 지불한 작은 대가代價였다. 진실이 희망과 짝짓기를 하면 많은 장애를 극복할 수 있다.

그러므로 우리는 힘든 현실을 직면하는 것을 두려워해서는 안 된다. 두려움은 전혀 도움이 되지 않는다. 우리는 현실을 도전으로 받아들이고, 우리 자신 안에 있는 방어 기능과 가족 및 우리를 치료하는 이들을 북돋아 왕성하게 일할 수 있도록 하는 기회로 받아들여야 한다.

희망과 살아야 할 이유

희망의 핵심적인 부분은 인생의 목적과 의미를 보는 능력이다. 나는 암에 걸렸거나 에이치아이비/에이즈에 걸린 이들이 좀 더 오래 살아 있어야 할 이유를 발견하고, 몇 달 혹은 몇 년을 더 사는 것을 보았다. 그들 중 어떤 이에게는 자녀들이 학교를 졸업하는 것을 보는 것이 목표였다. 어떤 이들에게는 자신의 이상들이나 이미 성취한 것들에 살을 더 붙여서 끝마무리를 하는 것이기도 했다.

목표에 도달하기 위해 전진해 나가는 것은 그 사람의 주의를 앞에 있는 것들에 집중하게 하며, 이는 그의 안에 있는 방어 체제를 자극하여 질병으로 인한 파괴적인 결과들과 싸울 신체적 기능들을 동원動員하게 한다.

질병의 한 가운데 있을 때 목적 찾기

내가 왜 병이 들었나? 이 일이 내게 왜 일어난 것일까? 질환 가운데 있을 때, 그 질환의 목적을 찾게 되는 것은 아주 당연하고 합리적이다. 탐색探索에는 치료 효과도 있다. 예수께서도 탐색의 중요성을 인정하셨다. 요한복음 9장에서 예수님과 제자들이 길가에 앉아 있는 소경을 만나는 것을 읽게 된다. 그는 날 때부터 소경이었다. 제자들이 예수님께 왜 그런지 이유를 물었다. 그 사람이 죄를 지었기 때문인가? 그 부모의 죄 때문인가? 요한은 예수님의 대답을 이렇게 적고 있다. "그가 소경 된 것은 그나 그의 죄나 그의 부모의 죄와 상관없다. 그가 소경 된 것은 하나님의 능력을 그에게 드러내게 하려 하심이다"(요한복음 9:3).

어쨌든 요한이 기록한 그 이상의 대화가 있었을 것으로 나는 믿는다. 소경 자신도 대화에 참여하지 않았을까 생각되기까지 한다. 분명히 그에게는 많은 질문이 있었을 것이기 때문이다. 그러나 내 생각의 핵심은 예수께서 그 소경을 낫게 하는 실제적인 일을 하기 전에, "왜 이 사람이 나면서부터 소경이 되었는가?"라는 질문을 그토록 중요하게 생각하셨다는 사실이다. 예수께서는 그 장님의 신체적 문제를 낫게 하기 전에 그 사람의 지적知的인 질문에 먼저 반응하셨다. 예수께서는 그가 소경이 된 것에 목적이 있고, 그 목적이 곧 성취될 것을 확신시켰다.

질병, 재난, 사고 등이 절망스러운 것은 사실이다. 그럼에도 불구하고 우리가 그것들에 의미를 부여할 수 있을까? 우리가 그 속에 있는 목적을 발견하고 우리를 유익하게 할 수 있을까? 나는 다음과 같은 질문을 제기함으로써 그렇게 할 수 있다고 생각한다.

— 질환을 통해 어떤 교훈을 배울 수 있는가?
— 질환이 내 인생에 변화시켜야 할 어떤 것을 지적하고 있는가?

- 내가 아내와 (남편과) 자녀들의 말을 더 귀 기울어 들어야 할 필요가 있는가? 내가 그들과 더 많은 시간을 보낼 필요가 있는가?
- 나는 단지 다른 사람들이 나를 어떻게 도와주는지 바라는 대신 얼마나 기꺼이 그들에게 친절을 베풀며 돕고 있는가?
- 내 인생을 통해 나는 무엇을 하고 있는가? 나는 어디로 향해 가고 있는가?
- 이 질병 가운데 하나님은 어디에 계신가? 하나님은 나에게 이 질환을 통해 무슨 말을 하고자 하시는가?

우리가 이런 질문을 고려할 때 도움을 주는 지혜로운 어떤 이, 가족 구성원, 친구, 목회자, 의사는 큰 도움을 줄 수 있다. 나는 의사로서 당신의 질환에 어떤 의미가 있는지 말할 수 없다. 그러나 당신이 그 의미를 당신 스스로를 위해 찾을 때 당신과 대화를 나눌 수 있다.

내가 B형 간염에 걸렸을 때, 하나님께서 나의 삶에 역사하고 계셨다. 하나님이 나를 병들게 하셨을까? 이는 내가 알 수 없는 문제이고, 하나님에 관해 함부로 짐작하고 싶지도 않다. 다만, 내가 아는 것은 내가 나의 간염에 대해 하나님께 질문했을 때 나의 인생에 대한 답을 주셨다는 사실이다. 나의 간염은 나의 생활 방식 중에서 어떤 것들이 교정되어야 한다는 것을 상징적으로 내게 보여주었다. 내가 하나님께 나아갔을 때 하나님께서는 나의 일 중독증의 생활 태도가 건강에 나쁜 것을 깨닫도록 도와주셨다. 사실 그 습관은 나를 죽이고 있었다.

질환이 무엇이든지 그 질환은 하나님이 그것을 통해서 나에게 말씀하시는 사건이 될 수 있다. 당신 말고는 아무도 당신에게 하나님이 질병을 통해서 말씀하시고자 하는 것을 말할 수 없다. 그래서 나는 질환이나 재난이 꼭 와야 한다면 그때 하나님께 나가도록, 나가서 많은 질문을 하며 그를 괴롭히도록, 해답을 얻기 위해 그와 씨름하도록 권하고 싶다. 이것이 바로 우리의 믿음이 자라게 해 주고 우리가 지혜를 얻게 해 주는 길이다.

진정한 의미에서 질환은 음성voice을 들려주는 사건event이다. 그것은 인생의 스승이다. 질환의 때에 치유와 회복을 구하는 것은 정상적이며 매우 중요하다. 지혜를 구하는 것은 더욱 중요하다. 그러나 "나는 질환으로부터 나았으며, 이로 말미암아 나는 더욱 지혜로워졌다"라고 말하는 사람은 행복한 사람이다. 심지어 다음과 같이 말해야 한다 해도 그 사람은 행복할 수 있다. "나는 질병으로부터 회복되지 않았다. 그렇지만 나는 질병으로 인해 점점 지혜로워지고 있다." 완전한 회복은 항상 가능하지 않지만 지혜를 얻는 것은 거의 항상 가능하다.

관계성의 회복

암이나 에이즈, 그 외 소모성消耗性 질환들의 신체적 치유가 현재까지는 우리의 능력 바깥의 일일 수 있다. 그러나 관계성의 치유는 그렇지 않다. 지혜로운 친구나 가족 구성원들의 돕는 조언은 힘든 관계성을 해결하는 데 큰 도움이 될 수 있다. 이것은 우리가 어두운 계곡에 처해 있을 때 매우 중요하다.

가트프리드는 나의 친한 동료다. 그는 독일에 있는 그의 아버지가 암으로 위독危篤한 것을 알고 있었다. 아버지가 곧 돌아가실 거라는 소식을 받고 그는 아버지와 남은 시간을 보내기 위해 독일로 돌아갔다.

가트프리드는 아버지가 자신의 아내, 가트프리드 자신을 포함한 다른 자녀들 그리고 많은 사람들과의 관계가 심각할 정도로 좋지 않은 것을 알고 있었다. 많은 기도로 준비를 한 후, 가트프리드는 그의 아버지에게 그분 자신의 죄를 용서받는 것이 필요하다는 것, 또 다른 사람을 용서하는 일의 중요함, 또 몇 해 동안 쌓여 온 오해와 원망 그리고 쓴 뿌리들을 하나씩 짚어 푸는 것이 중요함을 조용하게 말씀드렸다. 그의 아버지는 자기에게 상처를 준 사람들을 용서했을 뿐 아니라, 자기가 상처를 준 사람들에게도 용서를 구했다. 그는 때로 아내에게 화를 내며 말해서 그녀에게 깊은 상처를 입히곤 했다. 그는 이 일에 대해 그의 아내의 용서를 구했다. 그는 또한 자녀들에게 그들이 자기를 필요로 했던 많은 때에 그들 옆에 있어 주지 못한 것에 대해 용서를 구했다. 그는 아내와 아들과 딸들과 화해할 수 있었다.

특히 그의 아버지의 심령을 짓누르던 한 가지 짐이 있었다. 마을을 가로질러 흘러가는 작은 개울이 있었는데, 그 마을의 당국자들은 거기서 아무도 고기를 잡지 못하게 금지하는 법을 만들었었다. 가트프리드의 아버지는 그 법을 어기고 그 개울에서 맛있는 고기를 잡아먹었으며 그것으로 인해 죄의식이 있었다. 가트프리드는 아버지가 다른 사람과의 관계성을 재정립하도록 도우는 중이기도 해서 그 마을의 시장과 시장 부인을 자기 집에 초청하여 차를 나누게 주선했다. 그의 아버지가 시장에게 자신의 '죄'를 고백하고 용서를 구했을 때, 시장의 얼굴에 미소가 번져 갔다. "여보게, 나도 그 개울에서 몇 번 고기를 잡아먹었다네. 자네가 나를 용서해 주면 나도 자네를 용서하겠네."

얼마 지나지 않아서 이 땅에서의 그의 여정이 끝나고 가트프리드의 아버지는 평화롭게 영원 속으로 돌아갔다. 그의 가족과 친구들은 슬픔에 젖었지만 모두 평안했다. 우리가 우리의 관계성에 평화를 가져올 수 있다면, 그 평화는 가장 어두운 상황도 우리가 감당할 수 있게 해 준다.

성경에는 관계성에 관한 도움이 가득 차 있다. 하나님은 모든 관계성 문제의 "위대한 치유자"이시기 때문에 우리가 가진 관계성 문제를 스스로 해결하게 도우실 수 있다. 우리는 모든 사람과 평화롭게 지내도록 노력해야 한다. 다른 사람을 용서하고 그들의 용서를 받아들일 때, 우리 심령에는 평화가 오며 우리 몸은 강해진다. 비록, 상대가 화해할 의사가 없거나 그가 이미 세상을 떠났더라도, 용서는 항상 가능하다. 그렇게 할 때 우리의 심령은 상처를 주는 관계로 말미암은 분노, 경쟁심, 시기심, 쓴 뿌리로부터 치유함을 받고, 평화의 하나님께서 그의 평화로 우리 심령을 채우신다.

우리가 인생 여정의 마지막에 가까이 갈 때 관계성 회복은 매우 중대한 의미를 가진다. 그것은 또한 뒤에 남아 있을 사람들에게도 매우 중요하다. 사랑하는 사람이 세상을 떠남으로 인해 오는 슬픔은 정상적이기는 하지만 매우 격렬한 감정이다. 우리가 죽기 전에 관계성 문제들에서 평화를 회복할 수 있다면 그 평화는 남은 사람들의 슬픔을 달래줄 것이다. 관계성의 평화로운 회복은 우리가 사랑하는 이들에게 남겨 줄 수 있는 훌륭한 선물이 된다.

고칠 수 있는 것을 고치기

최상의 치료에도 불구하고 암이 계속 퍼져 나가거나, 두통이 사라지지 않거나, 에이치아이비 바이러스가 없어지지 않을 때 우리는 어떻게 해야 할까? 우리가 실패한 것일까? 우리의 믿음이 충분치 않았던 것일까? 아직 고백하지 않은 죄나 해결되지 않은 갈등이나 숨겨진 분노가 있는 것일까?

우리 삶을 자기가 원하는 대로 운영하고 싶어 하는 것은 자연스런 인간 욕망이다. 우리는 모든 장애를 극복하기를 원한다. 그러나 현실은 우리가 원하는 것과 반대다. 우리 삶의 많은 것이 우리 뜻대로 되지 않는다. 그런 것 중 하나가 불가피한 죽음이다. 우리가 여전히 회복되기를 원할 때 죽음이 다가온다면 우리가 어떻게 죽음을 직면할 수 있을까? 기도와 상담과 믿음 그리고 가능한 모든 종류의 치료를 포함해서 우리가 할 수 있는 모든 것을 했는데도 질병이 파괴적으로 계속 진행된다면, 그때 우리는 무엇을 더 할 수 있을까?

심각한 부상이나 소모성 질환은 우리의 수명을 단축시키거나 우리 몸을 영구적으로 흉측하게 만든다. 그것은 우리의 자존감과 품위 그리고 우리의 창의성, 곧 우리 안에 있는 하나님의 형상을 구축하는 모든 요소를 훼손한다. 더 나아가서, 질병이나 신체장애는 우리의 창조적 기능, 삶을 운영할 수 있는 능력, 세상에 기여할 수 있는 능력의 신체적 내지는 심리적 가능성을 위축시킨다. 우리가 무엇인가 할 수 있는 영역이 줄어든다. 속수무책인가, 아니면 우리가 바꿀 수 있는 것들이 여전히 남아 있는가?

여기에 이러지도 저러지도 못하는 어려운 문제가 있다. 질병이 악화될수록 두려움과 불안이 증가한다. 그와 같은 부정적인 감정은 바로 우리가 질병과 싸우는 데 필요한 우리의 면역 체계와 회복 능력을 감소시킨다. 우리는 도저히 벗어날 수 없을 것 같은 악순환의 고리에 사로잡힌다.

빅터 프랑클Victor Frankl은 유대인 대학살 기간 동안 비인간적인 잔혹한 나치 수용소에서 살아남은 생존자인데, 그는 이렇게 말한다. "한 인간에게서 모든 것을 빼앗아도 한 가지만은 빼앗아갈 수 없다. 인간 자유 중의 마지막의 것, 주어진 어떤 상황에서도 자신이 취할 수 있는 태도를 선택하는 것, 즉 자기 자신의 길을 선택하는 그것이다."[1]

계속 악화되는 병이나, 영구적 불구, 혹은 다가오는 죽음을 직면하고 있을 때도 우리는 여전히 선택할 여지가 있다. 우리는 주어진 상황들에 대한 우리 태도를 선택할 수 있으며, 삶 전체에 대한 우리의 태도도 선택할 수 있다. 현실을 인식하고 받아들이는 것은 유익하다. 진실을 알면 치료 효과가 있을 수 있다. 질병의 현실을 인식하고 받아들이는 것이 바꿀 수 없는 상황을 바꿔 보려고 애쓰는 것보다 건강하다. 우리가 현실을 긍정적으로 직면하고 그 사실을 도전으로 받아들이면, 때로 바뀌지 않을 것으로 생각했던 것들이 바뀌기 시작하는 것을 발견한다. 그것은 우리가 달라졌기 때문이다.

큰 스트레스를 받을 때면, 나는 펜과 종이를 들고 내가 직면하고 있는 모든 문제의 목록을 만든다. 나는 심각한 질환을 앓을 때 이 방법이 유용하다는 것을 발견했다. 병들었을 때 우리는 어떤 문제에 직면하는가? 통증, 허약함, 이런 저런 것들을 할 수 없는 무기력, 엄청난 치료비, 우리를 무겁게 짓누르는 모든 외부 상황 등에 직면한다. 그 목록에 어두운 생각들, 악몽, 슬픔, 분노, 좌절, 불안 등 우리가 제거하고 싶지만 제거할 수 없는 것들을 덧붙일 수 있다. 이제 우리는 우리가 씨름하는 것들의 자세한 목록을 가지고 있다.

나는 내 문제들의 목록을 만든 후 이것을 내 앞에 붙여 놓는다. 빨간 잉크 펜을 들고 바꿀 수 없는 모든 장애물과 부정적인 사항 옆에 표시를 한다. 파란 잉크 펜을 들고 내가 변화시킬 수 있다고 생각하는 것 옆에 표시를 한다. 파란 잉크 목록에는 나의 느낌과 나의 생각도 포함되어 있다. 왜냐하면 그것들은 내 안에 있는 요소들이기 때문이다. 다른 종이를 꺼내 파란 색으로 표시된 항목들을 다시 쓴다. 이것이 내가 "통제할 수 있는 것들의 목록"이다.

11장에서 우리는 심각한 질병의 때에 우리가 대처할 수 있는 많은 방법들을 살펴보았다. 나는 그것들을 모두 사용했으며 매우 유용하다는 것을 발견했다. 특히, 도움이 된 것은 내가 무언가를 하고 있고, 내 인생의 작은 한 부분이나마 나 자신이 통제 관리한다는 것이었다. 이것은 나의 회복 능력에 메시지를 보낸다. "계속 해 나가자, 한번에 아주 조금씩."

다른 사람들에 대해 집중하는 것이 특히 도움이 된다. 내가 병든 친구에게 연락하여 격려하고 위로할 때 그 격려가 내게로 돌아온 경우가 얼마나 많았는지 모른다. 다른 사람들을 위해 또 특별한 기획안을 위해 기도하면, 우리의 생각들이 우리 자신의 문제에서 벗어나게 되어 우리로 하여금 우리의 한계 바깥에 있는 것들에 참여할 수 있게 해 준다. 우리가 심각한 질병에 걸려 있을 때도 이 원리는 동일하게 적용된다. 이런 일이 일어나는 그 순간에 우리의 면역 체계는 우리의 걱정이 만들어 내는 스트레스성 물질들로부터 자유롭게 된다.

어두운 골짜기에 있더라도 우리는 주변 환경을 바꿀 수 있다. 음악, 꽃, 유익한 책들, 아름다운 장면의 사진 등을 써서 우리 주위를 좋은 것으로 둘러쌀 수 있다. 이런 것들은 우리의 영을 고양시키고, 그렇게 되면 우리는 그 모든 좋은 것으로 인해 하나님께 감사하게 된다. 하나님을 찬양하면 우리 안에 희망이 주어지고 또한 우리의 회복 능력과 살고자 하는 의지가 북돋아진다.

선지자 예레미야는 일생을 고난 속에 지냈다. 그러나 그는 희망을 잃지 않았다. "나의 고통과 궁핍함이 쓴 독과 같다. 나는 그것들을 계속 생각하며, 그때 나의 영은 낙담한다. 그러나 내가 이 하나를 기억할 때 희망이 내게 되돌아온다. 변함없는 주님의 사랑은 끊이지 않으며 그의 긍휼은 다함이 없다. 매 아침마다 새롭다. 오, 놀라워라. 그의 신실하심이여. 내게 있는 것은 다만 주님 뿐, 그래서 나는 그 분께 나의 희망을 두네"(예레미야애가 3:19~24, 저자 의역).

불가항력의 질병에 걸렸을 때라도, 우리는 여전히 선택할 권리를 가지고 있다. 곧 우리 삶에 대한 우리의 태도를 선택할 권리를 가지고 있다. 나는 나 자신을 받아들이는 선택을 할 수 있다. 나는 하나님을 받아들이는 선택을 할 수 있다. 나는 하나님이 나의 사랑하는 아버지로서 나의 삶을 온전穩全케 하기 위해, 즉 깨어지거나 불완전해지지 않고 본바탕 그대로 고스란케 하기 위해 일하시고, 또 내 안에서 그의 형상을 회복하기 위해 일하신다는 약속을 선택하여 받아들일 수 있다. 이 회복은 지금 시작되며 영원에서 완성될 것이다. 그렇게 선택함으로써 나는 평화를 발견하게 되고 그 평화는 나의 삶을 변화시키며 나의 영을 치료하고 나의 몸을 강하게 한다.

내가 필요로 할 때 하나님은 어디에 계신가?

하나님은 정말 사망의 음침한 골짜기에도 계신가? 내가 그 분이 계시다고 느낄 때만 계시는가? 아니면 내가 어떻게 느끼든지 그는 나와 함께 계시는가?

이사야서에서 하나님은 이스라엘 백성들에게 놀라운 약속을 주셨다. "두려워 말라. 내가 너를 구원하리라. 내가 네 이름을 불렀나니 너는 내 것이라. 네가 깊은 물을 지날 때에도 내가 함께 할 것이며 고난이 너를 사로잡지 못할 것이다. 네가 불 가운데로 갈지라도 네가 상하지 아니하리니 어려운 시련이 너를 상하게 하지 못할 것이라. 나는 여호와 너의 하나님이니라" (이사야 43:1~3).

이 약속에 다섯 가지의 중요한 진리가 뚜렷이 나타나 있다.

1. 우리가 하나님께로 와서 관계성을 맺을 때 그는 우리 이름을 아신다. 우리는 그분께 속하며 그분 가족의 일원이다. 그는 우리를 돌보신다.

2. 어려움이 올 수 있다. 고난의 물이 깊을 수도 있다. 일이 뜻대로 되지 않는 불행한 역경逆境의 불들이 난다. 하나님은 우리에게 고난에 대한 면제를 약속하신 적이 없으시다. 그것들은 우리 각자 인생의 한 부분이다.

3. 그럼에도 불구하고 모든 역경 중에 하나님은 우리와 함께 계신다. 그는 우리와 함께 하셔서 깊은 물속을, 불 속을, 어떠한 어려움 속도, 시한부 말기 질환일지라도 그 과정을 우리와 함께 헤쳐 가신다.

4. 하나님이 우리와 함께 하심으로 우리는 건너편으로 건너갈 수 있다. 우리 스스로는 기운도 없고 엄두가 나지 않을 때도 우리는 하나님의 힘을 의존할 수 있다. 임재臨在하시는 그분은 우리가 그 사실을 어떻게 느끼든 관계없이 결코 우리를 떠나지 않으신다. 그렇기 때문에 우리가 주어진 상황을 이해할 수 없거나, 그 결과를 볼 수 없어도, 또는 그 상황의 결말이 이 땅에서 일어날지 혹은 다음 세상에 있는지 알 수 없을지라도 우리는 안심하고 그분 안에 모든 것을 맡길 수 있다.

5. 하나님은 "네가 불 가운데를 지날지라도 네가 타지 않을 것이며"라고 말씀하셨다. 다시 말하면, 하나님은 "생명의 하나님"이

시므로 당신의 진정한 '나'는 파괴되지 않는다. 몸은 지금이나 이후에 죽고 없어질 것이나 당신의 진정한 자아自我는 스러지지 않는다. 이 근거로 성경이 '산 소망'에 대해서 말하는 것을 들 수 있다(베드로전서 1:3). 이 산 소망은 하나님과의 영원한 관계성을 말하며, 이것은 우리가 예수 그리스도와의 관계 속으로 들어갈 때 우리에게 온다. 이 소망은 우리가 어떤 외적인 상황과 조건에 있든지 상관없이 유효하다. 성경에 의하면 이 소망은 우리의 살과 뼈를 가진 몸이 새롭게 되어서 영원 속에서 결코 죽지 않는 것을 포함한다.

이사야서의 이 말씀 중에서 우리의 고난의 실체를 하나님의 관점에서 보게 된다. 고난은 현실이며 우리 삶의 한 부분이다. 하나님은 그 가운데 그의 목적이 있으시므로 그렇게 하도록 하셨다. 그리고 우리가 그의 존재를 깨달아 알지 못하지만 그는 그 고난들 속에 우리와 함께 계신다. 우리는 그 진실을 마음에 두고 의지할 수 있다.

고난은 힘들다. 우리는 그것을 원치 않으며 고난이 왔을 때 가능한 빨리 없애고 싶어 한다. 그러나 대부분의 경우 고난은 불가피하다. 이 불가항력의 사실에도 불구하고 선지자 이사야는 우리가 가장 깊은 고난 중에 놓이게 되더라도 우리는 혼자 있지 않아도 된다고 확언한다. 우리가 하나님께 손을 내밀면 그분은 우리에게 손을 잡아주셔서 우리와 함께 하신다.

우리의 존재 중심에는 하나님과의 관계 안에서 살고자 하는 바람이나 소원이 있다. 하나님은 우리의 창조주시다. 곧, 우리를 영원히 사랑하시며 우리 인생에 궁극적인 의미와 목적을 주는 분이시다. 우리 심령은 이 바람을 감지하는데, 그렇기 때문에 하나님이 없다면 우리 심령 깊은 곳에서 외로움을 느낀다.

우리는 우리의 고난이 왜 오는지, 어디서 오는지에 대해서도 알고자 하지만 그것이 늘 가능한 것은 아니다. 그런 경우에 하나님께서 함께 하심을 아는 지식이 큰 위로를 줄 수 있다. 솔로몬 왕은 이렇게 썼다. "전심으로 하나님을 믿으라. 네 생각하기에 안다고 하는 것을 결코 의지하지 말라. 네 하는 모든 일에 주님을 기억하라. 그리하면 그가 네게 바른 길을 보이시리라"(잠언 3:5~6).

하나님께서 당신의 중심을 채우시도록 함으로써 솔로몬이 이야기한 욕구를 충족시킨 적이 있는가? 이것이 당신이 이 세상에 사는 동안에 이룰 수 있는 가장 근본적인 변화이며, 아무것도 할 수 없거나 바꿀 수 없을 것 같은 궁지에 빠져 있을 때라도 당신은 하나님께서 당신의 중심을 채우시도록 그냥 둘 수 있다. 하나님이 당신의 마음에 거하시는 것이 분명하다면, 당신 존재의 가장 깊고 은밀한 곳으로 그를 초대하라. 당신의 심령의 모든 문을 열고 들어가서 당신의 가장 깊은 열망과 소원을 하나님께 드려라. 그러면 그의 평화가 당신을 온전히 채울 것이며 당신의 영을 치료할 것이다. 태초에 그가 만드신 당신, 진정한 '나'를 만드실 것이다.

죽음을 당당하게 직면하기

죽음은 우리 모두에게 온다. 그 사실을 부인하는 것은 아무 도움도 되지 않는다. 사실 그런 부정적 대응은 우리와 우리가 사랑하는 사람들에게 해로울 수 있다. 현실을 직면하고 그에 적절한 준비를 하는 것이 죽음과 죽는 것에 대한 성숙한 대응이다. 우리가 어떻게 죽을 준비를 할 수 있는가?

1959년에, 그 당시 벨기에 령 콩고라는 나라로 떠나기 위해 미리암과 나는 출발하기 몇 달 전부터 본격적인 준비를 시작했다. 우리는 각자 여권을 받아야 했다. 챙겨서 가야 할 많은 것을 짐으로 싸놓아야 했을 뿐만 아니라 우리와 관계된 많은 자질구레한 일을 모두 잘 정리해 놓아야 했다. 뒤처리를 잘못해 놓으면 남아 있을 가족들에게 불필요한 부담을 줄 수 있기 때문이었다.

우리 인생의 마지막에 새로운 삶으로 떠나는 것은 새로운 나라로 떠나는 것과 비슷하다. 나는 내 죽음을 손실로 생각하지 않는다. 대신 그것을 새로운 집, 새로운 사명의 땅으로 가는 여행으로 생각한다. 그러나 그런 여행에 나는 '여권'이 필요하다. 예수님은 "나는 길이요 진리요 생명이니 나로 말미암지 않고는 아버지 집에 올 자가 없느니라"(요한복음 14:6)고 말씀하셨다. 내 심령에 계신 그리스도는 나의 여권이며 그 안에 나의 영주권 비자의 직인이 찍혀 있다. 수중에 있는 이 여권 때문에, 나는 내 인생 마지막에 영생 나라의 '이민국 직원'에게 다가가야 할 때 아무 두려움 없이 나아갈 수 있다.

나는 또한 나의 삶에 있는 많은 일들을 정리해 놓을 필요가 있다. 금전적인 문제, 유언, 재산, 개인 소유들을 내가 떠나기 전에 처리해야 한다. 내가 나의 삶에 관계된 일들을 정리하지 않고 떠나서 가족들 사이에 생길 수 있는 고통스런 긴장을 막기 위해 이것들을 분명하고 바르게 처리해야 한다.

나는 하나님이 죽음의 하나님이 아니라 생명의 하나님이심을 진심으로 믿는다. 그러나 죽음이 안개 속에서 불쑥 나타나 점점 커져갈 때 우리 심령에는 용기뿐만 아니라 위안이 필요하다. 우리를 깊은 곳에서부터 뒤흔들어 놓는 "왜"라는 질문은 어떤 대답으로도 해결나지 않는 질문이다. 하나님이 생명의 하나님이라면 우리가 왜 필연적으로 죽어야 하는가?

왜 참새가 땅에 떨어지는가?

예수께서 말씀하셨다. "참새 두 마리가 한 앗사리온에 팔리는 것이 아니냐 그러나 너희 아버지께서 허락하시지 아니하시면 그 하나라도 땅에 떨어지지 아니하리라"(마태복음 10:29). 여기에 어려운 질문이 있다. 하나님이 선하시고 그가 참새를 사랑하시는데, 왜 참새들이 땅에 떨어지는가?

욥은 이 의문을 가지고 씨름했다. 그는 인생에서 소중한 대부분의 것을 잃었다. 그는 스스로 보기에 절망적으로 보이는 질환에 심하게 병들어 있었다. 친구들에게서 위안과 지혜를 얻고자 하였으나 얻지 못했다. 하나님께 나아가 그분과 논쟁하고, 하나님을 향한 마음의 깊은 분노와 쓴 뿌리도 쏟아 놓았으나 하나님은 간단한 대답을 주지 않으셨다. 욥은 생명을 구했으나 어둠과 고통만을 발견할 뿐이었다.

욥이 이해하지 못하고, 심한 병중이라 이해할 경황도 없었던 것은 이 모든 어려움에 의미와 목적이 있었다는 사실이었다. 그의 믿음은 시험을 받고 있었다. 하나님은 욥을 아셨고, 그의 믿음의 깊이도 알고 계셨다. 하나님은 욥을 그의 존재의 가장 깊은 곳까지 고통을 받도록 허락하셨다. 이는 그가 살던 세상의 사람들과 또 어둠의 권세를 잡은 영적 세력들에게 한 사람의 믿음이 가장 깊은 시련조차도 이겨낼 수 있다는 것을 보여 주는 증인으로 세우시려는 뜻이었다.

욥은 하나님이 도대체 무엇을 하시는지 몰랐다. 우리도 하나님이 무엇을 하시는지 제대로 알 수 없다. 그러나 욥은 하나님께 물었으며 하나님은 결국 그에게 대답해 주셨다. 욥은 하나님과 논쟁하였으며, 하나님은 욥을 만나 주심으로 그를 존중해 주셨다. 하나님의 응답에 기꺼이 귀를 기울일 준비가 되어 있다면 우리도 하나님께 묻고, 그와 씨름하며, 논쟁할 수 있다. 욥은 그가 걸렸던 병으로 죽지 않았으나, 많은 사람은 병으로 죽으며, 우리 모두는 결국 죽게 된다. 이 사실 어디에 하나님이 계신가? 왜 육체적 죽음이 우리 모두를 위한 그분의 계획의 일부인가? 왜, 그가 지으신 참새가 땅에 떨어지는가? 다음 이야기들을 생각해 보자.

한 아들이 떠나갈 때

나는 페트리스의 침대 곁에 그의 엄마와 아빠와 함께 서 있었다. 이

둘은 내가 알고 있는 가장 용감한 이들이다. 그들은 일 년 이상 집에서 꾸준히 아들을 돌보았으며, 또 병원에서도 여러 긴 날과 긴 밤 동안 아들을 돌보았다. 몇 분 전에 페트리스는 그들에게 마지막 인사를 하고 조용히 잠들 듯이 숨을 거두었다.

페트리스가 처음 우리 병원에 왔을 때 그는 중증 환자였다. 그는 34살의 미혼 기계공으로 킨샤사에서 오랫동안 살았으며 그의 생활 방식(동성연애자)으로 인해 에이치아이비 바이러스에 감염되었다. 방가 병원에 도착했을 때 그는 바짝 마르고 쇠약했으며, 심한 설사와 입이 헐어 있었으며, 혈뇨가 나왔다. 우리는 여러 항생제를 주었으나 차도가 없었다.

마탈라 여사와 간호사들은 페트리스와 오랜 시간을 이야기하며 상담하고 기도해 주었다. 페트리스는 그리스도에게 그의 심령을 열었다. 그는 새로운 삶을 알게 되고 살아야 하는 이유를 찾았다. 식욕이 다시 돌아오고 설사와 혈뇨가 멈추었으며 뼈만 남았던 몸에 살이 붙기 시작했다. 그는 3개월 후 퇴원하여 가까운 마을에서 부모님과 살았다. 우리는 그가 정기적으로 병원에 오는 것을 볼 수 있었다. 그는 기타를 가지고 와서 환자들이나 병원 스텝들과 함께 노래를 부르고 이야기를 나누곤 했다. 그는 병원에서 하는 성경 공부와 주일 아침 예배에 자주 참석했다.

몇 달간 병이 없이 지내다가 페트리스는 친구들이 있는 킨샤사로 돌아갔다. 그가 돌아간 지 3개월 후, 그는 다시 중증 환자로 병원에 돌아왔다. 이번에는 수년간의 감염으로 인해 그의 면역 체계의 기력이 완전히 고갈된 것이 분명했으며, 회복될 가능성이 있는 것 같지 않았다. 그러나 그의 영은 두려워하지 않았고 마지막 순간까지 평화를 잃지 않고 다른 사람들과 노래하며 이야기하며 병원 직원들을 격려했다.

우리가 침대 옆에 서 있을 때 나는 페트리스 아버지의 어깨를 내 팔로 감싸 안고 두 분 부모님에게 말씀드렸다. "페트리스는 완전히 치유되었습니다. 우리 영의 대적, 사탄은 당신 아들을 파괴하려고 했으나 하나님은 그의 심령과 영과 혼을 낫게 하셨으며 그를 위해 새로운 몸을 준비하셨습니다. 사탄을 위해 남겨진 것은 이 유한한 육체 밖에 없습니다. 그것은 곧 사라질 것입니다." 그들은 다시 만날 것을 알고 있었다. 그들은 눈물을 흘리며, 고개를 끄떡이며, 동의하는 미소를 지었다. 이것이 마감의 순간이었다. '참새'가 떨어졌다. 그러나 페트리스가 정말 '떨어진 것' 일까?

에이즈에 걸린 사람들과 함께 하는 것은 힘겨운 일이다. 우리는 치료 방법이 없다는 것을 잘 안다. 그러나 우리는 심령과 영과 혼을 위한 치유가 있다는 것을 알며 이 치유가 생명으로 인도하는 것을 안다. 우리와 함께 했던 대부분의 에이즈 환자들은 치유와 새로운 삶을 발견했으며, 우리가 그들의 인생 여정에 동행할 수 있는 특권을 누린 것에 대해서 우리는 큰 위로를 받는다. 우리는 에이즈와의 전쟁에서 졌지만 이미 더 큰 승리를 얻었다.

한 어린이가 떠나갈 때

로버트 민다나라는 이름은 내게 있어서 천국을 의미한다. 로버트가 그곳으로 간지는 거의 30년이 되었지만 나는 여전히 그의 밝은 미소와 예리한 눈을 기억할 수 있다. 그는 열여섯 살이었지만 열 살의 체격을 가지고 있었다. 그는 심각한 심장 기형을 가지고 태어났으며 이로 인해 그의 신체적 발육이 지연되었다. 이곳 중앙아프리카 초원 속에는 눈과 귀 그리고 낡은 군대용 엑스레이 기계 외에는 진단을 위한 다른 수단이 없었으므로, 우리는 로버트의 기형의 특성을 정확하게 규명할 수 없었다. 설사 그것이 가능했더라도 우리가 할 수 있는 일은 전혀 없었을 것이다.

로버트의 아버지는 마을의 목회자로 로버트의 심장이 위험한 상태가 되면 방가 병원으로 데리고 왔다. 우리는 다이곡신이라는 강심제를 주고 심장 부전에 대한 통상적인 치료를 했다. 상태가 잠깐씩 호전될 때마다 그는 학교에 갔는데, 그는 매우 똑똑한 아이였다.

로버트는 마지막 위기를 겪은 후로 거의 한 달간 병원에 있었는데, 어느 날 저녁 늦게 그의 아버지가 조금 전에 로버트가 죽었다고 알리러 내게 왔다. 그는 눈물지으며 자기 아들의 마지막 작별의 말을 내게 들려주었다. 로버트는 침대 옆에 있던 아버지를 불러 침대에 앉도록 했다.

"아빠, 예수님이 오라고 부르시는 것이 보여요. 나는 아빠 엄마를 사랑해요. 내 마음에 다른 사람들에 대해 나쁜 마음이 전혀 없어요. 나는 평화로우며 이제 예수님과 함께 살기 위해 가요." 그리고 그는 아버지를 꼭 끌어안은 후, 베게에 누워 눈을 감고 떠났다. 우리는 로버트 민다나가 떨어졌다고 말할 수도 있다. 그러나 떨어졌다는 것이 과연 적절한 표현일까?

한 아기가 죽을 때

왜 아기들이 죽는가? 우리는 그 대답을 모른다. 그래서 우리는 슬퍼할 뿐 아니라, 혼란과 좌절감挫折感에 빠지고 심지어 분노하기도 한다. "하나님, 왜 우리에게 이 어린 것을 주시고서는 뺏어가는 겁니까?" 이 질문은 완전한 모습을 갖춘 태아가 죽은 상태로 분만대 위에 뉘어 있는 것을 볼 때 내 심령 가운데로 자주 들어오던 의문疑問이다. 나는 그 사망의 원인을 의학적으로 알 수 있을지 모르나 그 죽음의 목적은 나에게 잡히지 않고 교묘히 도망쳐 가버린다. 아기들이 죽을 때 우리는 어떻게 대처할 수 있을까?

우리들의 며느리, 폴의 아내 재키가 넷째 아이를 임신姙娠한지 5개월 되었을 때 정기 초음파 검진에서 이상이 있는 것이 발견되었다. 아이 주위에 양수가 없었다. 두 번째, 좀 더 광범위한 검진을 통해 의사들이 우려했던 것이 사실로 드러났다. 그 어린 것에게는 콩팥이 없었다. 양수는 발육하는 태아를 감싸 보호하는데 그 양수의 대부분이 태아의 콩팥에서 만들어지는 소변으로 이루어진다. 자궁 속에서는 태아가 콩팥이 없어도 성장 발육이 가능하지만 일단 자궁 바깥으로 나오면 살 수 없다. 혹시 살 수 있더라도 단 몇 시간만 살 수 있다. 태어난 후 생명을 유지할 수 없으므로 의료진들은 폴과 재키에게 원하면 임신 중절을 할 수 있다고 제안했다. 그러나 완전 분만 시기가 올 때까지 임신을 지속시키더라도 재키에게 아무런 위험은 없었다.

재키와 폴은 세 가지 일을 했다. 그들은 이것을 하나님께 말씀드렸다. 그들이 주님께 말씀드린 기본적인 질문은 "왜?"가 아니었다. 오히려 그들이 물어 본 것은, "당신께서 우리들에게 맡겨 주신 이 새 생명을 우리가 어떻게 대하기를 원하십니까?" 였다. 그들은 이 새로운 생명, 인격과 존엄이 주어진 온전한 한 개인인 새로운 이에 대해 자신들이 지켜야 할 의무와 책임이 있음을 알고 있었다. 그리고 그 의무는 근본적으로 그 어린 것을 그들에게 주신 하나님에게 있다는 것을 알았다. 그래서 그들이 하나님께 지혜를 구하러 갔던 것이다.

그들은 새로운 애기가 태어나기를 간절히 기다리던 세 아이와 상의했다. 폴과 재키는 태어날 애기가 아프고 아마 그들과 함께 살 수 없을 것이라고 조심스럽게 설명했다. 여섯 살인 쟈슈아는 하나님이 왜 그들과 같이 살 수 없는 동생을 주시는지 계속 알아야겠다고 고집을 부렸다. 그는 또 만일 애기가 천국으로 바로 간다면 하나님이 다른 애기를 주실 것인지 물었다. 네 살짜리 스티븐은 애기가 앞으로 어떻게 자랄 것인지 물었다. 두 살짜리 크리스티는 엄마 뱃속에서 일어나고 있는 일을 아는지 모르는지, 생글생글 웃으며 장난에 열중하고 있었다.

그러고 나서, 재키와 폴은 그들의 가족에게 나아갔으며, 세 대륙에 있는 크리스쳔 형제자매들에게 나아갔다. 그들은 즉시 기도하는 사람들에 둘러싸였다. 그 기도하는 이들은 사랑의 하나님을 의지하는 그들의 믿음을 격려했다. 그들은 영국에 있었고 우리는 미국에 있었지만 우리는 이메일과 전화로 그들과 매일 접촉하며 이 여정을 함께 했다.

재키와 폴은 하나님이 생명을 만드신 분이며 우리 모두의 창조자이심을 알고 있었다. 그들은 또한 생명이 영원히 계속된다는 것을, 이 땅에서가 아니라 영원 속에서 계속된다는 것을 알고 있었다. 그것이 무엇인지 완전히 이해할 수는 없었지만 하나님께서 이 작은 생명을 위한 계획을 가지고 계신 것을 믿었다. 그래서 그들의 작은 아기를 하나님께 온전히 맡기고 달이 찰 때까지 임신을 유지하기로 결정했다. 우리는 하나님의 생각과 그분의 때를 알 수 없고, 또 비록 어떤 일이 일어나는지 이해할 수 없지만, 그분의 뜻을 믿고 지지할 수 있다. 이 결정을 내린 후 폴과 재키는 평화를 얻었다.

그들은 마찬가지로 자궁 속에 있는 그 어린 것에게 자기들이 줄 수 있는 모든 사랑을 쏟을 것을 결심했다. 지금은 현실을 부인할 때가 아니고, 지금까지 일어난 일을 받아들여 아기를 사랑하는 엄마 아빠로서의 역할을 다 하기 위해 할 수 있는 모든 일을 해야 할 때였다. 그들은 아기와 직접 이야기하거나 그 아기의 이름을 부르며 기도해 주기 위해 그 아기에게 이름을 지어 주길 원했다. 양수가 없어서 태어나기 전에는 태아의 성별을 알 수 없었다. 그러나 그들은 하나님이 이미 그 아기의 이름을 알고 계신다고 믿었다. 나는 심령 속에 우리들의 이 어린 것이 손자일 것이라고 느끼며 그를 위해 평강 가운데 기도할 수 있었다.

재키와 폴은 아기가 태어나면 그가 이 땅에서 몇 분이나 몇 시간의 생명이 주어질지 몰라도 그 어린 것을 그들의 사랑의 팔과 기도로 감싸 안아 주리라 다짐했다. 그러고 나서, 헤어져야 할 때가 오면 그 아기를 든든한 예수의 사랑의 품에 넘겨 드리기로 했다. 그들은 그들의 어린 것을 위한 하나님의 계획이 가장 좋은 것이라고 굳게 믿었기 때문에 하나님의 손에 그 어린 것을 온전히 맡겼다. 그들은 하나님께서 그들의 아기에게 두신 영원한 뜻을 이루신다고 믿었기 때문에 그분의 뜻에 방해가 되지 않기로 작정했다. 그들은 하나님이 자신들의 믿음도 성장하도록 도우시는 것을 알았다. 그들은 슬픔, 비탄, 상실과 이별의 아픔을 겪었다. 그러나 그 모든 고통을 지나가는 그들의 깊은 곳에는 하나님께서 하나님 자신이 하시는 일이 무엇인지 알고 계시다는 믿음, 곧 그분께서 우리 안에 또 우리를 위해 하시는 모든 일은 우리가 그의 형상 안에서 자라가도록 하심이라는 흔들림 없는 믿음이 있었다. 이 모든 생각을 뛰어넘어 무엇보다 우리를 굳게 붙잡아 주는 변함없는 진실은 '그가 우리를 위해 그의 독생자를 주셨다' 는 사실이다.

새로운 손자의 문제를 들은 직후, 더운 미시간의 한 여름날 오후 나는 다른 두 손자와 블루베리(월귤나무 열매)를 따고 있었다. 우리가 딴 블루베리가 통, 통, 통 소리를 내며 양철통 속으로 하나씩 떨어져 들어갈 때 나의 많은 생각은 하늘로 향하고 있었다.

"주님, 누가 우리 어린 아기에게 어느 블루베리가 익었는지 익지 않았는지를 구별하는 법을 가르쳐 줄까요? 익은 블루베리를 보고 맛보는 기쁨을 그가 어떻게 알며, 어디서 최상의 블랙베리(검정색 딸기)를 발견할 수 있는지, 봄 계곡에서 어떻게 트릴리움(백합과科 연령초 속延齡草屬의 다년초)과 백합을 구별하는지 알죠? 막 구운 땅콩 맛과 우아한 장미 냄새를, 그 모든 기쁨을 그가 경험할 수 있을까요? 예수시여, 그 아기에게 이 놀라운 당신의 모든 창조물을 보여주고 그가 알아야 할 모든 것을 가르쳐 주실 시간이 있으세요?"

이것들은 내 심령 속에 있는 질문이었다. 이것은 불평이나 비난이 아니었다. 나는 그냥 알고 싶었다. 나의 영 깊은 곳 어딘가에 예수께서 부드럽게 말씀하셨다.

"네 어머니가 여기 나와 함께 있지 않니? 그녀는 계곡의 트릴리움과 백합을 알고 블루베리에 관해 모든 것을 알고 있단다. 네 아버지, 이 아기의 증조부도, 제일 좋은 블루베리를 찾는 법을 알고 있고, 여기서도 이미 찾아 놓았단다. 사랑하는 증손자에게 최고의 블루베리를 따 주며 기뻐 즐거워 할 것이야."

"다른 선생들도 많다. 모세가 여기 있고, 룻과 마리아, 베드로와 요한, 조지 맥도날드, C.S.루이스, 조지 워싱턴 카버도 있다. 조지는 꽃과 땅콩에 대해서는 거의 나만큼 많이 알고 있어. 내가 그를 가르쳤거든."

"그 아이가 여기 오면 내가 제일 먼저 그의 손을 잡고 환영할 것을 잘 알지 않니. 내가 그의 증조할아버지와 할머니, 많은 선생님들과 친구들을 소개시켜 줄 거란다. 그리고 그 아기는 하늘나라의 아름다운 것들을 많이 배우며 보고 듣고 맛보게 될 거야. 땅에 있는 그 모든 아름다운 것은 이곳에 있는 아름다운 것들의 희미한 그림자와 같은 것이란다. 너와 이 아이의 엄마, 아빠가 여기 오게 될 때면 너희는 사랑스럽고, 튼튼하고, 영적으로 성숙해진 너희들의 아기, 너의 손자를 만날 것이고 그 아이가 너희의 선생이 될 거야." 나의 양철통에 든 블루베리가 눈물로 젖어 있었다. 그러나 내 심령 속 슬픔에는 우리를 사랑하시는 하나님 아버지께서 이 땅의 엄마 아빠보다 이 아이를 더 잘 보살펴 주실 것에 대한 조용한 확신이 섞여 있었다.

1997년 10월 12일 일요일 이른 아침, 어린 마이클이 태어났다. 엄마의 팔에 조용히 안겨 있을 때 그의 아빠는 그 아기와 이야기하며 그 아기와 함께 기도했다. 하나님은 놀라운 지혜와 선하심으로 내가 이 출생에 동참할 수 있도록 허락하셨다. 내가 아프리카에서 미국으로 돌아가는 도중에 3일간 영국에 체류할 수 있게 되었기 때문이었다. 그래서 나도 이 귀한 어린 아기를 안고 이야기하는 놀라운 특권을 누릴 수 있었다. 재키의 어머니가 조슈아, 스티브, 크리스티를 데리고 왔기 때문에 그 아이들도 어린 동생을 볼 수 있었고 그 어린 동생을 그들의 기억 속에 담아 둘 수 있게 되었다. 약 20분의 시간이 흐른 후 마이클의 이 땅에서의 생이 끝났을 때 우리는 이미 그의 거처를 예비해 두신 예수의 사랑의 보호에 그를 맡겼다. 재키와 폴은 이제 네 자녀를 가지게 되었다. 세 아이들은 그들과 함께 있고, 한 아이는 예수와 함께 있다.

영국 랑카서 아크링톤에 있는 작은 비석은 마이클 파운틴의 이 땅에서의 짧은 삶을 이렇게 기념하고 있다. 그는 많은 사랑을 받았고 지금은 사랑이신 아버지 하나님과 함께 있다. 나는 심령 속에 폴과 재키가 마이클을 다시 만나는 장면을 그릴 수 있다. 마이클이 부모들에게 이렇게 말하는 것을 듣는다. "감사해요. 당신들은 나를 사랑하고 보호해 주었으며 내가 살 수 있는 한 당신들과 함께 살 수 있도록 허락하시고 예수님 손에 맡기셨어요. 이제 제가 하나님께 배운 것을 가르쳐 드릴게요."

마이클은 우리에게 귀한 것을 가르쳐 주었다. 우리 자녀 하나가 거기서 우리를 기다리고 있기 때문에 천국은 이제 우리에게 더욱 현실적인 곳이 되었다.

왜, 하나님은 이 땅에서의 삶을 살 수 없는 한 사람의 생명을 창조하실까? 왜 유산이나 사산이나 영아 사망이 있는가? 우리는 확실히 알 수 없다. 그러나 그런 일이 일어나는 이유는 하나님께서는 완전히 인간이지만 죄와 반역으로 인해 그 안에 그분의 형상이 더럽혀지지 않은 특별한 사람들을 영원 속에 있게 하기 원하시기 때문이라고 생각할 수 있을지도 모른다.

이제, 우리의 어려운 질문으로 되돌아가 보자. 왜, 참새가 땅에 떨어지는가? 내게는 그 답이 분명해졌는데 그것은 참새가 더 높이 날 수 있도록 하기 위해서다.

죽음, 새로운 삶으로 들어가기

죽음이 실패로 받아 들여져야 할 이유는 없다. 오히려 죽음은 궁극적이고 완전한 치유의 실현일 수 있다. 내 마음과 심령 그리고 영이 치유된다면 육체적 죽음은 새로운 삶으로 들어가는 것을 의미한다. 그것은 새로운 몸을 덧입는다. 그 새로운 몸은 영원히 살고, 영원히 배우고, 영원히 섬긴다. "사망아 너의 승리가 어디 있느냐, 사망아 네가 쏘는 것이 어디 있느냐? 우리 주 예수 그리스도로 말미암아 우리에게 승리를 주시는 하나님께 감사하노라"(고린도전서 15:55, 57).

부록

치유팀

치유를 위한 협동적 치료법

환자를 목회 스텝에게 의뢰하기

치유팀의 역동적 협력

치료-돕기 위해 함께 걷기

치료자의 자질

병들어 아픈 사람에게 나쁜 소식 알리기

하나님, 의학, 기적

부록 **치유팀**

이 장에서 나는 동료 치유자들을 대상으로 말하고 싶다. 동료 치유자는 의사, 간호사, 심리학자, 정신과 의사, 상담가다. 나는 목사, 사제 그리고 애쓰고 있는 가족들도 대상으로 포함하여 말하고자 한다. 병든 사람의 말을 들어주고, 격려하고, 돌보는 당신들도 치유자이기 때문이다.

내가 동료 의사들에게 이 책에서 이야기한 방법과 환자의 전인격을 어떻게 돌보는가에 관해 이야기했을 때 흔한 반응은 "나는 이것을 할 만한 시간이 없다"라는 것이었다. 이것은 틀림없는 사실이다. 내가 콩고에서 400 병상의 병원을 세우고 운영하는 것을 도우며 많은 환자를 돌봐야 했을 때, 나도 시간이 없었다. 그러나 하나님께서는 우리 병원에 치유팀을 어떻게 구성할 수 있는지를 보여주셨다. 이 책에서 보아서 알겠지만, 우리는 훈련된 목회 상담가인 마탈라 여사를 고용했다. 그녀는 병원 스텝에 속해 있다. 상담실은 의사들과 가까운 곳에 있다. 우리는 환자들을 그녀에게 의뢰하는데, 지금까지의 결과는 놀랄 만했다. 우리 의사들이 치유자인 것처럼 그녀 역시 치유자다.

우리는 이것을 목회 치료과 pastoral care service라고 부른다. 마탈라 여사와 그 스텝은 목사들인데, 우리 의료 전문가들이 환자들의 몸의 필요를 돌보는 동안 그들은 환자들의 심리적이고 영적인 필요를 돌본다. 마탈라 여사는 치유와 건강의 창도자 唱道者로서 건강과 좋은 건강 상태를 회복하는 데 필요한 것들을 장려獎勵한다. 같은 맥락에서 우리 의료 전문가는 다른 사람들의 치유와 건강의 창도자다. 따라서 의학적 치료와 목회적 치료는 서로 잘 맞는다.

우리는 그 부서部署를 '상담실' 이라고 부르지 않는다. '상담가' 또는 '상담' 이라는 용어는 우리가 다른 사람들에게 그들의 문제를 해결할 길을 가르쳐줄 힘이 있다거나, 그들이 어떻게 살아야 하는지에 대해 '지도' 할 권위가 있다는 것을 암시한다. 둘 다 사실이 아니다. 우리는 다른 사람들의 문제들을 해결해 줄 수 없다. 우리는 절대로 다른 사람이 처한 상황을 본인이 이해하듯 이해하고 파악할 수 없기 때문이다. 우리가 그들에게 해결책을 제시하려고 한다면 그것은 우리의 해결책일 뿐 그들의 해결책이 아니다. 오직 그들이 스스로의 해결책을 발견하고 그것을 적용하는 데 책임을 질 때만이 그들이 그 해결책의 주인이 된다. 우리에게 맡겨진 일은 단순히 그들이 그렇게 할 수 있도록 돕는 것이다. 또 하나, 우리는 그들에게 어떻게 살아야 하는지에 대해 명령할 권리가 없다. 그것은 받아들일 수 없는 강요이기 때문이다.

프랑스 사람들은 우리가 '상담' 이라고 하는 뜻을 매우 잘 표현한다. 프랑스 말로 '상담' 은 'la relation d'aide' 다. 이를 풀어쓰면, '돕는 관계' 라는 뜻이다. 이 표현은 첫째로, 우리가 상담가가 아니라 돕는 사람이라는 것을 의미한다. 즉, 우리가 하는 일은 병든 이들이 그들의 치유를 스스로 발견하고 더 나아가서 안팎으로 온전하게 되도록 돕는 것이다. 둘째로, 'la relation d'aide' 는 환자와 돕는 사람과의 관계성이 중요함을 강조한다.

신약 성경에는 성령을 '보혜사保惠師; Paraklete' 라고 표현한다. 이 말을 풀어쓰면 '우리를 돕기 위해 우리 옆에서 함께 걸으며 우리 인생 길에 동반하는 이' 가 된다. 치유팀에 속한 우리 모두는 우리 자신을 병든 이들을 돕기 위해 옆에서 같이 걸으며 온전한 나음으로 가는 여행에 그들과 동행하는 사람으로 인식해야 한다.

치유를 위한 협동적 치료법

치유는 한 사람의 전인격을 다루는 일이다. 신체적 치유는 우리 몸의 해부학적 구조와 생리학적 기능이 정상적으로 작동하게 되었을 때 이루어진다. 의료인들은 이 신체적 영역의 치유를 위해 전문적으로 훈련되어 있다. 그러나 알아야 할 것은 의료인들이 신체적 치료를 하는 동안 다른 전문인들이 병든 이의 심리적, 사회적, 영적인 영역의 역학적 관계성을 돌보면 병든 이의 신체적 치유가 훨씬 빨리, 또한 훨씬 온전하게 이루어진다. 심리적 치유는 걱정, 갈등, 고통스런 감정 등과 같은 내적 문제들이 해결될 때 일어난다. 이러한 내적 치유는 신체적 치유를 촉진한다. 심리학과 정신병리학은 정신과 영혼의 치유에 크게 기여할 수 있다.

영의 치유는 한 사람의 전인격적 회복의 일부다. 그리스도는 우리와 하나님의 관계를 회복함으로써 영을 치유하는 분이다. 병든 이의 심령 속에 성령이 계시면 그리스도의 능력이 그 사람을 도와서 걱정, 괴로운 기억, 고통스런 감정, 마음속에 있는 갈등, 잘못된 욕망을 치유할 수 있다.

치유는 또한 사회성의 회복을 포함한다. 병든 이들 중 많은 사람이 치료비, 생활필수품을 조달하는 문제, 생활 조건이 나빠질 가능성에 대한 두려움과 걱정에 휩싸인다. 사회복지 업무는 이러한 필요를 충족시키도록 돕는 치유팀의 중요한 일부다. 사회적 필요가 충족됨에 따라 두려움이 줄어들고, 따라서 두려움과 초조함으로 오는 우울증도 완화된다.

이러한 협동 작업은 종합 병원 환경에서 효과적으로 쓰인다. 이런 형태의 협동 작업은 더 작은 규모의 클리닉이나 개인 클리닉에서도 효과적이다. 병든 이의 전인격적 필요를 돌보는 데 가장 중요한 것은 그 크기의 크고 작음에 관계없이 병든 이의 전방위적全方位的 필요를 돌볼 수 있는 치료자들로 구성된 팀이다.

환자를 목회 스텝에게 의뢰하기

의사로서 나는 병든 이들이 목회적 치료에 참여하도록 이끈다. 일반적으로 의료 전문 스텝의 구성원이 환자를 처음 만난다. 최초의 진단에는 신체 검진과 함께 환자의 사회적, 심리적, 영적인 필요에 대한 평가가 포함된다. 이 평가를 통해 목회적 또는 심리적 치료의 필요성이 있는지 알게 되고, 환자에게 필요한 다른 치료들을 알게 된다.

환자가 목회 또는 심리 치료를 받게 하기 위해서는 종종 환자의 거부감을 극복하기 위한 세심한 설명이 필요하다. 많은 병든 이들이 그들의 병을 의학적 또는 외과적 치료가 필요한 신체적 문제라고 믿는다. 정서적情緒的인 문제나 생활 방식, 곧 성생활의 방식이 관련되었으리라는 말을 비추기만 해도 그들은 불편해 한다. 그런 소견所見은 그들의 사고방식이나 행동에서 고쳐야 할 것이 있을 수 있다는 것, 다시 말해서 자신들의 치유를 위해 그들이 책임지고 해야 할 일이 있다는 것을 의미한다. 그렇기 때문에 심리 또는 목회 치료자와 만나서 의논해야 한다는 것은 두려운 일이 된다. 이 저항감은 흔하다. 어떻게 납득시킬 수 있을까?

질병의 신체적 측면을 진찰한 뒤 나는 사람이 단지 기능적인 기계 이상이라는 것을 말해 준다. 정신은 신경계를 통해 우리 몸을 지배하며, 우리 몸이 해야 할 일들을 명령하고, 그 일들의 속도를 조절한다. 걱정, 초조감, 갈등, 불안은 우리 몸의 힘과 기능성을 저하시키며, 따라서 우리가 질병에 더 쉽게 걸리게 된다. 나는 종종 잠언 14:30을 인용한다. "마음의 평화는 몸을 건강하게 하나 시기는 암과 같다." 아무 종교적 믿음이 없는 사람도 우리 정신이 우리 몸과 건강에 영향을 준다는 설명은 아주 당연한 것으로 받아들인다.

그러면 나는 걱정, 초조감, 또는 불안감을 다루는 것이 진단과 치료의 한 과정으로서 중요함을 설명한다. 나는 우리 스텝 중에 불안이나 정서적 문제를 가진 사람을 도울 수 있는 전문가들이 있다고 알려준다. 나는 환자가 우리의 목회 치료 스텝과 의논하는 것이 치료 과정에 유익하다는 것을 말해 준다. 불안과 걱정을 경감시키고, 새롭게 드러나는 문제들을 다루어 가면서, 불안과 초조를 평화로 바꾸는 것은 우리 몸에 유익한 영향을 주고 따라서 치유의 가능성을 높인다. 대부분의 환자가 목회 치료의 가치를 깨닫고 그것을 자신의 진찰 및 치료의 한 과정으로 받아들여 참여한다.

치유팀의 역동적 협력

치유팀 구성원 사이의 정기적 의사소통은 필수적이다. 내가 환자를 목회 치료에 의뢰할 때는 그곳의 스텝과 함께 그 환자의 상황 변화를 계속 추적한다. 나는 치료 과정이 어떻게 진행되는지, 그 환자의 상태에 생리학적 영향을 미치는 사회적, 심리적, 영적 문제들이 있는지에 대해 항상 알고 있어야 한다. 나는 환자의 신체적 상태나 치료 계획에 중대한 변화가 있을 때 목회 치료 스텝들에게 그것을 알려 준다. 사회복지에 관한 문제가 있어서 사회복지 스텝이 관여하게 될 때, 사회복지 스텝은 의료 스텝과 목회 스텝에게 그 필요와 사회복지 문제가 어떻게 진행되는지 알려 준다.

우리는 팀으로 일하는 데 필요한 토의, 문제 분석, 기도, 영적 격려를 위해 정기적으로 함께 모인다. 이것은 팀 정신이 살아 있도록 도와준다. 정기적 모임은 치료 진행을 평가하고, 문제점을 발견하고, 치료 계획에 차질이 생기는 것을 방지할 수 있게 해준다. 매우 바쁜 스케줄 중에서도 팀 모임은 필수적이다. 예수께서도 개인적 기도를 위해서뿐 아니라 제자들과 함께 있으면서 그들을 가르치고 함께 일하도록 돕기 위해 따로 시간을 내셨다. 그러한 시간이 없을 때 팀의 효율성은 급속히 떨어진다. 이러한 정기적 의사소통의 필요성 때문에 전체 팀이 하나의 건물 안에 있는 것은 큰 도움이 된다.

팀을 이루어 치유할 때 기도는 큰 힘이 된다. 팀의 구성원은 둘이서 또는 팀 전체가 함께 기도하는 것에 주저함이 없어야 한다. 팀 사역을 위해서 기도 지원을 하는 중보기도 모임들은 가치를 매길 수 없는 큰 도움이 된다. 이러한 기도 모임들은 지역 교회 안에 만들 수도 있고, 치료소 내에 또는 병원 스텝들 안에 만들 수도 있다.

이제 시간이 없다는 문제로 돌아가 보자. 내가 환자를 최초 진단하는 데 걸리는 시간은 간단한 사회적, 심리적, 영적 진단을 포함하므로 보통의 '의학적' (신체) 검진보다 약간 더 오래 걸린다. 또한 나는 3분 ~5분 정도 환자에게 목회 치료의 중요성을 설명한다. 그러나 목회 치료 사역의 결과로 다음 치료를 위해 다시 찾아오는 환자의 수가 훨씬 줄었다. 치유팀의 역동적 협력 방법을 사용하기 전에, "선생님, 주신 약을 다 먹었는데도 아직도 아파요"라고 하며 다시 찾아오는 환자들이 너무 많아 절망하곤 했었다. 치유팀을 사용한 치료를 통해 고통의 내적 원인들이 치유된 결과, 많은 수의 환자가 의료 치료를 받기 위해 더 이상 다시 찾아올 필요가 없게 되었다. 나는 이 경험을 통해 병든 이를 전인격적으로 치료할 시간이 없는 것이 아니라 한 사람을 전인격적으로 치료하지 않을 시간이 없다는 것을 배웠다.

치료
― 돕기 위해 함께 걷기

치유팀에 속한 모든 사람이 환자들을 돕는 관계성을 가질 수 있다. 이 관계성을 어느 정도까지 이룰지는 각자가 받은 훈련,

역량, 쓸 수 있는 시간 등에 따라 결정되지만, 우리 모두는 치유를 창도하는 사람으로 일할 수 있기 위해서 특히 무엇이 요구되는지 알아야 할 필요가 있다.

돕는 관계

치유는 병든 이와 좋은 관계를 맺는 것에서 시작된다. 그래서 최초의 만남이 매우 중요하다. 내가 만나는 그 한 사람은 유일무이의 인격체이며 한 없이 고귀한 존재다. 만남의 첫 순간부터 그렇게 생각하고 있다는 것을 상대방이 알게 해야 한다. 병든 이가 편하게 느끼도록 해주는 것은 우리가 배울 수 있는 특수 기술이다. 병든 이는 내가 단지 의료과학 전문가가 아니라 자기와 같은 사람임을 확신할 필요가 있다. 또한 병든 이는 치유 방법을 찾기 위해 우리가 그와 함께 일할 것이라는 사실을 깨달을 필요가 있다.

경청하기

경청하는 것은 치유 기술의 주요 부분이다. 병든 이가 방해받지 않고 자신의 모든 이야기를 할 수 있도록 하라. 나는 이야기하는 사람의 생각의 흐름을 끊거나 그 흐름을 바꾸려는 내 안의 충동을 끊임없이 억눌러야 한다. 이것은 돕는 관계에 매우 큰 손상을 가할 수 있다. 질문을 하려면 기다려야 한다.

경청하는 것은 병든 이를 받아들이는 태도다. 경청하는 것에는 자세나 몸짓도 포함된다. 경청할 때의 자세나 몸짓은 듣는 사람의 잠재의식 안에 무엇이 있는지를 말하는 사람에게 알려주기 때문이다. 앉는 자세, 몸을 기울이는 방향, 내 목소리의 어조語調를 통해 고통당하고 있는 상대방을 내 마음을 열어 받아들인다는 것을 보여주어야 한다. 나는 그의 이야기에 흥미가 있을 뿐 아니라 그를 도울 수 있는 방법을 간절히 찾고 있다는 느낌을 말하는 이에게 전달해야 한다.

1977년에서 1978년까지의 추운 겨울 동안 나는 병을 앓았다. 그것은 특별히 독성이 강한 균종에 의한 마이코플라즈마 폐렴이었으며, 시카고 근처 병원에 입원했다. 의사들은 정맥 항생제를 처방했는데 효력이 없었다. 나는 의사로서 무슨 일이 일어나고 있는지 알았기 때문에 걱정이 되었다. 사람들은 마이코플라즈마 폐렴으로 인해 죽기도 하기 때문에 나는 그들 중 하나가 될까봐 두려웠다. 나는 두려워하는 바를 말하고 싶었지만 이야기할 사람이 없었다. 의사들은 손목시계를 흘끔거리며 내 침대 곁으로 급히 왔다가 급히 갔다. 친구들이 왔지만 나는 그들에게 내 영혼을 드러낼 수 없었다. 병원 원목이 들렀지만 간단한 격려의 말을 하고 짧은 기도를 해 주었다. 나는 혼자 있는 느낌이었다. 아무도 내 말을 들으려 하지 않았다.[1)]

내 아내 미리암이 매일 와서 내 옆을 지켰다. 어느 날 나는 용기를 내어 걱정과 죽음에 대한 두려움을 아내에게 털어 놓았고 그녀는 내 이야기를 들어주었다. 아내는 두려워 말라고 충고하거나 믿음이 없다고 꾸짖지 않았다. 몇 분 후 아내는 내 손을 잡고 시편 91편을 읽어 주었다. 마지막 구절은 내 마음의 가장 깊은 곳을 아침 해처럼 비춰주었다. "그가 내게 간구하리니 내가 그에게 응답하리라 그들이 환난 당할 때에 내가 그와 함께 하여 그를 건지고 영화롭게 하리라. 내가 그를 장수하게 함으로 그를 만족하게 하며 나의 구원을 그에게 보이리라 하시도다"(시편 91:15~16). 두려워하는 내 영에게 이 말씀은 하나님께서 직접 하시는 말씀이었고, 나는 이 말씀을 그분의 약속으로 받아들였다. 두려움은 떠나갔고 내 심령이 치유되었다. 누군가가 내 말을 들어주었고, 반응을 보였고, 그리고 하나님이 말씀하셨다.[2]

질문하기

질문은 치유를 위해 필요하며, 의사로서 나는 많은 질문을 한다. 질문의 목적은 환자들로 하여금 자신들의 병을, 또 그로 인한 느낌, 염려, 불안 등을 설명하도록 돕는 것이다. 자신의 병의 상태, 특히 그 느낌을 설명하기는 어려울 수 있다. 분별력 있는 질문을 통해 환자가 스스로 명확하게 설명할 수 있도록 도울 수 있다. 질문을 할 때 자유로운 대답이 나오도록 해야 한다. 예를 들면 이런 질문들이다. "그 후에 무슨 일이 생겼지요?" 혹은, "그 경험이 어떤 느낌을 주었나요?", "그 아픔을 조금 더 설명할 수 있겠습니까?", "어떤 면에서 그것에 대해 걱정이 되죠?" 이러한 질문들은 절대 위협적이거나 비난하거나 정죄하는 느낌을 주어서는 안 된다. 그러면 속마음을 털어놓는 것을 차단할 수 있기 때문이다.

분별

나는 환자의 말을 경청할 때 그의 말을 통해 얻는 정보뿐만 아니라 내가 관찰하는 것도 분석한다. 그 사람의 말하는 태도, 몸놀림, 몸의 자세, 이 모든 것이 병의 진행 상황을 이해하고, 그 환자가 어떻게 느끼고 있는지를 이해하도록 돕는다. 이 분석은 내게는 의사로서, 마탈라 여사에게는 목사로서 진단 및 그에 따르는 가장 적절한 치료 수단이 무엇인지 알아내는 안내 지표가 된다.

경험을 공유하기

의대에서 내가 배운 바로는 의사는 자신의 개인적 경험을 환자에게 이야기 하면 안 된다. 질병의 상태를 평가하는 데 객관성이 중요하다고 배웠는데 이것이 어느 정도까지는 사실이다. 그러나 질병은 단순히 몸이 망가진 것이 아니다. 질병은 그 사람 안의 무엇인가가 망가진 것이다. 나는 내가 어느 정도 주관적인 관점에서 내 자신에 관한 것을 이야기할 때 내게 이야기하고 있는 환자와 나 사이에 더 친밀한 사람과 사람 간의 접촉이 이루어진다는 것을 배웠다.

권유하기

환자에게 설명해 주고 필요한 것들을 권고해야 할 때가 온다. 나는 지시 사항을 강요하거나 해야 할 것들을 처방하지 않는다. 대신에 나는 그 환자가 이해할 수 있고 감당할 수 있는 한도 내에서 그가 앓고 있는 병이 무엇인지, 우리가 알아낸 것이 무엇인지 가능한 한 많이 설명한다. 나는 그 환자를 돕기 위해 우리가 할 일과 또 무엇을 더 해야 하는지 설명한다. 그 후에 나는 그의 회복을 위해 도움이 될 것이라고 내가 믿는 여러 가지 조치들의 대체적인 윤곽輪廓을 말한다. 나는 이것을 독백으로 하지 않고 질문, 토의, 심지어 반대가 가능한 대화의 모양으로 진행해서 환자가 치유 과정에 참여하게 한다.

기도

기도는 이 과정의 한 부분이다. 기도 가운데 우리는 성령의 인도하심에 우리 영의 문을 연다. 환자와 함께 있을 때, 종종 나는 도움과 인도를 요청하는 즉흥 묵언默言 기도를 혼자 한다. 그 환자가 기도하는 것에 대해 불편해 하지 않거나 기도를 요청하면 소리 내어 기도하지만 나는 결코 기도를 강요하지 않는다.

치료자의 자질

다른 사람을 돌보는 것은 특별한 부르심이다. 그것은 행동보다는 태도의 문제이며, 외적인 말과 행위보다는 조용한 내적인 영의 문제다. 이론적으로 우리 의료 전문인과 목회 전문인은 다른 사람을 돌보도록 훈련받았지만, 치료의 핵심인 마음가짐이나 의식을 모든 이가 배우지는 못하고 있다. 남을 돌보는 것은 어떤 특정한 능력들의 개발을 포함하는 하나의 예술藝術 혹은 특별 기술이다. 다른 사람을 돌보기 위해 필요한 것이 무엇인가?

긍휼

긍휼은 다른 사람의 느낌에 함께하는 것이다. 우리는 다른 사람과 똑같이 느낄 수 없을 뿐 아니라 그렇게 할 필요도 없다. 그러나 환자가 느끼는 것을 이해하려는 우리의 마음을 전달할 필요는 있다.

확신

상대방을 한 존귀한 사람으로 진정으로 여긴다는 느낌을 줄 때, 우리는 그 한 사람을 확립시켜 준다. 나는 환자를 진찰하기 전에 반드시 그의 이름을 익히고 외우는 것을 철칙으로 삼고 있다. 진료실, 병실, 수술실에서 환자의 이름을 불러 주는 것은 환자에게 가장 많은 확신을 주는 효과가 있다. 그것은 도와주는 관계성을 강화시킨다.

병든 사람들이 예수께 왔을 때, 그분은 그들을 반드시 사람으로 존중해 주셨다. 중풍병자를 데리고 온 사람들이 예수께서 가버나움에서 행하고 있던 강의를 엉망진창으로 만들었을 때도 그는 불쾌해 하지 않으셨다(마가복음 2:1~12). 그분의 첫마디 말은 "내 아들아"였다. 그의 강의 계획에 막무가내로 끼어든 것을 책망하기보다 그 사람을 존중하심으로써 그 사람을 위해 다음에 바로 하실 일에 대해 그의 신뢰를 얻으셨다.

예수 당시에 나병 환자는 멸시를 받았으며, 부정不淨하다고 배척을 받았고, 하나님의 저주를 받았다고 여겨졌다. 예수는 그 어느 것도 하지 않으셨다. 그는 나병 환자가 그에게 왔을 때 그를 만지셨는데, 이는 보는 사람들에게 충격을 주었다(마가복음1:40~44). 그렇게 함으로써 예수께서는 그를 한 사람으로 확립시켜 주시고 그의 존엄성을 회복시켜 주셨다.

최근에 나는 하나님께서 놀라운 방법으로 구속하여 주신 아름다운 젊은 여인 룻(가명)을 만났다. 그녀는 가난, 마약 거래, 성적학대 가운데서 태어나 성장했다. 사춘기에 이르렀을 때 이미 그녀는 창녀, 마약 중독자, 뻔질나게 교도소에 드나드는 사람이 되어 있었다. 그녀는 여러 해 동안 다음 번 마약을 투여받기 위한 돈을 마련하기 위해 살았다. 아무도 그녀를 거들떠보지 않았고, 그녀가 사랑하고 보살펴 줄 사람도 없었다.

그러다가 룻은 임신을 하게 되었고, 드디어 그녀가 정말 사랑해 줄 수 있는 사람, 즉 아직 태어나지 않았지만 자신의 아기를 얻었다. 그

때, 그녀는 자신이 에이즈에 걸렸으며 자기 아이도 어쩌면 오래 살지 못할 것이라는 사실을 들었다. 힘든 분만 과정에서 의사와 간호사들은 아기의 상태에 대해서는 관심을 가졌으나 그녀를 사람으로 취급하지 않았다. 룻이 내게 이렇게 말했다. "그들은 나를 그저 중독자라고 불렀어요." 의사들의 예상을 깨고 마침내 룻이 예쁘고 건강한 남자 아이를 분만했다. 그러나 그녀가 키울 능력이 없다고 판정判定되었기 때문에, 그들은 그녀가 사랑했던 유일한 사람인 그 어린 아기를 빼앗아 다른 이에게 주었다.

우리가 사람에게 어떻게 이렇게 할 수 있을까? 히포크라테스는 이에 대해서 무엇이라고 말할까? 나는 잘 모르겠다. 그러나 예수라면 어떻게 하셨을지 나는 안다. 예수께서는 이 젊은 여인을 자유롭게 하고 치유하시기 위해 자신의 생명을 주셨다. 예수께서는 그녀가 하나님의 형상을 지니고 있으며 영원한 가치를 가진 것을 알고 계신다. 예수께는 마약 중독자도 창녀도 무능력자도 없다. 그에게는 그가 찾고 구원하고 치유할 사람들만 있다. 우리는 원래 예수같이 되어야 하고 그가 행하신 것을 행해야 한다. 이 이야기는 아프리카에서 일어난 일이 아니라는 점을 덧붙인다. 이것은 펜실베니아의 한 작은 도시에서 일어난 일이다.

그러나 이 이야기는 거기에서 끝나지 않는다. 교도소의 상담가는 룻 안에 있는 무엇인가 소중한 것을 보았다. 그 여성 상담가는 하나님께서 이미 룻의 마음에 역사하고 있는 것을 분별했으며, 룻을 돕기 위해 그녀에게 손을 내밀었다. 어느 날 그 상담가가 룻에게 말했다. "룻, 나는 당신을 믿어요. 하나님의 도움으로 당신 인생을 회복하기 위해 우리 둘이 함께 노력해 봐요."

룻은 현재 세 살 난 아들과 살면서 개인 사업을 하고 있다. 그녀의 정신과 마음과 영이 나음을 받았으며, 그녀의 몸도 서서히 강해지고 있다. 왜일까? 이는 하나님이 사랑으로 그녀의 심령에 말씀하셨기 때문이며, 진정한 치료자인 다른 한 여인이 그녀에게 확신을 주며 사랑을 부어 주었기 때문이다.

온유함

불결한 이야기를 들어야 할 때가 있다. 우리는 그러한 이야기를 조용히 듣고, 정죄, 판단, 비난 없이 우리가 들은 것을 받아들여야 한다. 우리는 한 사람의 병든 속 밑바닥까지 내려가야 한다. 우리가 못마땅해 하는 반응을 보이면 말하는 사람이 더 이상의 느낌이나 행동의 표현을 중단하므로 전체 그림을 볼 수 없다. 단순히 머리를 끄덕이든지 혹은 "그래서 어떻게 됐나요?"라고 말함으로써 우리가 경청하고 있다는 것을, 또 무슨 이야기가 더 나오든지 기꺼이 진행하고자 한다는 느낌을 충분히 줄 수 있다.

비밀 보장

환자들이 우리에게 말하는 것들은 그들의 사적인 비밀이다. 그들의 이야기를 우리에게 맡기는 이유는 우리의 도움을 원하기 때문이다. 그러나 그들 이야기의 소유권을 우리에게 넘겨주는 것은 아니다. 절대적인 비밀 보장은 필수적이다. 병든 사람의 이야기를 듣고 보살피는 것은 우리의 잡담거리를 만들거나 우리 가족이나 친구들 사이에 떠들어대기 위한 이야깃거리를 얻기 위한 기회가 아니다. 병든 사람이 자신의 가장 깊은 아픔, 문제, 두려움을 말하기 어려워하는 이유 중 하나는 자신의 이야기를 털어 놓고 싶은 사람에 대한 확신이 부족하기 때문이다. 의료 전문가나 목회 치료자로서, 심지어 가족이나 친구들을 보살필 때도 사람들이 우리에게 맡긴 것을 절대적으로 비밀로 해야 한다.

희망

"의사는 가끔씩 나음을 줄 수 있고, 종종 병을 완화시켜 줄 수 있으며, 항상 위로해 줄 수 있다." 이 말은 히포크라테스가 했다고 전해진다. 희망은 위로를 주는 그것이며, 희망은 가장 절망적인 상황에서도 가질 수 있다. 우리가 희망을 어떻게 보여 줄 수 있을까? 우리는 환자와 함께 함으로써, 접촉을 통해, 하나님, 곧 하늘과 땅을 지으신 이가 모든 것을 주관하신다는 우리의 확신을 통해 희망을 보여 줄 수 있다.

하나님은 치유팀의 대장이시다. 나는 절개 부위나 상처를 봉합해 주지만, 섬유 세포가 봉합의 틈새를 건너 다른 쪽의 섬유 세포와 융합되게 하지는 못한다. 하나님이 그렇게 되도록 짜놓으셨고, 그렇게 되도록 감독하신다. 병든 사람이나 내가 믿는가, 안 믿는가에 관계없이 하나님이 바로 그 봉합이 치유로 이루어지도록 하는 분이다.

그러나 나는 개인적으로 정말 하나님을 의지하며 하나님을 돕는 관계 속으로 초청하는 것이 한 사람을 전인격적으로 돌보는 일의 가장 중요한 부분임을 발견했다. 진찰실에서, 분만실에서, 응급실에서, 병실에서, 가정에서, 만약 하나님의 영과 예수님의 사랑이 내 안에 살아 있으면 나를 통해서 위로의 하나님께서 어려움에 처한 모든 이에게 역사하실 것이다.

병들어 아픈 사람에게 나쁜 소식 알리기

왜 우리는 고통 받고 있는 사람들에게 나쁜 소식을 알리는 것을 두려워할까? 부분적으로, 이는 그들이 그 나쁜 소식을 감당하지 못할 것이라는 두려움 때문이다. 그리고 종종 이 두려움은 올바른 것으로 드러나는 것이 사실이다. 이미 힘든 상황에 두려움과 슬픔과 우울함을 더하기를 우리는 두려워한다. 그래서 우리는 나쁜 소식을 거론하지 않음으로써 숨기려 한다. 이것은 잘못이다.

병들어 아픈 사람에게 나쁜 소식을 숨길 수 없다. 그들이 이미 그것을 알고 있을 수도 있고, 설사 모르더라도 무엇인가 좋지 않은 일이 일어나고 있다는 느낌을 받을 수 있다. 그들은 이런 저런 길로 결국 사실을 알게 되고 우리가 그것을 말하지 않은 것에 대해 화를 낸다.

그보다 더 중요한 것은 애매모호한 것이 나쁜 소식보다 건강에 훨씬 더 나쁘다는 점이다. 아무 것도 분명하지 않은 속에서 일면 요행僥倖을 바라는 가운데 다른 한편 최악의 상태가 올 수도 있다는 두려움으로 사는 것은 매우 힘든 일이다. 그러한 상태는 이미 병든 이에게 추가분의 근심의 짐을 덧붙인다. 그것이 어떤 의도든지 숨기는 것은 해롭다. 병든 이들은 진실하지 않은 것과 속이는 것에 대하여 놀라울 만큼 잘 알아채고, 그런 상태가 생길 경우 돕는 관계성에 절대 필수적인 신뢰가 파괴破壞된다.

반면에 진실에는 치료 효과가 있다. 진실을 알면 설사 그 진실이 아무리 불편한 것이더라도 애매모호한 것이 제거되기 때문에 우리의 마음과 감정이 자유로워져 실제 상황에 적응할 수 있게 된다. 말기 질환으로 예상되는 환자들이 실제 상황을 이야기해 주었을 때 나에게 깊은 감사를 표현했던 경험이 셀 수도 없이 많다. 그러나 나쁜 소식을 이야기하는 방법이 결정적인 요소다. 우리는 그것을 반드시 희망과 함께 이야기해야 한다.

희망 끌어안기

나쁜 소식을 희망과 용기로 직면하는 것을 우리 자신이 먼저 이해하기 전에는 다른 사람에게 희망을 알도록 도울 수 없다. 의과 대학 마지막 해, 나는 4주 동안을 내과 통근 의학 연구생으로 지냈다. 나는 자신을 생명과 치유의 투사이며 모든 환자를 죽음으로부터 보호하는 보호자로 생각했다. 나는 죽음의 사자와 싸우며 죽음의 사자가 내 환자들에게 접근하지 못하게 하고 있다고 상상했다. 나는 하나님께 내가 보호하는 환자들 중에 그 달에 아무도 죽지 않도록 해 달라고 과감하게 기도했다. 27일간은 나의 기도가 응답되어 나는 의기양양했었다. 그러나 병동 근무 마지막 날, 세 사람이 죽었다. 나는 기가 꺾였다. 실패다!

나의 진짜 문제는 나 스스로 죽음의 현실을 직면할 수 없었다는 데 있었다. 나는 그 진실을 받아들이지 않고 있었다. 그렇게 했던 한 가지 이유를 구태여 짚어 말한다면 그것은 나의 의학 능력의 실패를 뜻하기 때문이었다. 그보다 훨씬 더 깊은 곳에 있던 이유는 내가 자신의 죽음의 가능성을 직면하지 못하고 있었다는 데 있었다. 그 결과, 나는 의사로서 일하기 시작한 초기 단계에는 불치병을 앓고 있는 사람들을 내게 위협적威脅的 존재로 보았다. 악성종양, 간경화, 진행성 심부전증(心不全症) 환자들은 나를 매우 부담스럽게 했다. 그런 환자들이 죽음에 가까워지면 내가 회복시킬 수 있는 환자들에게 더 많은 시간을 할애하는 것이 더 낫다고 잘못 합리화하며, 그 환자들을 진찰하러 가는 시간을 줄였다. 얼마나 어리석은 짓이었는지 모른다. 마지막 여정이 가까워진 사람에게는 돕는 이들이 곁에 있는 것이 다른 어느 때보다 더 필요하다. 내가 죽어가는 사람들에게 희망을 주기 위해서는 먼저 나 자신의 죽음이 정해진 사실이라는 것을 맞닥뜨려 인정해야 했다. 하나님은 이것에 대해 여러 길을 통해 많이 가르쳐 주셨다.

내가 의사인데 어떻게 환자에게 그 사람이 고칠 수 없는 병을 앓고 있다고 말해 줄 수 있을까? 사실을 말해줌으로써 그들을 격려하고 희망을 주는 길이 있을까? 그 답은 "그렇다"이다. 다발성 경화증硬化症, 백혈병, 루게릭병, 또 내 생각에 인간 역사상 최악의 질환으로 생각되는 에이즈라도 그렇게 할 수 있다. 우리는 절망적인 상황에서도 희망을 제공할 수 있으며, 그 희망은 때로 놀라운 효과를 나타낸다.

희망은 생리적이다. 희망은 감정과 면역 체계와 다른 장기들까지도 강하게 하기 때문이다. 아무리 절망적으로 보인다 할지라도, 거의 모든 상황에서 적어도 한 줄기 희망의 빛은 있으며, 우리는 그 희망을 최대한으로 가능한 온전하고 충일充溢한 범주까지 강조해야 한다. 어떤 의사나 치료인들도 "희망이 없습니다. 당신은 3개월만 더 살 것이니 내가 당신에게 해 줄 것이 아무 것도 없습니다"라고 말을 해서는 결코 안 된다. 아프리카인의 사고 구조에서 보면 그런 말은 가장 심한 저주의 말이며, 미국과 유럽 사람에게도 엄청난 파괴력을 가진 말이다.

다른 사람을 돕는 관계에서는 잔인함이 설 자리가 없다. 어떤 병든 사람이 내 진료실로 와서 앉는다. 내가 만약 그를 바라보며 "이런 말을 해서 안 될 일이지만 당신은 암(또는 에이즈, 다발성 경화증)에 걸려 있습니다"라고 말한다면 그것은 잔혹 행위를 한 것이 된다. 이 질환들을 포함하여 다른 질환들의 진단이 의미하는 정서적情緒的인 의미는 너무나 엄청나기 때문에 내가 만일 그와 같은 거친 방식으로 나쁜 소식을 말한다면 나는 그 사람의 전인격에 큰 손상을 주게 된다. 그 사람의 마음은 닫혀 버리고, 그 사람은 고뇌와 두려움 그리고 자포자기에 빠지며, 그에 따른 여러 종류의 좋지 않은 생리학적 증상이 나타난다.

그런 잔인함은 엄청난 힘으로 사람을 황폐화시키므로 전적으로 피해야 한다. 이를 위해 우리는 환자를 친절하고 정중하게 대할 뿐만 아니라 가능한 모든 방법을 동원해서 병든 이가 나쁜 소식을 받아들일 수 있는 마음의 준비를 하게 해 준다. 나쁜 소식의 조짐이 의심되어 우리가 그것을 구명究明하려 할 때 그런 준비를 시작하는 것이 이상적이다. 만약 아무런 나쁜 진단이 나오지 않으면 우리는 손해 볼 것이 없다. 나쁜 소식이 확인되더라도 그 사람은 희망과 함께 나쁜 소식을 받아들일 준비를 하게 된다.

산 소망

에이즈, 너무 많이 진행된 암, 급속히 진행되는 간경화 등을 앓고 있는 사람들에게 우리가 어떤 희망을 줄 수 있을까? 하나님은 예수 그리스도를 죽음으로부터 부활시키심으로 우리에게 산 소망을 주셨다(베드로전서 1:3). 만약 그리스도가 우리 안에 계신다면 죽음은 우리 몸만을 해칠 수 있을 뿐, 우리는 그것을 대체할 몸을 받게 될 것이다.

내가 천국에 다다랐을 때 나의 몸은 새로워질 것이다. 그것은 이 땅의 몸과 비슷할 수 있으나, 바이러스나 난치병인 암세포나 나의 관상동맥冠狀動脈을 메우는 지방 찌꺼기 같은 것은 이 세상에 남겨져 있을 것이다. 이러한 산 소망을 죽어가는 사람들에게 권하는 것은 그들로 하여금 새로운 생명의 공급원을 알게 해준다. 그러나 이 권고는 절대로 지나친 강요나 교묘한 심리 조정으로 시도되어서는 안 된다.

일단 희망이 회복되면 심장병, 악성 종양, 심지어는 에이즈에 걸린 사람들도 병세가 완화緩和되어 예상했던 것보다 수개월이나 수년을 더 살 수도 있다.[3] 6장에서 언급한 넬리는 그녀의 큰 아이와 둘째 아이가 학교를 졸업할 때까지 그들을 보살피고자 결단했기 때문에 에이즈에 감염되고도 10년이나 더 살았다. 빅터 프랑클은 이것을 '실존 분석적 정신 요법logotherapy', 곧 삶의 의미와 목적을 찾는 정신치료법이라고 부른다. 그는 살아야 할 이유가 있기 때문에 유대인 수용소의 잔혹 속에서도 살아남았다.[4]

나쁜 소식을 받아들이도록 준비시키기

고통스런 소식을 말하기 전에 적절한 심리적 준비와 영적 준비를 시키는 것은 필수적이다. 병이 든 사람은 이미 자기 병에 대해 걱정하고 있다. 흔히 개인적인 문제들, 갈등들, 과거의 고통스러웠던 상황들 때문에 심리적 부담이 더 있을 수 있다. 이런 모든 문제가 우리 몸의 면역 체계를 약화시킨다. 만일 우리가 준비를 시켜 놓지 않은 채 불쑥 나쁜 소식을 전하면, 이미 심리적 압박을 받고 있는 사람에게 치명적인 영향을 주어서 심각한 부작용들이 생기고, 심지어 자살까지 일으킬 수도 있다.

나는 내가 치료하는 사람들 중에 암이나 에이즈 또는 다른 종류의 심각한 질환이 있는 것을 알면 목회 치료자들에게 의뢰한다. 그러면, 목회 치료자들이 받아들이기 힘든 질환의 진단으로 인해 추가적인 심리적 부담이 더해지기 전에 환자가 현재의 심리적 부담을 대처하도록 도와 줄 수 있다. 이런 방법으로 환자는 정신과 영혼에 힘을 얻어 나쁜 소식을 침착하게 받아들일 수 있게 된다.

이렇게 되려면 시간이 필요하다. 때로 우리 스텝들은 한 사람과 몇 시간이라도 대화를 계속할 것이다. 목회자는 모든 이야기를 듣는다. 목회자는 통상 그리스도가 누구인지 또 이 상황에서 그리스도께 맡기는 것이 어떻게 새로운 생명과 희망을 가져오는지를 설명한다. 그 사람이 그리스도에 대해 관심을 보이면 그리스도를 통해 하나님을 믿는 관계로 들어가도록 초대한다. 이 과정이 이루어지면 그 사람은 자신의 사회적, 정신적, 영적인 문제를 하나님께 들고 나올 수 있다. 그리스도께서 심리적인 부담들과 부정적인 감정들을 제거하고 과거에 자기들이 스스로에게 초래한 상처를 치유하시도록 허락함으로써 심령에 평강이 돌아오고 용기가 생긴다. 환자가 용기를 가지고 나쁜 소식을 받아들일 수 있는 충분한 내적인 힘이 생겼다고 목회자가 느낄 때까지, 우리는 나쁜 소식을 알리지 않는다.

나쁜 소식을 희망과 함께 전하기

나쁜 소식을 다른 어떤 사람에게 전하는 것은 힘든 일이다. 시간과 인내와 침착함이 필요하다. 온유함과 친절함은 이 과정에서 최고로 중요하다. 단순한 말과 분명한 언어를 사용하여 천천히 그리고 점진적으로 접근하는 것이 통상적으로 최선의 방법이다. 병든 사람에게 나쁜 소식을 전할 때 담당 의사와 목회자와 함께 만나는 것이 지금까지 우리가 지켜온 진료 방식이다. 의학적 진단 소견을 알려 주는 것이기 때문에 의사가 주도한다.

여기서 에이즈에 감염된 사람에게 우리가 어떻게 팀으로 진단 결과를 설명하는지 기술하고자 한다. 암이나 다른 치명적인 질병을 다룰 때에도 비슷한 접근법을 쓴다. 그러나 그것이 어떤 질병이든지 간에 환자 각 사람마다 다 다르다는 것을 반드시 기억해야 하는 것이 중요한 점이다. 그저 일정한 규칙을 따르거나 각 개인의 인격을 도외시하는 방법론을 말하는 것이 아니다.

병든 사람을 편안하게 해 주기 위해 치료를 시작한 후 나타난 변화, 즉 호전의 징후나 혹은 새로운 문제들이 있는지 물어본다. 그리고 나는 다음과 같이 계속한다. "당신의 상황을 당신이 알게 해드리기 위해 우리의 검진 결과를 알려드리고자 합니다. 당신은 이것을 알 권리가 있습니다. 왜냐하면 이것을 알게 됨으로써 당신은 스스로의 병에 어떻게 대처해야 할지 좀 더 잘 알게 되기 때문입니다. 그렇게 되면 우리는 당신과 힘을 합쳐서 당신이 이 병과 싸울 수 있도록, 또 당신의 건강을 증진시킬 수 있는 길을 찾도록 도울 것입니다. [나는 이미 희망을 전달하려고 애쓰고 있다.]

"우리 검사 결과는 당신이 바이러스에 감염되었다는 것을 보여 줍니다. 항생제가 바이러스에는 효과가 없기 때문에 당신의 감염을 치료할 특별한 방법이 없습니다. 그러나 당신이 이 감염에 대처하기 위해 할 수 있는 일들이 있습니다. 우리는 그것들을 당신과 상의하고자 합니다. [여기서 나는 어떤 것을 할 수 있다는 것을 강조하고 있다.] 당신의 감염은 상당히 흔한 것으로 많은 사람들이 이것으로 고통당하고 있습니다. 제가 말씀 드리는 이 바이러스는 에이즈를 일으키는 바이러스입니다. 다시 말씀 드리면 당신은 에이즈에 감염되었습니다."

이 순간에 나는 잠시 멈추며 즉각적인 반응이나 어떤 질문이 있는지 본다. 만약 반응이 있으면 목회자와 내가 함께 그 반응에 대처한다. 그 후, 우리는 그 사람과 앞으로 있을 일들에 관해 이야기를 나누며, 그 병든 이의 건강을 보호하고 강화시킬 수 있는 여러 가지 방법, 예를 들면, 충분한 영양, 흔히 걸리기 쉬운 감염의 예방, 또 새로운 감염이 생기면 즉시 치료를 받으러 올 것을 권한다.

우리는 환자가 삶의 방식이나 주거 환경에서 바꾸어야 할 필요가 있으리라고 생각되는 부분들에 관해 의견을 나눈다. 이 의논은 서로의 의견을 나누는 대화의 형식을 통해 이루어지며, 우리의 추천 사항들을 그 사람의 개인적인 특별 상황에 맞도록 조정한다. 우리는 그 질병이 그 사람의 장래에 미칠 영향들에 관해 같이 생각하고, 그 사람의 남은 몇 달 혹은 몇 년의 여생을 어떻게 최대한으로 선용善用할 수 있을 지에 대해서도 이야기한다.

우리는 병든 이가 다가올 날들에 대한 목표를 세울 수 있도록 도우려 노력한다. 병원을 정기적으로 방문하도록 격려하며, 우리가 항상 돕고 지원할 것이라는 확신을 준다.

에이즈 감염은 심한 우울증을 일으키며 심지어 자살 충동을 일으키는 것으로 악명 높은 질환이다. 우리는 위에 이야기한 방법으로 천 명 이상의 환자들에게 그들의 병에 대해서 알려 주었으나 현재까지는 심각한 우울증의 반응을 보지 못했다. 자살하겠다고 협박하는 사람도 없었다. 슬퍼하는 사람은 많았지만, 이는 정상적인 것이다. 많은 질문들과 염려를 들었고, 우리는 그 문제들에 관해 함께 상의했다.

치유의 전 과정을 통해서 우리는 희망을 전달하고자 하고, 그 질병의 끝까지 우리가 그와 함께 할 것이라는 사실을 전달하고자 노력한다. 그 여정은 어려울 수 있지만 우리는 그들을 돕기 위해 그곳에 있을 것이며, 무엇이든 가능한 모든 치료를 제공할 것이며, 위로하며, 기도할 것이며, 그들의 손을 잡아 줄 것이다. 우리는 크리스천 치유자로서 결코 우리를 떠나거나 버리지 않으리라 약속하신 예수 그리스도의 육체적 화신임을 기억해야 한다.

하나님, 의학, 기적

전인격적인 치유는 우리를 들뜨게 하는 현대 의학의 미개척지다. 그리스도께 의지하는 믿음과 모든 가능한 현대 의료 과학을 함께 동원할 때, 그렇지 않았다면 결코 일어날 수 없을 놀라운 치유의 가능성들이 많이 열린다. 그리고 이 책에서 우리가 하나님과 의학과 기적이 얼마나 잘 어울리는지 보았듯이, 그러한 믿음과 과학의 총체적인 동원은 하나님께서 우리 가운데 놀라운 일들을 더 많이 행하시도록 문을 더 넓게 열어 줄 것이다.

미주

제1장 당신의 의사는 당신이 누구인지 아는가?

1. 마태복음 13:14~15; 마가복음 4:12; 누가복음 8:10; 요한복음 12:40, 사도행전 28:26~27
2. Bernard Lown, The Healing Heart, Norman Cousins(New York: Norton, 1983) 16
3. Lown, 13~15

3장 하나님은 우리를 온전한 존재로 만드셨다

1. "새 사람을 입었으니 이는 자기를 창조하신 자의 형상을 좇아 지식에까지 새롭게 하심을 받는 자니라"(골로새서 3:10)

4장 감정의 화학적 기전

1. Hans Selye, The Stress of Life(New York: McGraw~Hill, 1984)
2. Norman Cousins, Anatomy of an Illness as Perceived by the Patient(New-York: Norton, 1979)
3. 밑에 인용된 두 권의 책에 면역체계의 복합적 구성 요인들에 관한 연구가 수록되어 있다. Paul Pearsall, Superimmunity: Master Your Emotions and Improve Your Health(New York: Fawcett, 1987). 처음 세 장에서 피어설 박사는 우리의 건강을 유지하고 질병에 대응하기 위해 특정 장기와 다양한 종류의 백혈구들이 어떤 방법으로 서로 긴밀하게 작동하는지를 설명한다. Norman Cousins, Head First: The Biology of Hope and the Healing Power of the Human Spirit(New York: Penguin, 1989). 커즌스는 3장에서 우리 뇌에서 생산되는 생화학 물질 등이 어떻게 우리 몸의 면역체계를 강화시켜서 감염 및 악성 질환과 싸울 수 있게 하는지를 말한다.

4. Pearsall 18
5. 스트레스와 건강에 관해 좀 더 자세하고 본격적인 논의를 보려면 다음의 책을 참조한다. Bruce S. McEwen, "Protective and Damaging Effects of Stress Mediators", New England Journal of Medicine 338, no. 3 (15 January 1998): 171~179

5장 심령의 구조

1. Paul Tournier, The Healing of Persons(New York: harper and Row, 1965) xii

6장 도대체 죄와 병이 무슨 연관이 있는가?

1. Karl A. Menninger, Whatever Happened to Sin?(New York: Hawthorne Books, 1973)
2. St. Augustine, Confessions

7장 예수가 이 모든 것과 무슨 관계가 있는가?

1. "우리가 그의 징벌 받음으로 인해 나음을 얻었고 그의 채찍 맞음으로 온전하게 되었다." (이사야 53:5)
2. "그의 상처 받음으로 우리가 나음을 받았다." (베드로전서 2:24)
3. David A. Seamands, Healing for Damaged Emotions(Colorado Springs: Chariot Victor, 1991)
4. 프랭크 모리슨은 그의 흥미진진한 저서인 Who Moved the Stone?(Grand Rapids: Zondervan, 1987)에서 부활절 아침에 일어난 예수 그리스도의 몸

의 부활의 수많은 증거들을 법적 관점과 역사적 관점에서 다루고 있다.

8장 심령의 청소

1. 믿음과 심리학적 치료법의 융합에 관한 조언을 구하려면 Paul Tournier의 The Person Reborn(London: SCM Press, 1966)을 권장한다.
2. Lawrence Crabb는 Understanding People: Deep Longings for Relationship(Grand Rapids: Zondervan, 1987)에서 성경적 상담과 심리학적 상담 방법의 관계성에 관한 탁월한 소견을 밝히고 있다.
3. David Belgum, Guilt: Where Psychology and Religion Meet(New York: Prentice-Hall, 1963) 54
4. Catherine Marshall은 그녀의 책, Something More(New York: McGraw-Hill, 1974)의 "The Aughts Against the Anys" 장에서 다른 사람을 용서하는 문제에 관한 아주 좋은 소견을 다루고 있다. Lewis Smede의 Forgive and Forget: Healing the Hurts We Don't Deserve(San Francisco:Harper and Row, 1984)에서도 다른 사람을 용서하는 것에 관한 매우 예리하고 깊은 이해가 담긴 연구를 볼 수 있다.
5. William J. Cox, Tulsa, Oklahoma의 양해 아래 인용되었다.

9장 건강으로 인도하는 자유

1. Jeffrey Satinover는 뉴잉글랜드의 정신과 의사인데, Homosexuality and the Politics of Truth(Grand Rapids: Baker, 1996)이라는 책에 충동적 행동 양태에 관한 자세한 연구를 저술했다.
2. 우울증에 어떻게 대응할 것인지에 관해서 다음 저서들이 큰 도움이 될 것이다. William Backus & Marie Chapian, Telling Yourself the Truth

(Minneapolis: Bethany House, 1980); William Backus, Learning to Tell Myself the Truth(Minneapolis: bethany House, 1988); David A. Seamands, "Dealing with Depression", Healing for Damaged Emotions(Colorado Springs: Chariot Victor, 1991)

11장 질병: 비극인가, 도전인가?

1. Bernie Siegel, Love, Medicine, and Miracles(New York: Harper and Row, 1986)
2. 임상 심리학자이며 세인트루이스 카디날스 야구팀과 시애틀 마리너 구단의 전속 심리 상담가를 역임한 빌 리틀(Bill Little) 박사는 그의 저서 Eight Ways to Take an Active Role in Your Health(Wheaton, Illinois: Harold Shaw, 1995)에서 건강을 지키기 위한 예방적 접근 방법에 관해 서술했다.
3. 데일 매튜스(Dale Matthews) 박사의 저서 The Faith Factor(New York: Viking, 1998)는 매우 유용한 책이다. 그는 여러 의료 진료소에서 건강과 치유에 대한 기도와 믿음의 역할에 관한 연구를 한 것들을 집대성했다. 좀 더 광범위한 주석이나 인용 자료를 찾고 싶으면 Faith Factor, Volumes I-IV, NIHR Products(6110 Executive Blvd, #908, Rockville, MD 20852)을 참조하라.
4. 테일러 칼드웰(Taylor Caldwell)은 기도에 관한 깊은 성찰이 담긴 두 권의 소설을 펴냈다. 한 권은 The Listener(Garden City, N.Y.: Doubleday, 1960)이고, 다른 한 권은 No One Hears but Him(Garden City, N.Y.: Doubleday, 1966)이다. 이들 책은 그리스도께서 우리의 기도를 들어 주실 뿐만 아니라 기도에 응답하시는 보이지 않는 경청자가 되심을 드러낸다.

12장 어두움 속에서 희망 찾기

1. Viktor Frankl, Man's Search for Meaning(New York: Washington Square, 1959) 104

부록 치유팀

1. 레오 톨스토이(Leo Tolstoy)의 The Death of Ivan Illyich(New York: Penguin, 1960)에서는 임종의 자리에 처한 한 사람이 좋은 친구도 없고 자신의 말을 들어 줄 사람조차 하나 없을 경우에 어떤 상황에 직면하는지를 신랄하게 이야기한다. 모든 의사와 전문 간병인에게 깊은 사유를 할 수 있게 도와 줄 책이다.
2. 폴 투어니어(Paul Tournier) 박사는 A Listening Ear(Minneapolis: Augsburg, 1984)에서 치유팀에 관한 의견을 보여준다.
3. 버니 시걸(Bernie Siegel)과 노만 커즌즈(Norman Cousins)는 악성 질환에 걸린 환자들이 새 희망을 찾을 때 종종 나타나는 강력한 신체적 반응에 관해 기술하고 있다. 시걸의 책은 Love, Medicine, and Miracles(New York: Harper and Row, 1986)과 Peace, Love and Healing(New York: Harper Perennial, 1989)이고, 커즌즈의 책은 Head First(New York: Penguin, 1989)다.
4. Viktor E. Frankl, Man's Search for Meaning(New York: Washington Square, 1959) 104

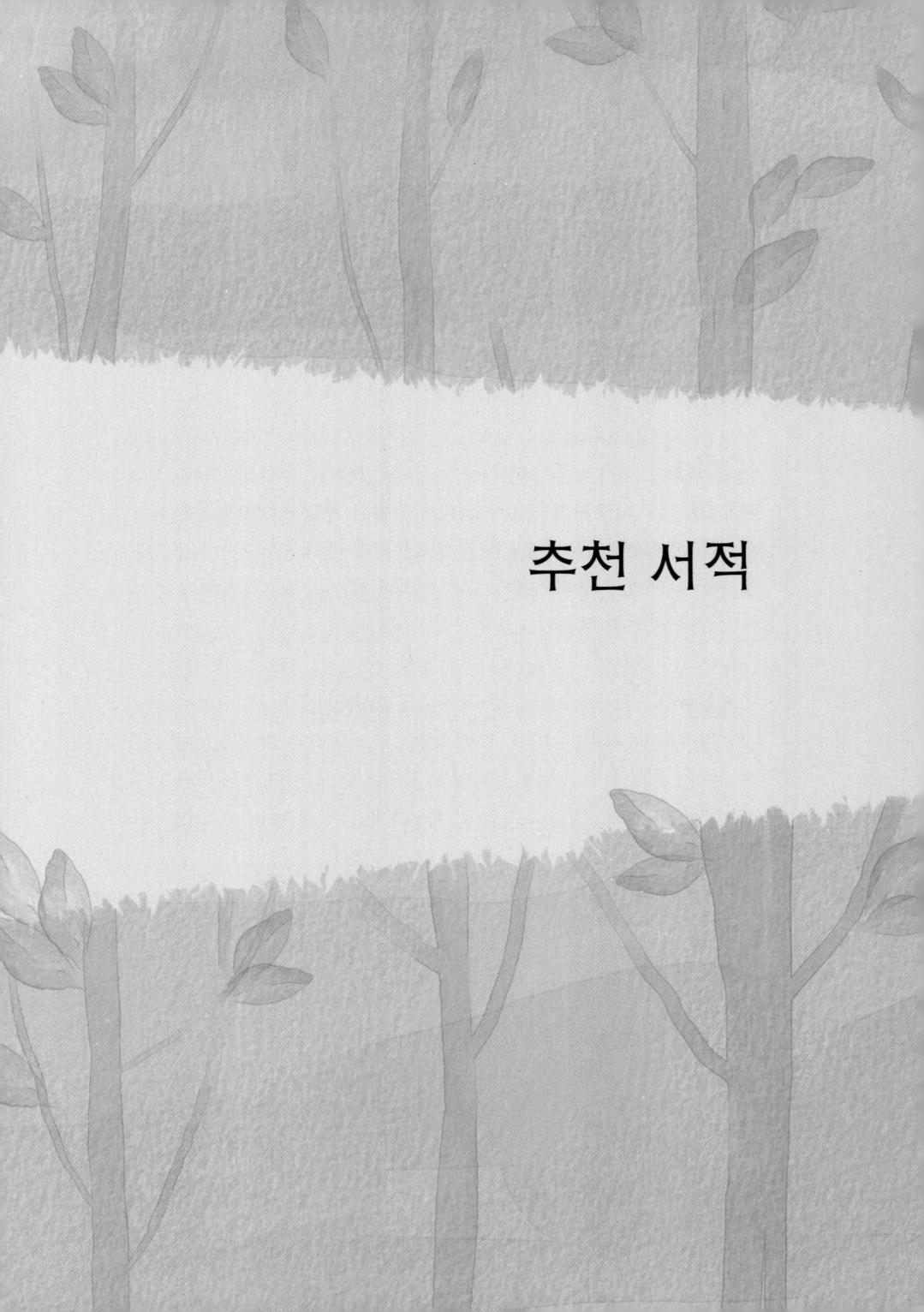

추천 서적

이 책에서 다룬 일부 주제를 다른 관점에서 자세히 설명한 여러 책들을 소개한다.

• Bernie S. Siegel, Love, Medicine, and Miracles, New York: Harper and Row, 1986. 종양 전문 외과의 버니 시걸은 우리의 감정 상태와 악성 종양에 맞서 싸우려는 우리 의지가 악성 종양에 대한 우리 몸의 반응에 결정적 역할을 한다는 것을 발견했다.

• Dale Matthews & Connie Clark, The Faith Factor, New York: Viking, 1998. 매튜즈 박사는 워싱턴 주의 조지타운 대학에 재직하는 의학 부교수다. 그는 기도와 종교적 활동에 참여하는 일이 건강을 어떻게 증진시키고, 심각한 질병에서 회복되도록 어떻게 돕는지에 관해 400여 편이 넘는 논문을 최신 의학 문헌에 기고했다. 그는 신앙이 없거나 종교적 체험이 없는 것이 건강에 위험 요소가 된다고 믿는다.

• David A. Seamands, Healing for Damaged Emotions, Colorado Springs: Chariot Victor, 1981. 목회 상담가인 시몬드는 삶에 일어나는 경험이 우리의 감정 체계에 어떻게 손상을 입히는지, 또 이런 상처 받은 감정들이 사실적이고 성경적인 상담을 통해 어떻게 나음을 받을 수 있는지 보여 준다.

• Hans Selye, The Stress of Life, New York: McGraw-Hill, 1956. 셀이 박사는 단기간 내지 오랜 기간 계속된 스트레스가 우리 몸에 미치는 영향에 관해 연구했다. 그는 만성적 스트레스가 우리의 생리학적 작용에 어떻게 해로운 영향을 미치는지 철저하게 과학적인 접근법을 통해 설명한다.

- Herbert Benson & Miriam Z. Klipper, The Relaxation Response, New York: Avon, 1976. 심장내과의인 벤슨 박사는 감정과 혈액 순환기 간의 관계를 임상 및 실험적 관점에서 보여 준다. 벤슨 박사의 또 다른 저서로는 Timeless Healing: The Power and Biology of Belief, New York: Scribner's, 1996이 있다.

- Jeffrey Satinover, Homosexuality and the Politics of Truth, Grand Rapids, Mich.: Baker, 1996. 정신의학자인 새틴오버 박사는 감정의 화학 작용이 우리의 행동, 강박 관념적 행동 양태, 중독증과 어떤 연관이 있는지 자세히 알려 준다. 그는 또 강력한 종교 체험이 행동 양태의 극적인 변화를 어떻게 가져오는지 보여 준다.

- Larry Crabb, Understanding People, Grand Rapids, Mich.: Zondervan, 1987. 크랩 박사는 인간 이해가 사람들 간의 관계성 문제를 돕는 필수 조건임을 알려 준다.

- Lewis B. Smedes, Forgive and Forget: Healing the Hurts We Don't Deserve, San Francisco: Harper and Row, 1984. 스밋스는 다른 사람을 용서하는 것이 상처당한 느낌과 감정 상태에 어떻게 나음을 주는지 썼다.

- Norman Cousins, Anatomy of an Illness as Perceived by the Patient, New York: Norton, 1979. 노만 커즌즈의 이 책은 저자가 불치의 병으로 의심되는 질병에 걸렸을 때 자신의 생각과 감성과 신앙을 동원해서 그의 면역체계를 강화 증진시켜 회복에 이르게 되었는지에 관한 경험담을 그림을 그리듯 생생한 필치로 기술하고 있다. 이 책은 의료계에 종사하는 이들에게 깊은 영향을 끼쳐서 우리의 감성과 신체 간의 상호 영향에 관한 관심을

불러 일으켰다.

• Norman Cousins, Head First, New York: Penguin, 1989. 이 책에는 커즌즈가 캘리포니아 주에 있는 대학 및 연구 병원에서 중병에 걸려 고생하는 이들에게 희망을 불러일으킬 수 있도록 돕는 과정에서 겪은 경험담이 수록되어 있다. 그는 희망이 어떤 심리적 영향을 주어서 건강과 회복 능력을 증진시키는지 보여준다.

• Norman Cousins, The Healing Heart, New York: Norton, 1983. 커즌즈는 중증의 심장마비에서 회복된 자신의 경험담을 통해 스트레스가 심장병에 미치는 영향을 설명한다.

• Paul Brand & Philip Yancey, Fearfully and Wonderfully Made, Grand Rapids, Mich.: Zondervan, 1980과 In His Image, Grand Rapids, Mich.: Zondervan, 1984. 유명한 외과 의사이자 나환 전문의인 브랜드 박사는 사람 생명의 온전하고 완전함을 여러 장기와 장기 조직을 상징화해서 설명한다. 그는 인간의 영혼에 관해, 또 하나님께서 그 분의 형상을 따라 우리를 전인적 인격체로 어떻게 만드셨는지에 관해 깊이 다루고 있다.

• Paul Pearsall, Superimmunity: Master Your Emotions and Improve Your Health, New York: Fawcett, 1987. 비의료인들을 돕기 위해 쓴 이 글에서 임상 심리학자 피어솔 박사는 우리의 감정 상태가 우리의 건강과 질병에 감염될 가능성과 어떻게 관련되는지 보여 준다.

• Paul Tournier, A Doctor's Casebook in the Light of the Bible, New York: harper and Row, 1954. 스위스 제네바 시의 의사인 투어니어 박사는

병든 이가 겪은 일상의 경험들이 질병 발생의 요인이 된다는 것을 발견했다. 투어니어 박사는 수많은 병든 이들과 도와주는 관계를 맺고, 기독교 신앙과 성경에 있는 치유의 자원들을 끌어내서 그들의 몸과 영과 혼이 나음을 받을 수 있도록 도왔다. 그의 명쾌한 글은 여러 대륙에 있는 의사들이 전인적 치유가 중요하다는 것을 깨닫게 해 주었다. 투어니어 박사의 다른 책들로는 The Meaning of Persons, New York: Harper and Row, 1957; The Whole Person in a Broken World, New York: Harper and Row, 1964; The Healing of Persons, New York: Harper and Row, 1965; The Person Reborn, London: SCM Press, 1967; A Listening Ear, Minneapolis: Augsburg, 1987이 있다.

• Viktor Frankl, Man's Search for Meaning, New York: Simon and Schuster, 1984. 프랭클 박사는 저명한 정신의학자이며 나치 수용소에서 살아남은 분이다. 그는 인간 생명의 존귀한 의미를 깨닫는 사람은 건강이 강화되고 또 엄청난 어려움을 헤쳐 나갈 수 있음을 보여 준다.

• Walter B. Cannon, The Wisdom of the Body, New York: Norton, 1963. 캐논 박사는 우리 몸의 여러 장기와 조직들이 서로 간의 역동적인 균형을 어떻게 유지하면서 함께 작동하는지, 또 우리 몸이 필요로 하는 것들에 어떻게 반응하는지를 기술하고 있다.

• William Backus, The Good News About Worry, Minneapolis: Bethany House, 1991. 복음의 진리를 걱정, 두려움, 조바심의 문제에 어떻게 적용할 수 있는가에 관해 다룬다.

- William Backus, The Healing Power of a Christian Mind, Minneapolis: Bethany House, 1996. 성경적 진리가 마음과 몸의 건강을 어떻게 증진시키는 가에 관해 다룬다.

- William Backus, Telling Each Other the Truth, Minneapolis: Bethany House, 1991. 진리가 사람들 간의 관계성에 어떻게 나음을 줄 수 있는가에 관해 다룬다.

- William Backus, Telling the Truth to Troubled People, Minneapolis: Bethany House, 1985. 상담의 기초를 설명한다. 그리고 일반적 혼란 상태에 대처하는 방법을 논의한다.

- William Backus & Marie Chapian, Telling Yourself the Truth, Minneapolis: Bethany House, 1980. 성경적 진리가 사람들에게 어떻게 나음을 줄 수 있는 능력이 되는지에 관해 다룬다.